DAS JAHRZEHNT DER ENTSCHEIDUNG

DEUTSCHLAND 2030

Christian Lindner
Robert Habeck
Stefan Wintels (Hg.)

FREIBURG · BASEL · WIEN

INHALT

Vorworte

Die sozial-ökologische Marktwirtschaft 11
von Robert Habeck

Transformation gestalten 18
von Christian Lindner

Das Jahrzehnt der Entscheidung 24
von Stefan Wintels

Klima und Umwelt

Die Herausforderung
Warum ich optimistisch bleibe 35
von Mojib Latif

Resiliente Städte und Wohnungsbau
Wie wollen wir in Zukunft wohnen? 42
von Klara Geywitz

Nachhaltig bauen für eine bessere Welt 49
von Christine Lemaitro

Wohnen der Zukunft 59
von Daniel Riedl

Warum ich vorerst kein Marsianer werden will 66
von Jan-Hendrik Goldbeck

Nachhaltige Mobilität

Es geht nur gemeinsam 76
von Volker Wissing

Der Weg nach vorn 84
von Ola Källenius

Warum wir besser Marathonläufer werden 91
von Klaus Rosenfeld

Quo vadis, Luftverkehr? 101
von Volker Bouffier

Transformation in der Luftfahrt 110
von Stefan Schulte

Technologien für Klima- und Umweltschutz

Panik oder Zuversicht – das ist hier die Frage 120
von Rainer Esser

Grüne Transformation der Wirtschaft 127
von Martin Brudermüller

Unser Wohlstand 2030 135
von Jens Burchardt und Alexander Noßmann

Biodiversität

Unsere Lebensversicherung 145
von Steffi Lemke

Das entscheidende Zehnmilliardstel 153
von Christoph Heinrich

Die Vielfalt des Lebens 163
von Klement Tockner

Grüner Kapitalmarkt

Nicht nur fürs Klima gut 174
von Theodor Weimer

Mehr Mut zu Europa 182
von Werner Hoyer

Digitalisierung und Innovation

Die Herausforderung

Alles überall auf einmal 193
von Anja Haslinger

Innovativer und digitaler Mittelstand für Zukunftstechnologien

Die Elektrifizierung der Welt 205
von Felix J. Grawert

Der Klimawandel und die Notwendigkeit der Dekarbonisierung der Stromerzeugung 211
von Guido van Tartwijk und Stefan Kube

Digitale Aus- und Weiterbildung

Groß denken, Tempo machen 220
von Bettina Stark-Watzinger

Künstliche Intelligenz – 2023 als Schlüsselmoment für die Zukunft 226
von Thorsten Schäfer-Gümbel

Eine andere Form des Lernens 235
von Paulin Conrad, Harald Hungenberg und Jörg Rocholl

Digitale Infrastruktur

Von der Telefonzelle zum Hologramm 245
von Klaus Müller

**Gesellschaftliche Verantwortung
und Transformation** 253
von Tim Höttges

Mobilisierung von privatem Kapital

Was wir für den Wandel brauchen 263
von Christian Sewing

Mehr Blended Finance wagen 271
von Oliver Bäte

Kapital für eine erfolgreiche Transformation 280
von Sabine Hepperle und Eva Wimmer

Resilienz und Souveränität

Die Herausforderung

Die Transformation im Energiesektor 293
von Jens Südekum

Energiewende

Transformation gestalten 301
von Kerstin Andreae

Mehr Infrastruktur, viel weniger Bürokratie 310
von Leonhard Birnbaum

Die Energiewende als Chance 317
von Christian Bruch

Diversität von Energiequellen

Nachhaltige Energie 325
von Markus Krebber

Diversifizierung und Flexibilisierung 332
von Martina Merz

Verringerung des Ressourcenverbrauchs

Das Damoklesschwert für die Klimaneutralität 341
von Michael Hüther

Die Kreislaufwirtschaft als Leitprinzip 350
von Markus Steilemann

VORWORTE

Die sozial- ökologische Marktwirtschaft

Eine Wirtschaftspolitik für morgen

von Robert Habeck

Dr. Robert Habeck ist Vizekanzler, Bundesminister für Wirtschaft und Klimaschutz und direkt gewählter Abgeordneter im Bundestag des Wahlkreises 1 Flensburg-Schleswig. Er ist in Lübeck geboren und hat in Freiburg (Breisgau), Roskilde (Dänemark) sowie Hamburg studiert. Von 2018 bis 2022 war er Bundesvorsitzender von Bündnis 90/Die Grünen. Zuvor war er sechs Jahre lang Minister und stellvertretender Ministerpräsident von Schleswig-Holstein, zuletzt leitete er dort das Ministerium für Energiewende, Umwelt, Landwirtschaft und Digitalisierung.

Die gewaltige Aufgabe, die der KfW bei ihrer Gründung im November 1948 übertragen wurde, steckt bereits in ihrem Namen: den Wiederaufbau eines vollkommen zerstörten Landes zu ermöglichen. Erst dreieinhalb Jahre waren seit dem Ende der nationalsozialistischen Diktatur vergangen. Millionen Menschen in Europa und darüber hinaus hatten Terrorherrschaft und Krieg mit ihrem Leben bezahlt. Deutschland selbst lag in Trümmern, die Wirtschaft am Boden. Hunger und allgemeine Not prägten den Alltag.

Geld konnte bei Weitem nicht alles heilen, was der Nationalsozialismus zerstört hatte. Aber die Entscheidung der

VORWORTE

USA, Westdeutschland und Westeuropa mit den Geldern des Marshallplans Hilfe zur Selbsthilfe zu gewähren, war eine zentrale Weichenstellung für eine gute Zukunft unseres Landes und des europäischen Kontinents. Und so wurde aus dem nicht zuletzt über die KfW finanzierten Wiederaufbau von Wohnungen und Energieversorgung, von Industrie und Mittelstand der Aufbau von etwas, das zuvor nicht existiert hatte: ein freier, demokratischer, stabiler und wirtschaftlich prosperierender deutscher Staat, eingebettet in das Friedensprojekt Europa, getragen von einer mittelständischen Wirtschaft. Eine große Fortschrittsgeschichte.

Auch nachdem die Zeit der unmittelbaren Not überstanden war, blieb die KfW wichtiger und zuverlässiger Partner für die bundesrepublikanische Wirtschaft und Gesellschaft. Viele Herausforderungen gab es zu bewältigen im Laufe ihrer 75-jährigen Geschichte – insbesondere die Wiedervereinigung und der folgende Aufbau Ost in den 1990er Jahren. Außerordentlich war der Einsatz der KfW auch in der jüngeren und jüngsten Vergangenheit, als es galt, die wirtschaftlichen Auswirkungen der Coronapandemie und des russischen Angriffskriegs auf die Ukraine erfolgreich abzufedern.

So ist das 75-jährige Jubiläum ein mehr als willkommener Anlass, der KfW für ihr unermüdliches Engagement in der Vergangenheit zu danken – und unsere Zusammenarbeit bei der Erneuerung der deutschen Wirtschaft hin zu Resilienz und Klimafreundlichkeit weiter zu stärken.

„Jahrzehnt der Entscheidung" – so lautet der kluge Titel des vorliegenden Buchs. Das bedeutet vor allem, dass wir politische Entscheidungen treffen müssen. Dass wir handeln müssen. Und zwar in diesen Jahren. Für eine gute Zukunft.

Die soziale Marktwirtschaft als unsere Wirtschaftsordnung, die Markt und freies Unternehmertum sozialen Zielen verpflichtet, hat uns enormen Wohlstand und gesellschaftlichen Zusammenhalt beschert. Sie ist das Fundament, auf dem wir stehen. Ihr Grundgedanke basiert darauf, dass Erfindungsreichtum, Investitionskraft und das freie Spiel der marktwirtschaftlichen Kräfte den Wohlstand eines Landes schaffen, der verbindliche Rahmen dafür sowie der soziale Ausgleich gesellschaftlich aber immer wieder neu verabredet werden müssen. Eine solche Phase haben wir auch jetzt. Denn jahrzehntelang gab es einen blinden Fleck: die ökologischen Kosten.

Wir sind dabei, diese Blindheit zu überwinden. Wir entwickeln unsere starke Wirtschaftsordnung weiter zu einer sozial-ökologischen Marktwirtschaft, damit wir unseren Wohlstand und unsere Freiheit erneuern und Sicherheit geben können.

Hinzu kommt, dass die europäische Friedensordnung durch einen neuen Krieg im Herzen Europas bedroht ist. Wir haben es weltweit mit dem Wiedererstarken brutaler Machtpolitik zu tun, durch die sich globale Konkurrenzen multiplizieren. Spätestens der russische Angriffskrieg auf die Ukraine hat uns gelehrt, wie verletzlich wir durch die Abhängigkeit von billiger fossiler Energie geworden sind. Und wie gefährlich es ist, geopolitische Risiken zu ignorieren.

Die Lehre, die wir ziehen sollten, ist deutlich: Wir sind gut beraten, unsere Abhängigkeiten zu reduzieren, uns breiter aufzustellen, damit wir eine souveräne, außenpolitisch handlungsfähige Demokratie und ein starker Wirtschaftsstandort bleiben. Wirtschaftssicherheit hat einen neuen Stellenwert bekommen.

Der Weg zu einer sozial-ökologischen Marktwirtschaft

Das Beeindruckende ist: Die Erneuerung hin zu einem nachhaltigen und resilienten Wirtschaftsstandort ist bereits in vollem Gange. Unternehmen sind dabei, klimafreundliche

VORWORTE

Geschäftsmodelle zu entwickeln – basierend auf Kreislaufwirtschaft und nachwachsenden Rohstoffen. Es wird in eine grüne Industrie investiert, wir stärken unsere Resilienz zum Beispiel durch große Investitionen in die Mikroelektronik. Als Förderbank des Bundes spielt die KfW erneut eine zentrale Rolle. Gerade in Zeiten, in denen es um gezielte, den Strukturwandel aktiv gestaltende Politik geht, ist die Bedeutung der KfW als Mitgestalterin der Zukunft kaum zu überschätzen.

Die aktuellen wirtschaftlichen Rahmenbedingungen – das gehört zur Wahrheit dazu – machen die Aufgabe der klimaneutralen Erneuerung unseres Wohlstands nicht einfacher. Der demografische Wandel führt schon jetzt dazu, dass wir in fast allen Branchen zu wenig Hände und Köpfe haben, die beim Umbau mitanpacken. Die neuen geopolitischen Unsicherheiten führen zu neuen geoökonomischen Unsicherheiten und begünstigen Protektionismus. Und die unter anderem durch verschiedene Angebotsschocks ausgelöste Inflation und die damit verbundene Zinswende verstärken die Unsicherheit und schwächen die Investitionsfähigkeit unserer Unternehmen und Bürgerinnen und Bürger.

Die wirtschaftspolitische Aufgabe, die sich aktuell stellt, ist klar: Um die Rahmenbedingungen für den Wirtschaftsstandort Deutschlands zu verbessern, brauchen wir eine zeitgemäße, das heißt eine die Transformation gezielt unterstützende Angebotspolitik. Daran arbeiten wir. Dabei geht es nicht um undifferenzierte Deregulierungen und Privatisierungen wie in den 1980er Jahren. Eine transformative Angebotspolitik adressiert zielgerichtet die Knappheiten etwa auf dem Arbeitsmarkt und unterstützt die Technologiefortschritte, die zur Klimaneutralität beitragen. Sie nimmt dabei auch Verteilungsfragen in den Blick und setzt nicht auf ein Trickle-down von Einkommenszuwächsen. Schließlich ist sie von Anfang an geopolitisch wachsam und europäisch eingebettet.

Sechs Schwerpunkte lassen sich herausstellen, an denen wir unter Hochdruck arbeiten:

1. Wir stärken den Wettbewerb als wesentliches marktwirtschaftliches Prinzip. Dies schließt insbesondere auch die europäische Wettbewerbspolitik mit ein, die wir aktiv mit ausgestalten.

2. Wir verfolgen eine ehrgeizige Außenhandelsagenda. Wir weiten über die EU unsere bilateralen Handelsbeziehungen aus und wollen sie verbindlich fair, gerecht und nachhaltig gestalten. Das ist nicht nur ökonomisch richtig, sondern auch eine Frage der Wirtschaftssicherheit, weil wir unsere Abhängigkeiten nicht durch Abschottung, sondern vor allem durch Diversifizierung effektiv verringern werden. Mehr Handel, mehr Partnerschaft ist die Devise.

3. Wir erneuern die Energieversorgung im Land. Dabei folgen wir einer umfassenden Strategie, die nicht nur den Ausbau der erneuerbaren Energien umfasst, sondern auch den Auf- und Ausbau der Netze für Strom und Wasserstoff, die europäische Vernetzung und die Ausweitung der Produktionskapazitäten für die notwendigen Bauteile einer klimafreundlichen Zukunft.

4. Mit dem Fachkräfteeinwanderungsgesetz schaffen wir die Voraussetzung, dass Menschen zu uns kommen und uns hier mit ihrer Kompetenz und ihrer Leistung stärken. Außerdem arbeiten wir daran, das inländische Potenzial an Arbeitnehmerinnen und Arbeitern besser zu heben, und sorgen für die Ausweitung des Angebots zur beruflichen Weiterbildung.

VORWORTE

5. Wir unterstützen die industrielle Basis unseres Landes bei der Dekarbonisierung, um ein starker Industriestandort mit innovativen großen, mittleren und kleinen Unternehmen bleiben zu können. Dazu schaffen wir zum Beispiel mit den Klimaschutzverträgen ein weltweit fast einzigartiges Förderinstrument.

6. Nicht zuletzt geht es darum, den Unternehmen unnötige Bürokratie vom Hals zu schaffen. Gerade für den Mittelstand sind Berichts- und Dokumentationspflichten eine Belastung, der wir uns annehmen müssen. Dabei ist klar: Transparenz und Nachvollziehbarkeit sind in einem Rechtsstaat ein hohes Gut und viele Regeln haben einen guten Grund. Aber klar ist auch, dass insbesondere das Investieren in Deutschland und in der EU einfacher gemacht werden muss.

Investitionen in die Transformation

Die Erneuerung unserer Wirtschaft, der Aufbau von klimafreundlichen und digitalen Wertschöpfungsketten erfordern jede Menge Investitionen. Den Löwenanteil davon muss der Privatsektor stemmen. Zur Mobilisierung dieser Investitionen braucht es Planungssicherheit und verlässliche Rahmenbedingungen: einen effizienten Instrumentenmix aus CO_2-Bepreisung, Regulierung mit Augenmaß und gezielter Förderung.

Denn zur Verantwortung von Politik gehört auch, mit der finanziellen Kraft des Staates bei der Transformation dort zu unterstützen, wo Infrastruktur bereitgestellt werden muss, wo Innovationen kurz vor dem Durchbruch stehen und wo traditionelle Strukturen ein wenig Hilfe über die härtesten Klippen brauchen. Unsere Priorität für staatliches Handeln bleibt der Mittelstand.

Außerdem gilt es, die Tragfähigkeit für private Haushalte, insbesondere diejenigen mit geringem Einkommen, im Blick zu behalten. Auch für sie muss der Weg zu Treibhausgasneutralität und Nachhaltigkeit finanziell machbar sein. Deshalb müssen wir administrative Voraussetzungen möglichst auch für gezielte, direkte Entlastungszahlungen schaffen.

Das alles ist nichts, was über Nacht passieren kann, sondern eine längerfristige strukturelle Aufgabe, bei der Politik, Wirtschaft und Gesellschaft an einem Strang ziehen müssen. Und bei der die Politik verlässliche Partner wie die KfW braucht, die dank ihrer Infrastruktur und Marktdurchdringung, gepaart mit modernsten Investitionsvehikeln, genau die Finanzierung und Förderung planen und umsetzen kann, die wir für das Gelingen der Transformation benötigen.

Das Jahrzehnt der Entscheidung: Wir wissen, wo wir hinwollen – und das andere Ufer ist längst in Sichtweite. Die Überfahrt wird dennoch nicht einfach. Aber ich bin zuversichtlich, dass sie uns gelingen wird. Wenn wir als Gesellschaft zusammenhalten. Wenn wir uns als Politik das Prinzip Verantwortung zu eigen machen. Und wenn wir uns inspirieren lassen von Denkanstößen, Strategien, Expertisen aus Wissenschaft, Wirtschaft und Politik, wie sie das vorliegende Buch zum 75-jährigen Jubiläum der KfW auf beeindruckende Weise versammelt.

VORWORTE

Transformation gestalten

Die Rolle der KfW im Jahrzehnt der Entscheidung

von Christian Lindner

Christian Lindner ist Bundesminister der Finanzen und Mitglied des Deutschen Bundestages. Im Dezember 2013 wurde Christian Lindner zum Bundesvorsitzenden der Freien Demokraten gewählt. Die Fraktion der Freien Demokraten im Deutschen Bundestag führte er vier Jahre als Vorsitzender (2017 bis 2021). Bei der Bundestagswahl 2021 erreichte die FDP eines der besten Ergebnisse ihrer Geschichte. Am 8. Dezember 2021 wurde Christian Lindner Bundesminister der Finanzen.

Christian Lindner gehört der FDP seit 1995 an. 2000 wurde er als Abgeordneter erstmals in den nordrhein-westfälischen Landtag gewählt. Von 2012 bis 2017 war er Vorsitzender der FDP-Landtagsfraktion NRW. Der Wermelskirchener studierte Politikwissenschaft, Öffentliches Recht und Philosophie an der Rheinischen Friedrich-Wilhelms-Universität Bonn. Von 1997 bis 2004 war Lindner Inhaber einer Werbeagentur sowie Mitgründer eines Internetunternehmens.

Die Geschichte der KfW ist untrennbar mit der Wirtschaftsgeschichte Deutschlands verbunden. Als sie im Jahr 1948 gegründet wurde, lag unser Land in Trümmern. Die großen Herausforderungen dieser Zeit waren der Wiederaufbau und die Bekämpfung von Armut und Hunger. Dennoch war in diesem Jahr 1948 schon erkennbar, worauf sich unser Land in den Jahrzehnten danach stützen konnte. Es war bereits auf dem Weg zu liberaler Demokratie und sozialer Marktwirtschaft. Die KfW als Förderbank von Bund und Ländern war dabei ein wichtiger Begleiter.

Während der vergangenen 75 Jahre hat die KfW unsere Wirtschaft und Gesellschaft dabei unterstützt, die anstehenden Aufgaben zu meistern. An Herausforderungen fehlte es nie. Der Wiederaufbau Deutschlands, das Wirtschaftswunder, der Aufbau Ost, die Finanzkrise, die Coronapandemie und im vergangenen Jahr auch die kriegsbedingte Energiekrise in unserem Land – stets hat die KfW einen wichtigen Beitrag geleistet. Heute ist die KfW eine der weltweit führenden nationalen Förderbanken.

Die KfW war Trümmerfrau, Aufbauhelferin, Modernisiererin und Krisenmanagerin. Nun soll sie im Jahrzehnt der Entscheidungen die Rolle der Antreiberin übernehmen. Wir wollen, dass die KfW Innovationen freisetzt, ihr marktnahes Know-how zur Verfügung stellt und einen Beitrag dazu leistet, privates Kapital zu hebeln. Indem sie Mittelstand und Existenzgründer fördert, kleine und mittlere Unternehmen mit Investitionskrediten unterstützt und Infrastruktur- und Energieausbau finanziert, wird sie zum Motor für Erneuerung.

Die Herausforderung

Erneuerung, die unser Land dringend braucht. Denn wir müssen feststellen, dass Deutschland langsamer wächst als andere Industriestaaten. Wir verlieren an Wettbewerbsfähigkeit und Resilienz. Es ist höchste Zeit, dass wir Wachstumskräfte reaktivieren. Das deutsche Wirtschaftsmodell muss sich von alten Abhängigkeiten lösen, innovativer und nachhaltiger werden. Das Vertrauen in unseren Wirtschaftsstandort müssen wir wieder stärken und in diesen investieren. Dann kann der Wandel gelingen.

VORWORTE

Wir erleben nicht nur ein Jahrzehnt der Entscheidungen, wir brauchen auch ein Jahrzehnt der Veränderungen. Wir erleben eine Renaissance der Geopolitik und damit auch der Geoökonomie. Die Bahnen der Handels- und Finanzströme orientieren sich immer weniger an komparativem Vorteil und wirtschaftlicher Effizienz, sondern zunehmend an den geopolitischen Interessen beteiligter Staaten.

Hinzu kommen Herausforderungen wie der demografische Wandel und die Transformationen durch Digitalisierung und Klimawandel. Die Konsequenzen mögen sich unterscheiden, die Dringlichkeit ist dieselbe. Beides führt uns zu einer klaren Erkenntnis: Wenn wir das erhalten wollen, was in 75 Jahren in Deutschland erreicht worden ist, dann wird sich vieles verändern müssen. Denn eines ist unausweichlich: Wer nicht transformiert, wird dominiert. Wirtschaftlich und in letzter Konsequenz auch geopolitisch. Die Modernisierung unseres Landes ist somit auch ein Akt der Erneuerung und Behauptung unseres eigenen, freiheitlichen Gesellschaftsentwurfs in einer immer unruhigeren Weltlage.

Ein Rahmen für das freie Spiel der Kräfte

Die vornehmste Aufgabe der Finanzpolitik ist es, für stabile marktwirtschaftliche Rahmenbedingungen zu sorgen. Die demografischen Veränderungen schreiten voran, die Krisenjahre haben den Staatshaushalt stark gefordert, die fundamentale Unsicherheit hinsichtlich der weiteren wirtschaftlichen Entwicklung ist gestiegen. Nicht nur um Spielräume für die Reaktion auf unvorhergesehene Ereignisse zu schaffen, ist eine Reduktion der Staatsschuldenquoten angebracht.

Wir sollten auch im Sinne einer doppelten Generationengerechtigkeit sowohl auf langfristig tragfähige Staatsfinanzen als auch auf eine nachhaltige wirtschaftliche Entwicklung hinarbeiten. Die Politik kann dafür jedoch nur den Rahmen gestalten. Fast 90 Prozent aller Investitionen werden nach wie vor aus dem privaten Sektor erbracht. Für die Transformation unserer Volkswirtschaft brauchen wir daher die Kraft des Finanzmarkts und innovative, mutige Köpfe. Nur so werden wir es schaffen, für den Umbau unserer Wirtschaft in großem Umfang das private Kapital zu mobilisieren, das wir für mehr Nachhaltigkeit und Widerstandskraft brauchen.

Zu einer Erfolg versprechenden Modernisierungspolitik gehört es, alle unsere Instrumente zielgerichtet einzusetzen. Die Transformation ist eine Aufgabe, die Technologiefreiheit und marktwirtschaftlichen Ideenwettbewerb benötigt. Es gibt eine Vielzahl an Stellschrauben, an denen wir drehen können. Zunächst einmal brauchen wie die Steuerung von Einwanderung in unser Land, damit wir den Fachkräftebedarf decken können. Aber auch die Beschleunigung von Planungs- und Genehmigungsverfahren steht auf der Agenda. Zudem spielt die Digitalisierung der öffentlichen Verwaltung eine entscheidende Rolle.

Deutschland ist ein Höchststeuerland. Zugleich verschärft sich der internationale Wettbewerb. Wir brauchen also eine Steuer- und Finanzpolitik, die große Investitionen in die Modernisierung, Digitalisierung und Klimaneutralität der deutschen Wirtschaft ermöglicht. Wir können mit öffentlichen Investitionen Impulse setzen. Hier tun wir unser Möglichstes; die Investitionen des Bundes sind auf Rekordniveau. Für echten Fortschritt aber sind jetzt auch private Investitionen erforderlich. Hierfür sollten wir die Weichen stellen. Wir wollen, dass Unternehmen mehr in die Zukunft investieren. Daher werden wir unter anderem mit einer steuerlichen Prämie für Klimaschutzvorhaben Investitionen und Innovationen erleichtern.

Damit aus Ideen Unternehmen werden, erhöhen wir die Leistungsfähigkeit des deutschen Kapitalmarktes. Wir treiben die Entbürokratisierung und Digitalisierung am Kapitalmarkt voran. So wollen wir den potenziellen Weltmarktführern der Zukunft, den Start-ups, Wachstumsunternehmen sowie kleinen und mittleren Unternehmen den Zugang zu Finanzierungen erleichtern.

Die KfW als Brücke zwischen Markt und Staat

In unserem Land war die KfW immer Teil der Lösung und sie wird es sicherlich weiterhin sein. Die KfW ist eine Stütze unseres ökonomischen Ordnungsmodells – wie geschaffen für die anstehenden Transformationen auf der Grundlage von Technologieoffenheit und marktwirtschaftlichem Ideenwettbewerb. Die KfW ist eine notwendige Ergänzung des privaten Bankensektors. Sie ist ein marktwirtschaftliches Instrument, das eine Brücke bildet zwischen dem freien Spiel der Kräfte und dem Setzen von guten Rahmenbedingungen durch den Staat.

Die KfW soll dort fördern, wo unternehmerische Risiken über die Möglichkeiten des Individuums oder eines Betriebs hinausgehen, ohne das Risiko komplett in den öffentlichen Sektor zu übertragen. Sie soll Finanzierung dort erleichtern, wo Kapitalmarktbedingungen und private Banken nicht in der Lage sind, auch neue Unternehmensgründungen oder die Fortsetzung etablierter Geschäftsmodelle zu ermöglichen – aber ohne den Teil des privaten Risikos komplett entbehrlich zu machen. Denn mit dem privaten unternehmerischen Risiko untrennbar verbunden ist die Suche nach überlegenen Lösungen. Unternehmerinnen und Unternehmer suchen die Innovation, die vielleicht die nächste technologische Revolution bedeutet.

Dabei kann die oder der Einzelne scheitern, aber auch dadurch entsteht Wissen – zumindest darüber, was nicht geht. Die oder der Einzelne kann aber eben auch Wegbereiter einer transformativen Veränderung sein, einer Disruption, die neue

Horizonte eröffnet. Um im Jahrzehnt der Entscheidungen erfolgreich zu sein, muss die Rolle der KfW als Transformationsbank gestärkt werden.

Die KfW soll in Zukunft dort unterstützen, wo private Kapitalsammelstellen nicht willens oder in der Lage sind, selbst alle Risiken bei der Finanzierung aufzunehmen. Das ist die Idee von KfW Capital und auch des im Jahre 2021 aufgelegten Zukunftsfonds, den wir mit Blick auf die Entwicklung des deutschen und europäischen Venture-Capital-Ökosystems gemeinsam entwickeln. Wir können uns glücklich schätzen, dass wir auch in den nächsten Jahrzehnten auf die etablierten Strukturen dieser Institution zurückgreifen können. Noch sehr viel stärker wird die KfW zukünftig als Brückenbauerin agieren können. Sie soll der Hebel werden, damit wir in der Lage sind, mit marktwirtschaftlichen Instrumenten die großen transformativen Aufgaben anzunehmen. Sie soll das in unserer Gesellschaft und in unserer Wirtschaftsordnung vorhandene Wissen mobilisieren, im Interesse der Zukunftschancen Deutschlands.

„Kreditanstalt für Wiederaufbau" – das mag zunächst nicht allzu innovativ klingen, gleichzeitig aber auch stark und tatkräftig, aktiv und zukunftsorientiert. Wird etwas wiederaufgebaut, entsteht etwas Neues in der Verpflichtung für etwas Vergangenes. Nicht umsonst trägt die KfW den Beinamen „Bank aus Verantwortung". In wie vielen Facetten die Förderbank Verantwortung übernimmt, wie sie Tradition und Transformation miteinander in Einklang bringt und damit der Zukunft Deutschlands den Weg ebnet, zeigt dieses Buch auf beeindruckende Weise. Es bündelt Wissen, Einsichten und Strategien von Expertinnen und Experten aus Wirtschaft, Wissenschaft und Politik. Die Beiträge geben Denkanstöße, Inspiration und machen Mut. Mut, die Transformation Deutschlands anzugehen, sie als Chance zu begreifen und unser Land im Jahrzehnt der Entscheidungen zu gestalten.

VORWORTE

Das Jahrzehnt der Entscheidung

Auf dem Weg zu einer nachhaltigen und resilienten Zukunft

von Stefan Wintels

Stefan Wintels ist seit November 2021 CEO der KfW Bankengruppe. Zuvor war er 20 Jahre in verschiedenen Führungspositionen bei der Citigroup tätig. Zuletzt war Wintels Global Co-Head Financial Institutions Group und Mitglied des Global Executive Committee der Banking Capital Markets & Advisory Division. Zudem war er Vice Chairman der Citigroup in Deutschland, Chief Country Officer für Deutschland sowie CEO der Citigroup Global Markets Europe AG bis März 2020.
Wintels begann seine berufliche Laufbahn 1994 bei der Deutsche Bank AG und verließ diese 2001 als Managing Director der Abteilung für Konzernentwicklung. Er absolvierte ein Diplomstudium in Betriebswirtschaftslehre an der Technischen Universität Berlin sowie einen einjährigen MBA-Austausch an der University of Illinois, Urbana-Champaign, USA.
Stefan Wintels ist Aufsichtsratsvorsitzender von KfW Capital GmbH & Co. KG, Mitglied der Aufsichtsräte der Deutsche Telekom AG sowie der DHL Group und engagiert sich in verschiedenen Ehrenämtern.

Hier beginnt eine Geschichte, die das Potenzial hat, unsere Zukunft zu gestalten und eine nachhaltige Welt für kommende Generationen zu schaffen. Wir befinden uns an einem kritischen Punkt. Von der Klimakrise bis zur digitalen Revolution, von politischen Spannungen bis hin zur sozialen Spaltung – wir erleben eine Polykrise, die von strukturellen Veränderungen begleitet wird. Es ist daher keine Übertreibung zu sagen: Wir befinden uns im Jahrzehnt der Entscheidung!

Das Jahrzehnt der Entscheidung – der Titel dieses Buches – verkörpert das Gefühl der Dringlichkeit, das uns alle umtreibt. Es ist eine Zeit, in der wir uns nicht mehr zurücklehnen können. Es ist eine Zeit, in der wir Veränderung als Chance begreifen und uns entscheiden müssen, wer wir sein und welchen Weg wir einschlagen wollen. Die Entscheidungen, die wir in den kommenden Jahren treffen, werden nicht nur unser eigenes Leben bestimmen, sondern vor allem darüber entscheiden, unter welchen Bedingungen unsere Kinder und Enkelkinder leben werden.

Im Jahrzehnt der Entscheidung sind wir alle aufgefordert, unsere Komfortzone zu verlassen, den Status quo zu hinterfragen und mutige Schritte nach vorne zu wagen. Insofern ist das Jahrzehnt der Entscheidung auch ein Jahrzehnt der Umsetzung. Denn in den vor uns liegenden Jahren gilt es, den Wandel zu einer nachhaltigen Gesellschaft zu beschleunigen und gleichzeitig Deutschland als Industrie- und Technologiestandort zu stärken. Dabei stehen drei Handlungsfelder im Mittelpunkt: der Schutz des Klimas und der natürlichen Lebensgrundlagen, die Beschleunigung von Digitalisierung und Innovation sowie die Stärkung der Resilienz und der Souveränität Deutschlands und Europas. In jedem dieser Handlungsfelder gilt es nun, gute Entscheidungen zu treffen und diese zügig umzusetzen.

Wie kann uns das gelingen? Dieses Buch zeigt Geschichten, Analysen, Erkenntnisse und Visionen aus verschiedenen Blickwinkeln und Disziplinen auf. Es erzählt von den Menschen, die das Jahrzehnt der Entscheidung prägen – Politikern, Wissenschaftlern, Unternehmern und Visionären. Konkrete Lösungsansätze und Perspektiven sollen zu neuen Wegen inspirieren und uns dabei helfen, eigene Entscheidungen zu treffen, die unsere Welt positiv verändern können. Dieses Buch ist eine Einladung, über unsere Werte nachzudenken, unsere Handlungen zu überprüfen und den Mut zu finden, die richtigen Schritte zu gehen. Es ist ein Aufruf zum

VORWORTE

Handeln, ein Aufruf zur Beteiligung und zur Übernahme von Verantwortung, um die Zukunft zu gestalten und das Jahrzehnt der Entscheidung für uns zu entscheiden. Dabei werden die drei genannten Handlungsfelder im Einzelnen beleuchtet.

I. Der Schutz des Klimas und der natürlichen Lebensgrundlagen

Schon vor Jahren hat sich die Weltgemeinschaft darauf verständigt, die Nutzung von Kohle als Energieträger zu beenden und noch in diesem Jahrzehnt ihre Anstrengungen deutlich zu verstärken, um die Erderwärmung auf 1,5 Grad Celsius zu begrenzen. Die Europäische Union hat strengere Klimaschutzziele bereits gesetzlich verankert. Deutschland will schon 2045 klimaneutral werden und bis 2030 den Treibhausgasausstoß um mindestens 65 Prozent senken.

Um dieses Ziel zu erreichen, müssen wir unser Wirtschaftsmodell, vor allem die Art und Weise des Wirtschaftens, neu denken und weiterentwickeln. Dies setzt kontinuierlichen technologischen Fortschritt voraus und erfordert zielgenaue Innovationen, die dann möglichst schnell in eine breite Anwendung skaliert werden müssen. Gleichzeitig gilt es, den Schutz der Biodiversität mitzudenken, da unter anderem der Erhalt von CO_2-Speichern wie Wäldern und Mooren einen wesentlichen Beitrag zu Erreichung der Klimaziele leistet.

All das verlangt Investitionen in einer ganz neuen Dimension. Allein in Deutschland dürfte der Finanzierungsbedarf bei rund fünf Billionen Euro bis zur Mitte des Jahrhunderts liegen. Ein Großteil dieser Investitionen sind Ersatzinvestitionen, aber es bleibt eine sehr deutliche Investitionslücke. Die öffentliche Hand kann dies nicht allein stemmen. 90 Prozent der Klimaschutzinvestitionen – so die Schätzungen – müssen von privaten Investoren aufgebracht werden.

Bei diesem ambitionierten Prozess wird der KfW eine wichtige Rolle beigemessen. Sie wird einen wirkungsvollen Beitrag dazu leisten, Wirtschaft und Gesellschaft auf dem Weg zur Treibhausgasneutralität zu unterstützen und innovative Entwicklungen auf Zukunftsfeldern wie nachhaltige Mobilität, Wasserstoff oder Kreislaufwirtschaft zu fördern. Auch im internationalen Kontext, zum Beispiel in der finanziellen Zusammenarbeit mit Entwicklungs- und Schwellenländern oder in der Zusammenarbeit mit europäischen Förderbanken und -institutionen, engagiert sich die KfW auf vielfältige Weise. Es gilt, die Anstrengungen der internationalen Zusammenarbeit zu erhöhen und privates Kapital zu mobilisieren.

II. Beschleunigung von Digitalisierung und Innovation

Neben der Bewältigung des Klimawandels ist die Stärkung des Industrie- und Technologiestandorts Deutschland die zweite epochale Herausforderung dieses Jahrzehnts. Die zentralen Erfolgsfaktoren für ihre Bewältigung sind Innovation und Digitalisierung. Um zukunftsfest zu sein, braucht Deutschland einen umfassenden digitalen Aufbruch – von der Modernisierung der digitalen Infrastruktur bis zu neuen Zukunftstechnologien durch einen innovativen Mittelstand bzw. Start-ups. Darüber hinaus gilt es, die digitalen Kompetenzen der nächsten Generation massiv weiterzuentwickeln. Nur so kann sichergestellt werden, dass Deutschland international Anschluss hält.

VORWORTE

III. Stärkung der Resilienz und der Souveränität Deutschlands und Europas

Der Krieg in der Ukraine hat uns noch mal schmerzhaft und drastisch vor Augen geführt, dass es in Europa auch eine zusätzliche zentrale Herausforderung gibt – die Stärkung der Souveränität und der Resilienz Deutschlands und Europas. Dies gilt insbesondere für die Bereiche Energie und Rohstoffe, Technologie, aber auch für Sicherheit und Verteidigung.

Das Engagement für die Transformation des Energiesektors ist für die KfW kein neues Thema. Bereits seit vielen Jahren unterstützt die KfW die Energiewende und fördert dabei insbesondere die Entwicklung und Nutzung von erneuerbaren Energien und Energieeffizienz. So hat die KfW bereits vor rund zehn Jahren in Zusammenarbeit mit dem Bund einen entscheidenden Impuls gesetzt, um den Markt für Offshore-Windenergie-Anlagen anzustoßen, ohne den eine flächendeckende Versorgung Deutschlands mit „grünem Strom" heute undenkbar wäre.

Transformation ist eine gesamtgesellschaftliche Aufgabe und gelingt nur gemeinsam

Die Aufgabe, vor der wir in Deutschland und Europa stehen, hat eine äußerst große Dimension. Es geht um nicht weniger als darum, wesentliche Grundlagen unseres gesamten Wirtschaftsmodells neu zu gestalten. Die Voraussetzungen dafür sind gut: Der deutsche Gründer- und Erfindergeist ist immer noch da. So wird zum Beispiel das Gründungsgeschehen zunehmend geprägt von sogenannten Chancengründer:innen, also von Menschen, die eine eigene Geschäftsidee verfolgen. Zudem hat sich die Zahl an technologie- und wachstumsgetriebenen Start-ups, die mit hochinnovativen Lösungsmodellen den Wandel vorantreiben, nach der Coronapandemie wieder deutlich erhöht. In vielen Innovationsrankings befindet sich Deutschland nach wie vor in der Spitzengruppe. Deutsche Unternehmen spielen bei zukunftsweisenden grünen Technologien international vorne mit. Es entwickelt sich Schritt für Schritt ein leistungsfähiges und selbsttragendes Ökosystem zur Finanzierung von innovativen und wachstumsstarken Unternehmen.

Die KfW agiert nah am Marktgeschehen, und dort ist deutlich zu erkennen: Es kommt etwas in Gang. Die Transformation hin zu einem nachhaltigen und resilienten Deutschland hat zumindest begonnen. Deutschland erfindet sich gerade ein weiteres Mal neu. Gleichwohl bleibt der Handlungsdruck sehr hoch. Dabei ist der Pfad vorgezeichnet. Jetzt geht es darum, dass wir schnell in die Umsetzung kommen. Das Ziel muss es sein, bis zum Ende des Jahrzehnts den Wandel zu einer nachhaltigen Gesellschaft zu beschleunigen und gleichzeitig Deutschland als Industrie- und Technologiestandort zu stärken. Hierfür bedarf es auch einer Verbesserung der Rahmenbedingungen in unserem Land, um unter anderem die Attraktivität für ausländische Fachkräfte zu steigern.

Die Transformation gelingt jedoch nur gemeinsam: Wir stehen vor einer gesamtgesellschaftlichen Aufgabe, bei der jeder und jede Verantwortung übernehmen muss. Auch wir als KfW möchten unserer Verantwortung gerecht werden. Um einen wirkungsvollen Beitrag zur Transformation leisten zu können, wird sich die KfW ihrerseits zur digitalen Transformations- und Förderbank weiterentwickeln. Unter der Transformationsagenda KfWplus wird sie in den kommenden Jahren anpassungsfähiger, effizienter und wirksamer.

Die KfW begeht im Jahr 2023 ihr 75-jähriges Bestehen. Ihre Gründung ist eng mit der Entwicklung der sozialen Marktwirtschaft und unserer Demokratie verbunden. Seit 1948 hat die KfW immer wieder dazu beigetragen, epochale

VORWORTE

Herausforderungen zu bewältigen und entscheidende Impulse zu setzen, um den Wandel voranzutreiben. Dies definiert ihr Selbstverständnis und ihren Auftrag, dem sie sich auch in diesem Jahrzehnt der Entscheidung verpflichtet fühlt.

Gemeinsam mit Bundesminister Christian Lindner und Bundesminister Dr. Robert Habeck lade ich Sie ein, dieses Buch zu lesen, sich inspirieren zu lassen und sich an der Gestaltung des Jahrzehnts der Entscheidung zu beteiligen. Mögen Sie Inspiration finden, um mutige Entscheidungen zu treffen und Ihre eigene Stimme zu erheben. Gemeinsam können wir das Jahrzehnt der Entscheidung zu einem Wendepunkt in der Geschichte machen – zu einem Kapitel, das von Veränderung, Fortschritt und einer besseren Zukunft geprägt ist.

Herzlichen Dank an alle Autorinnen und Autoren für die wertvollen Beiträge und herzlichen Dank an Sie, dass Sie sich auf diese Reise einlassen. Viel Spaß bei der Lektüre!

KLIMA UND UMWELT

Die Herausforderung

KLIMA & UMWELT

Warum ich optimistisch bleibe

Mit erneuerbaren Energien gegen den Klimakollaps

von Mojib Latif

Prof. Dr. Mojib Latif ist Klimaforscher, Meteorologe und Professor am GEOMAR-Helmholtz-Zentrum für Ozeanforschung Kiel. Er ist außerdem Präsident der Deutschen Gesellschaft Club of Rome und Präsident der Akademie der Wissenschaften in Hamburg. Er hat zahlreiche Veröffentlichungen zum Klimawandel verfasst, zuletzt „Countdown: Unsere Zeit läuft ab – was wir der Klimakatastrophe noch entgegensetzen können" (2022).

Ich bin ein durch und durch optimistischer Mensch und glaube an eine gute Zukunft. Wenn es um den durch die Menschen verursachten Klimawandel in Form der globalen Erwärmung geht, braucht es allerdings schon eine gehörige Portion Optimismus, um die Hoffnung nicht zu verlieren, dass wir unsere Lebensgrundlagen schützen werden. Ich warne schon seit Jahrzehnten vor den Risiken einer ungebremsten globalen Erwärmung und mahne – so wie viele meiner Kolleginnen und Kollegen auch – eine der Dringlichkeit des Problems angemessene Klimapolitik an, bisher allerdings mit wenig Erfolg. Die Welt scheint immer noch nicht zu verstehen, in welcher Lage sie sich befindet. Trotzdem ist ein gewisser Optimismus angebracht. Warum? Weil wir die Ursache des Klimaproblems

KLIMA & UMWELT

kennen und auch wissen, wie wir es lösen können. Entscheidend wird das folgende Jahrzehnt sein, in dem wir die Weichen stellen müssen – und können –, um die Klimakatastrophe noch abzuwenden.

Die Situation

Der Weltklimarat schrieb 2021 in seinem sechsten Sachstandsbericht: „Es ist eindeutig, dass menschliche Aktivitäten den Klimawandel verursachen." Im ersten Sachstandsbericht, der 1990 erschienen war, hieß es schon, dass man sich sicher sei, dass der menschliche Ausstoß sogenannter Treibhausgase zu einer Erwärmung der Erdoberfläche führen würde. Hierbei geht es in erster Linie um die Art der Energiegewinnung, die auf der Verbrennung der fossilen Brennstoffe – Kohle, Erdöl und Erdgas – fußt, wodurch seit dem Beginn der Industrialisierung enorme Mengen des Treibhausgases Kohlendioxid (CO_2) in die Atmosphäre gelangen, die die Erde aufheizen. Die Menschen emittieren darüber hinaus weitere Treibhausgase wie Methan und Lachgas, die u. a. in der Landwirtschaft entstehen. Insgesamt hat sich die Erde im weltweiten Mittel schon um ein gutes Grad Celsius gegenüber der vorindustriellen Zeit erwärmt, was für die letzten Jahrtausende beispiellos ist. Die Auswirkungen der globalen Erwärmung sind überall auf der Erde spürbar. So häufen und intensivieren sich die Wetterextreme, die Meeresspiegel steigen und die ohnehin durch die Menschen gestressten Ökosysteme zu Land und in den Meeren leiden noch zusätzlich unter den höheren Temperaturen.

Der Ort des Ausstoßes von Treibhausgasen spielt keine Rolle für die globale Erwärmung, was daran liegt, dass sie eine äußerst lange Verweildauer in der Atmosphäre besitzen. Das CO_2 beispielsweise verweilt für Jahrhunderte bis Jahrtausende. Da sich das Gas um den Erdball verteilt – was übrigens nur einige Wochen dauert –, sitzen alle Länder im selben Boot. Sie sind gemeinsam für die globale Erwärmung verantwortlich – wenngleich mit unterschiedlichen Anteilen – und sie alle sind von ihr betroffen. Alle Länder müssen handeln, national ist das Klima nicht zu schützen. Das ist die Krux. „Die Menschheit hat die Wahl: kooperieren oder zugrunde gehen", sagte UN-Generalsekretär António Guterres 2022 zu Beginn der 27. Weltklimakonferenz in Ägypten und warnte vor einem „Highway zur Klimahölle". Zuallererst müssten die großen Emittenten wie die Industrieländer und allen voran China beim Klimaschutz vorangehen und ihre CO_2-Emissionen drastisch senken. Allein China besitzt derzeit einen Anteil an den weltweiten Emissionen von rund 30 Prozent. Die Top-Emittenten tun zu wenig, um es vorsichtig auszudrücken. Der Gehalt der Treibhausgase in der Atmosphäre steigt mit einer atemberaubenden Geschwindigkeit an. Die Welt ist im Begriff, ihre planetare Geisterfahrt fortzusetzen. Die Erde droht zu überhitzen. Das ist der Konsens innerhalb der internationalen Klimaforschung.

Die Lösung

„Gefahr erkannt, Gefahr gebannt!", hieß vor etwa 40 Jahren ein Werbespruch. Die Weltgesellschaft hat die Gefahr einer Klimakatastrophe schon längst erkannt, was die alljährlichen Weltklimakonferenzen zeigen. Die Welt scheint allerdings nicht fähig zu sein, Maßnahmen zur Begrenzung der globalen Erwärmung zu ergreifen, und verharrt anstattdessen in einer Art Schockstarre. Der Klimakollaps könnte aber immer noch abgewendet werden, so viel steht fest. Die Menschen halten die Lösungen zur Begrenzung des Klimawandels in Händen. Ein Beispiel sind die erneuerbaren Energien, die der Welt eine nachhaltige Energieversorgung ohne den Ausstoß von CO_2 ermöglichen würden. Es gibt kein Energieproblem auf der Erde. Wir haben saubere Energie im Überfluss. So müssten wir nur einen Bruchteil der auf die Erdoberfläche einfallenden Sonnenenergie nutzen, um den Weltenergiebedarf zu decken. Hinzu kommen Windenergie, Erdwärme und andere Formen erneuerbarer Energie wie die Energie aus den Gezeiten, die wir nutzen können. Speichertechnologien stehen ebenfalls zur Verfügung wie zum Beispiel in Form von grünem Wasserstoff. Die Technologien zur Nutzung und Speicherung der regenerativen Energien sind entwickelt. Das Geld für die nötigen Investitionen wäre vorhanden angesichts der riesigen Finanzströme, die heute in nicht nachhaltige Investments fließen. Eine globale Energiewende wäre innerhalb weniger Jahrzehnte möglich, wenn der politische Wille vorhanden wäre. Technologiewandel kann ziemlich schnell vonstattengehen. Das zeigt die Vergangenheit. Die Wende vom Pferdewagen zum Automobil hat nur wenige Jahrzehnte gedauert. Ebenso wie der Übergang vom Festnetztelefon zum Mobiltelefon.

Wer hätte noch von zwei Jahrzehnten gedacht, dass in Deutschland inzwischen fast die Hälfte des Stroms aus erneuerbaren Quellen kommt? Wir sollten die Energiewende bis zum Ende durchziehen und der Welt ein Beispiel sein. Und dies aus ganz unterschiedlichen Gründen. Da wären natürlich die Umweltaspekte wie die Begrenzung der globalen Erwärmung oder die Verringerung der Luftverschmutzung. Vergessen wir dabei aber auch nicht, was für gewaltige Umweltschäden allein durch die Förderung der fossilen Brennstoffe entstehen. Ein Blick auf die Braunkohlereviere bei uns in Deutschland reicht, um sich dessen zu vergewissern. Strom aus Sonne oder anderen erneuerbaren Quellen ist zudem die billigste Art der Stromerzeugung überhaupt. Die konventionellen Energien, die fossilen und die Atomkraft, würden im Markt nicht überleben, gäbe es nicht die direkten und indirekten milliardenschweren Subventionen, die sich global schätzungsweise auf mehr als 500 Milliarden US-Dollar belaufen. Wieso zahlen wir so ungeheuer viel Geld für die konventionellen Energien, die doch viel teurer sind als die erneuerbaren Energien und deren Nutzung enorme Risiken birgt? Warum können sich viele Menschen Energie kaum noch leisten, obwohl immer mehr Sonnen- und Windenergie in unserem Strommix enthalten sind? Warum nutzen wir die erneuerbaren Energien nicht dezentral und standortangepasst unter Verwendung Künstlicher Intelligenz, anstatt sie in eine Netzinfrastruktur zu pressen, die für sie nicht geschaffen ist? Wir sollten Energiesysteme entwickeln, die nicht nur die konventionellen ersetzen, sondern in denen die erneuerbaren Energien ihre Vorteile ganz ausspielen können. Die erneuerbaren Energien bieten darüber hinaus die Möglichkeit eines fairen Ausgleichs zwischen den Ländern. So könnte Südeuropa von seinen riesigen Potenzialen an erneuerbarer Energie in einem europäischen Strom- und Wasserstoffmarkt enorm profitieren, wodurch sich das wirtschaftliche Gefälle zwischen den Regionen verringern ließe, was auch für die Festigung der Demokratie hilfreich wäre.

Wir werden in den nächsten Jahrzehnten eine Dynamik im Energiebereich erleben, die man sich heute noch gar nicht vorstellen kann. Die nächste industrielle Revolution ist in vollem Gange, und die erneuerbaren Energien sind ein Teil von ihr. Die Investitionen in den Ausbau der erneuerbaren Energien steigen in allen Weltregionen rasant an, auch in China und in den USA, den beiden größten CO_2-Emittenten. Diese Dynamik muss und wird die Politik unterstützen, zum Beispiel durch einen steigenden CO_2-Preis. „Wer zu spät kommt, den bestraft das Leben", sagt man. Wer bei den sauberen Technologien nicht vorne dabei ist, der wird auch ökonomisch das Nachsehen haben und Wohlstandsverluste hinnehmen müssen.

Deutschland hat es früh begriffen und die Energiewende eingeleitet. Deutschland hat damit der Welt einen großen

KLIMA & UMWELT

Dienst geleistet, indem es die erneuerbaren Energien bezahlbar gemacht hat, weswegen sie überall auf der Welt boomen. Dieses Verdienst wird bleiben. Immer mehr Länder werden begreifen, dass sie sich von den konventionellen Energien lösen müssen, auch um Abhängigkeiten abzubauen. Es kommt das Zeitalter der sauberen Energien, es geht das Zeitalter der schmutzigen Energien, und es bleibt die Erkenntnis, dass technologischer Fortschritt und Vernunft nicht aufzuhalten sind. Insofern ist Optimismus durchaus angebracht.

Resiliente Städte und Wohnungsbau

KLIMA & UMWELT

Wie wollen wir in Zukunft wohnen?

Lebenswerte Städte und bezahlbare Wohnungen

von Klara Geywitz

Die Bundesministerin für Wohnen, Stadtentwicklung und Bauwesen, Klara Geywitz, wurde 1976 in Potsdam geboren, wo sie mit ihrer Familie bis heute lebt. Seit 1994 ist sie Mitglied der SPD. Nach dem Abitur studierte sie von 1995 bis 2002 Politikwissenschaften an der Universität Potsdam. Die Diplom-Politologin gehörte von 1998 bis 2013 der Stadtverordnetenversammlung der Landeshauptstadt Potsdam an und von 2004 bis 2019 – als direkt gewählte Abgeordnete – dem Landtag Brandenburg. Während dieser Mandatszeit war sie Mitglied in verschiedenen Ausschüssen und Gremien und nahm verantwortliche politische Funktionen innerhalb der Landes- und Bundes-SPD wahr. Von August 2020 bis zu ihrer Ernennung zur Bundesministerin im Dezember 2021 arbeitete sie als Prüfgebietsleiterin beim Landesrechnungshof Brandenburg.

Vor 75 Jahren, im Gründungsjahr der KfW, lag Deutschland in Trümmern. Fast fünf Millionen Wohnungen waren im Zweiten Weltkriegs zerstört oder beschädigt worden. 13 Millionen Menschen waren obdachlos. Die Wohnungsfrage war eine der drängendsten – weil existenziellen – Fragen der Nachkriegszeit. Zu lösen war sie nur „unter Aktivierung aller privaten und öffentlichen Mittel", wie Konrad Adenauer 1949 betonte.

Mit einem gewaltigen Aufbauprogramm wurden in beiden deutschen Staaten innerhalb kurzer Zeit Millionen Wohnungen gebaut; zwei Millionen waren es bis 1953 allein in der Bundesrepublik. Die Kreditanstalt für Wiederaufbau, die ihren Auftrag schon im Namen trug, förderte den Wohnungsbau mit zinsgünstigen Krediten. 1950 wurde jede zehnte neue Wohnung mit KfW-Mitteln finanziert. Entscheidenden Anteil am Erfolg des Wiederaufbaus hatte auch der soziale Wohnungsbau. 86 Prozent der 1950 im Bundesgebiet fertiggestellten 372.000 Wohnungen waren öffentlich geförderte Sozialwohnungen.

Anlässlich des 75. Jubiläums der KfW lohnt es sich, an die gewaltige Aufbauleistung der Nachkriegszeit zu erinnern. Der Rückblick zeigt, dass unsere Großeltern und Eltern Herausforderungen gemeistert haben, die den heutigen mindestens ebenbürtig sind.

Manche dieser Herausforderungen sind geblieben – allerdings unter völlig veränderten Vorzeichen. Auch heute fehlen Wohnungen in großer Zahl, nicht zuletzt aufgrund einer wachsenden Bevölkerung. Zugleich verschärft die seit Jahrzehnten abnehmende Haushaltsgröße bei gleichzeitig steigender Pro-Kopf-Wohnfläche den Mangel an bezahlbarem Wohnraum. Wohnten 1961 noch durchschnittlich 2,9 Personen in einem Haushalt, sind es derzeit nur noch zwei. Kam ein Westdeutscher 1960 im Schnitt mit 19,4 Quadratmetern Wohnfläche aus, stehen heute nach aktuellen Berechnungen des Statistischen Bundesamtes jedem Menschen in Deutschland fast 48 Quadratmeter, also mehr als doppelt so viel, zur Verfügung.

Wohnen ist auch heute noch eine existenzielle Frage. Denn jede und jeder muss wohnen – und zwar nicht nur „irgendwie", sondern mit einem gewissen Mindeststandard, der sicher nicht mehr am Standard der Nachkriegszeit zu messen ist.

In den vergangenen 75 Jahren haben sich nicht nur die Ansprüche an das Wohnen, sondern hat sich Deutschland insgesamt tiefgreifend gewandelt. Auf Jahrzehnte der deutschen Teilung folgten nun schon fast ebenso viele Jahrzehnte der Einheit. Die Wandlungsprozesse in Gesellschaft, Wirtschaft und Politik haben auch das Erscheinungsbild der Städte und Gemeinden verändert. Man denke nur an den

KLIMA & UMWELT

Strukturwandel im Ruhrgebiet oder im Industrieraum Halle-Leipzig, an neue Wohn- und Erwerbsformen oder veränderte Konsumgewohnheiten, die wiederum Veränderungen in der städtischen Infrastruktur nach sich ziehen.

Weitere Herausforderungen sind hinzugekommen: Der Klimawandel und die Klimafolgenanpassung, aber auch zunehmende räumliche und soziale Ungleichheit, die fast alle Lebensbereiche durchdringende Digitalisierung, Fragen der Ressourceneffizienz oder auch Migrationsbewegungen als Folge von Kriegen und Katastrophen – all das hat direkt oder indirekt Einfluss auf unsere Lebensverhältnisse, verändert Städte und Kommunen in unserem Land und weltweit.

Ob Doha, Delhi oder Duisburg – Städte sind Kulminationspunkte und Katalysatoren des globalen Wandels und globaler Probleme. 75 Prozent der Menschen in Deutschland und mehr als die Hälfte der Weltbevölkerung leben mittlerweile in Städten. Sie sind „die Orte, an denen der Kampf für nachhaltige Entwicklung gewonnen oder verloren wird", wie der damalige Generalsekretär der Vereinten Nationen, Ban Ki-Moon, 2012 erklärte. Daraus folgt: Wenn wir die globalen Herausforderungen bewältigen wollen, müssen Städte zu Laboren und Beschleunigern der Nachhaltigkeitswende werden.

Auf europäischer Ebene gibt es dafür eine strategische Grundlage: die im November 2020 verabschiedete Neue Leipzig-Charta mit ihrem Leitbild der gemeinwohlorientierten und nachhaltigen Stadtentwicklung.

Stadtentwicklung als Gestaltungs- und Nachhaltigkeitshebel

Ausgehend von dieser Charta verfolgt das Bundesministerium für Wohnen, Stadtentwicklung und Bauwesen (BMWSB) mehrere Ziele: Städte und Gemeinden sollen in den kommenden Jahren klimaneutral und ressourcenschonend (um-) gebaut und bewohnt werden. Und sie sollen mit lebendigen Quartieren dem sozialen Zusammenhalt und dem Gemeinwohl verpflichtet sein.

Beide Dimensionen – die soziale wie die ökologische – sind untrennbar miteinander verbunden. Beide Ziele erfordern große Anstrengungen und finanzielle Ressourcen. Damit kommt der KfW als „Bank aus Verantwortung" eine wesentliche Rolle bei der sozial ausgewogenen und nachhaltigen Entwicklung unserer Städte und Kommunen zu.

Das gilt insbesondere für das Thema Klimaschutz. Um den Gebäudebestand in Deutschland bis 2045 weitgehend klimaneutral zu machen, reichen Einzelmaßnahmen nicht aus. Stattdessen braucht es quartiersbezogene Konzepte, wie sie der Bund mit dem KfW-Förderprogramm „Energetische Stadtsanierung" schon seit 2011 unterstützt. Kredite und Zuschüsse helfen den Kommunen dabei, Gebäudehüllen energieeffizient zu sanieren und eine Wärmeversorgung einzurichten, die weitgehend auf erneuerbare Energien setzt.

Parallel dazu müssen sich Städte und Gemeinden an die schon heute spürbaren Folgen des Klimawandels anpassen. Extremwetterereignisse und die Jahre der Coronapandemie haben gezeigt, wie wichtig leistungsfähige grün-blaue Infrastrukturen sind, um Klimaresilienz mit Lebensqualität zu verbinden. Mit dem Bundesprogramm „Anpassung urbaner Räume an den Klimawandel" werden beispielsweise Parks und Grünanlagen gestärkt, Frei- und Verkehrsflächen entsiegelt und begrünt sowie Maßnahmen zur Verbesserung der Biodiversität umgesetzt.

Lebenswerte Städte und Gemeinden und ein gutes Wohnumfeld zu schaffen, ist auch das Ziel der Städtebauförderung. Maßnahmen zum Klimaschutz und zur Anpassung an den Klimawandel sind dabei seit 2020 Fördervoraussetzung. Förderfähig sind u. a. energetische Gebäudesanierungen sowie Maßnahmen, um die grüne Infrastruktur oder klimafreundliche Mobilität zu stärken.

KLIMA & UMWELT

Auf dem Weg zur sozialen Bauwende

Klimaschutz und Klimaanpassung wirken sich nicht nur auf die Gestaltung unserer Städte und Quartiere aus, sondern auch auf den Wohnungsbau. Denn Wohnraum soll nicht nur in ausreichender Zahl und am richtigen Ort zu einem bezahlbaren Preis angeboten werden. Er soll zugleich auch ökologisch verträglich, nachhaltig und klimafreundlich sein. Und, um die Komplexität noch etwas zu erhöhen: Neu- und Umbauten sollen sich in die vorhandene, teils sehr dichte und historisch gewachsene Siedlungsstruktur einfügen. Das macht den Um- und Neubau zu einer in jeder Hinsicht anspruchsvollen Aufgabe.

In diesem Spannungsfeld zwischen Klima- und Ressourcenschutz auf der einen und sozial verträglichem Wohnungsbau auf der anderen Seite bewegen sich die 35 Mitglieder des 2022 im BMWSB gegründeten „Bündnis bezahlbarer Wohnraum". Das von ihnen geschnürte Maßnahmenpaket umfasst eine Vielzahl von Maßnahmen zum klimagerechten Bauen und zur Recyclingfähigkeit von Baustoffen. Auch die beschlossenen Maßnahmen zur Innenentwicklung der Städte sollen nachhaltiges und klimaneutrales Bauen ermöglichen – mit dem Ziel, bis zum Jahr 2045 einen klimaneutralen Gebäudebestand zu schaffen. Um die vorhandenen Flächen effizienter für die Wohnraumversorgung zu nutzen, wurden zudem Maßnahmen zum Ausbau, zur Um- und Nachnutzung von Gebäuden sowie zur Aktivierung von Leerständen beschlossen.

Das Bundesbauministerium hat zwei Förderprogramme entwickelt, um in Zusammenarbeit mit der KfW klimaschonendes und bezahlbares Bauen insbesondere für Menschen mit kleineren und mittleren Einkommen zu ermöglichen: Im März 2023 startete das Programm „Klimafreundlicher Neubau", mit dem zinsverbilligte KfW-Darlehen für den Bau von Wohn- und Nichtwohngebäuden bereitgestellt werden. Im

KLIMA & UMWELT

Juni 2023 folgte ein weiteres Förderprogramm, das ebenfalls mit zinsverbilligten KfW-Darlehen gezielt Familien mit Kindern beim Wohneigentumserwerb unterstützt. Rund zwei Milliarden Euro stehen in diesem Jahr für die Neubauförderung bereit.

Voraussetzung für die Förderung ist in beiden Fällen das energetisch ambitionierte Niveau des Standards EH40. Dafür wird der CO_2-Fußabdruck im gesamten Lebenszyklus des Gebäudes in den Blick genommen: Sowohl die Herstellung der Baumaterialien, die Errichtung des Gebäudes, seine Instandhaltung als auch sein Energieverbrauch im Betrieb sowie die Entsorgung am Ende einer hoffentlich langen Nutzungsdauer fließen in die Bilanz ein.

Zinsgünstige KfW-Kredite spielen auch bei der Genossenschaftsförderung des Bundes eine wesentliche Rolle. Sie ermöglichen es Privatpersonen, Anteile an bestehenden Wohnungsgenossenschaften zu erwerben oder eine eigene Wohnungsgenossenschaft zu gründen und so zu „Mieter-Eigentümern" zu werden. Die Genossenschaftsförderung schafft langfristig bezahlbaren und sicheren Wohnraum und stärkt so das gemeinwohlorientierte Segment des Wohnungsmarktes.

Ausblick

Seit 1948, dem Gründungsjahr der KfW, haben sich die Wohnbedürfnisse der Menschen und die Anforderungen an die Wohnungspolitik geändert. Neben die reine Wohnraumbeschaffung sind Fragen der sozialen und ökologischen Nachhaltigkeit, der Auswirkungen des Klimawandels und der Energieversorgung der Zukunft getreten.

Auch die Maßstäbe für lebenswerte und zukunftsfähige Städte und Gemeinden haben sich verändert. Das einstmals

KLIMA & UMWELT

Modernität verheißende Leitbild der funktional getrennten, autogerechten Stadt hat sich als Irrweg erwiesen. Stattdessen orientieren wir uns wieder mehr an den Qualitäten der europäischen Stadt, die soziale Begegnungen und umweltgerechte Bewegung jenseits des motorisierten Individualverkehrs zulässt.

Wie unsere Städte und Gemeinden in 75 Jahren aussehen werden, vermag wohl niemand genau vorherzusagen. Wenn wir die jetzt schon eingeschlagenen Entwicklungspfade gedanklich etwas verlängern, können wir gleichwohl ein recht realistisches und durchaus hoffnungsvolles Bild der nahen Zukunft zeichnen, in der wir digitaler arbeiten und nachhaltiger leben werden. Neue Formen des Arbeitens und Wohnens werden die gebaute Umwelt verändern, aber nicht deren Bedeutung schmälern. Das Quartier, die Gemeinde und die Stadt werden weiterhin die wichtigsten räumlichen Bezugspunkte für unser soziales Miteinander sein.

Es lohnt sich, die vor uns liegenden Aufgaben anzupacken. Und es ist machbar. Denn wir bauen nicht auf Trümmerfeldern auf, sondern auf dem Wohlstand, den unsere Eltern, Großeltern und wir alle in den letzten 75 Jahren geschaffen haben.

KLIMA & UMWELT

Nachhaltig bauen für eine bessere Welt

Die Schlüsselrolle des Gebäudesektors für den Klimaschutz

von Christine Lemaitre

Dr. Christine Lemaitre studierte Bauingenieurwesen an der Universität Stuttgart und arbeitete anschließend als Tragwerksplanerin in den USA. Ab 2003 war sie wissenschaftliche Mitarbeiterin an der Universität Stuttgart, ab 2007 Projektleiterin bei der Bilfinger Berger AG. Ihre Promotion erfolgte 2008. Lemaitre leitete bei der Deutschen Gesellschaft für Nachhaltiges Bauen (DGNB) die Abteilung System und ist seit Februar 2010 geschäftsführender Vorstand. Sie gehörte dem Vorstand des World Green Building Council an und ist aktuell Vorsitzende der Clima Positive Europe Alliance sowie der Wissensstiftung. Außerdem ist sie Mitglied im Beirat für Baukultur des Landes Baden-Württemberg, im Nachhaltigkeitsrat des Zentralen Immobilienausschusses e. V. und Vorsitzende des Board of Directors des Cradle to Cradle Product Innovation Institute.

Lange wurde der Bausektor in politischen Debatten vergessen, wenn es um die Klimaschutzziele ging. Seit einigen Jahren tut sich was. Die Europäische Union hat ihren Green Deal ausgerufen und darin dem (Um-)Bau unserer Lebensräume eine zentrale Rolle zugeschrieben. Und die Bundesregierung hat ihre Förderkonditionen für Gebäude hin zur Nachhaltigkeit verschärft. Viel länger, seit mehr als 15 Jahren, gibt es mit

KLIMA & UMWELT

der Deutschen Gesellschaft für Nachhaltiges Bauen (DGNB) ein Netzwerk, das unabhängig von politischen Entscheidungen Nachhaltigkeit in konkrete Bauprojekte bringt. Wenn alle, die Einfluss auf das Bauen haben, ob Pioniere oder Spätzünder, darauf aufbauen, kommen wir schnell voran. Vollgas ist nicht nur aus ökologischer Sicht gefragt. Denn wir sehnen uns doch alle nach angenehmen Sommernächten und frischer Luft in der Stadt.

2030 ist die große Zahl. Bis dahin sollten die 17 Ziele für nachhaltige Entwicklung der Vereinten Nationen erfüllt sein. Ein Leitbild für eine bessere Welt, in der ein verantwortungsbewusster Umgang mit Menschen, Natur und Ressourcen normal ist. Bis dahin soll der CO_2-Ausstoß der Bundesrepublik im Vergleich zum Referenzjahr 1990 um 65 Prozent reduziert werden. Der Weltklimabericht vom Jahr 2022 verschärft die Thematik noch. So muss der Ausstoß von Treibhausgasemissionen bis 2030 weltweit halbiert werden (im Vergleich zu 2019), wenn das 1,5-Grad-Ziel des Pariser Klimaabkommens überhaupt noch erreicht werden soll.

Dem Gebäudesektor kommt dabei eine Schlüsselrolle zu. Er gilt neben Industrie, Verkehr und Energie als ein wesentlicher Verursacher der Klimagase. Gebäude emittieren nicht nur im Betrieb CO_2 – durch die Nutzung fossiler Energieträger für Heizen, Kühlen, Lüften. Auch bei der Errichtung, vor allem bei der Herstellung und dem Transport der Baumaterialien, entstehen große Mengen CO_2, die deutlich reduziert werden müssten. Wie aber kommt man da hin?

Ganzheitliche Nachhaltigkeit schließt Klimaschutz ein

Nachhaltig bauen heißt, den Blick zu weiten und neben Kosten und Nutzen auch Menschen und die Umwelt mit in die Planung

KLIMA & UMWELT

von Gebäuden einzubeziehen. Dazu zählt auch die radikale Reduktion der CO_2-Emissionen, wie sie in Klimaschutzgesetzen gefordert wird. Klimaschutz ist zwar ein wesentlicher Aspekt des nachhaltigen Bauens und auch der in der Öffentlichkeit sicherlich meistdiskutierteste, aber nicht der einzige. Unterschätzt werden beispielsweise die hohe Relevanz von Biodiversität, der verantwortungsvolle Umgang mit Wasser und die Notwendigkeit, natürliche Ressourcen zu schonen. Bei den sehr technisch geführten Debatten um die CO_2-Reduktion wird gerne übersehen, dass gerade die genannten Aspekte wirkungsvolle Hebel für Klimaschutz sind. Daneben sind unter den Begriffen der soziokulturellen und ökonomischen Nachhaltigkeit weitere Kriterien zu finden, die für ein ganzheitlich nachhaltiges Gebäude sorgen. Denn ein ökooptimiertes Gebäude, das niemand bewohnen möchte, ist nicht nachhaltig. Ebenso wenig zukunftsfähig ist es das, wenn es nicht bezahlbar ist. Nachhaltig zu bauen heißt also, die drei Säulen der Nachhaltigkeit – ökonomische, ökologische und soziale Aspekte – zu berücksichtigen und Entscheidungen zugunsten eines guten Gesamtergebnisses zu treffen.

Ökologische Qualität
- Klimaschutz und Energie
- Wasser
- Wertstoffmanagement

Ökonomische Qualität
- Betriebskosten
- Risikomanagement und Werterhalt
- Beschaffung und Bewirtschaftung

Soziokulturelle und funktionale Qualität
- Innenraumkomfort
- Nutzerzufriedenheit
- Mobilität

Das DGNB Zertifizierungssystem für Gebäude im Betrieb benennt neun Kriterien, die zu einem nachhaltigen Gebäudebetrieb führen.

KLIMA & UMWELT

Ebenso wichtig ist es, den Betrachtungszeitraum zu erweitern. Wer nachhaltig umbaut oder baut, richtet den Blick auf den gesamten Lebenszyklus eines Gebäudes – von der Rohstoffgewinnung über die Errichtung und den Betrieb bis hin zum Rückbau. Er oder sie strebt dabei immer eine möglichst lange Nutzungsdauer an. Damit einher geht beispielsweise eine flexible Gestaltung, die unterschiedliche Nutzungen zulässt. Mit diesem weit gefassten Blick lassen sich Umweltwirkungen gezielt vermeiden und werden nicht in eine nächste Lebenszyklusphase verschoben. Eine kurzfristig angebrachte Dämmung zur Einsparung von Energie und damit CO_2-Emissionen, die jedoch aufgrund einer Verbundmaterialität bei einem Rückbau zu Sondermüll würde, ist so ein Beispiel, das es zu vermeiden gilt. Ebenso lassen sich mit der Lebenszyklusbetrachtung Folgekosten und Risiken minimieren.

Nicht zuletzt sollte beim Bauen immer das Gesamtergebnis im Fokus stehen und nicht das Abarbeiten einzelner Maßnahmen. Nicht selten sehen wir grüne Fassaden, die aufgrund einer ungünstigen Verortung ihre Wirkung als Luftreiniger verfehlen, gleichzeitig aber für einen großen Pflegeaufwand sorgen. Ein weiteres Beispiel sind Holzbauten, die zwar nachhaltig aussehen, aber mit Holz aus nicht nachhaltiger Forstwirtschaft errichtet wurden.

Nachhaltigkeit ist kein Aushängeschild, sondern ein zugegeben etwas abstrakter Begriff für eine zukunftsgerichtete Bauweise. Anstatt Pauschallösungen umzusetzen, gilt es, die beste Gesamtperformance aus einem Gebäude herauszuholen. Welche Maßnahme hat welche Wirkung auf das gesamte Gebäude? Eine Ökobilanzierung zeigt beispielsweise auf, welchen CO_2-Fußabdruck ein Gebäude insgesamt haben wird und wo Hebel liegen, um diesen zu reduzieren.

Blick für das Wesentliche

Seit einiger Zeit erlebt das nachhaltige Bauen einen Aufschwung. Die Europäische Union hat ihren Green Deal ins Leben gerufen mit einem konkreten Aktionsplan, der Europa bis 2050 zum klimaneutralen Kontinent machen soll. Das soll gelingen durch die Transformation des Finanz- und Wirtschaftssystems. Mit dem Klassifizierungssystem der EU-Taxonomie gibt es konkrete Kriterien für ein nachhaltiges Bauwerk. Gleichzeitig werden Unternehmen hinsichtlich ihres An- und Verkaufs von Immobilien auf der einen Seite und Investoren auf der anderen Seite zur Transparenz hinsichtlich ihrer Nachhaltigkeitsaktivitäten verpflichtet. Damit wird Nachhaltigkeit zum Anreiz und ökonomischen Vorteil. In Deutschland sorgt die Bundesförderung für effiziente Gebäude für die Breitenwirksamkeit nachhaltiger Bauwerke. Denn Fördergelder bekommen Bauherren nur noch, wenn sie ihr Gebäude mithilfe der Lebenszyklusanalyse planen und damit Umweltwirkungen reduzieren oder – dafür gibt es am meisten Förderung – sich ganz dem nachhaltigen Bauen verschreiben, wie es beispielsweise die DGNB mit ihrem Zertifizierungssystem definiert.

Bei diesem Aufschwung, der viele Menschen neue Geschäftsmodelle wittern lässt, ist es wichtig, das eigentliche Ziel nicht aus den Augen zu verlieren: Der Erhalt einer lebenswerten Erde durch Eindämmung des Klimawandels, Schutz der Artenvielfalt und der Ressourcen sowie die Erschaffung einer Umwelt, in der wir gerne leben, wohnen und arbeiten und die uns gesund macht.

KLIMA & UMWELT

Oberstes Ziel: Bestand erhalten

Blicken wir erneut auf die CO_2-Emissionen, wird eines ganz klar: Im Erhalt des Bestands und dessen Betriebsoptimierung liegt der wesentliche Schlüssel zur Erreichung der Klimaschutzziele. Denn dort wird durch veraltete Anlagen oder unzureichende Dämmung ein Großteil aller energiebedingten Treibhausgasemissionen verursacht. Aber auch in energieeffizienten Gebäuden klafft häufig eine große Lücke zwischen dem geplanten und dem tatsächlichen Energieverbrauch durch die Nutzenden. Immer noch fallen Entscheidungen für oder gegen einen Abriss häufig zugunsten des Abrisses aus. Nicht berücksichtigt werden dabei häufig die sogenannten grauen Emissionen, die bei der Errichtung der Altbauten bereits emittiert wurden. Führt man eine ganzheitliche CO_2-Bilanzierung durch, ist die Sanierung in der Regel um ein Vielfaches klimaschonender. Gleichzeitig wird der Abbau neuer Ressourcen minimiert.

Es gilt also, unsere Gebäude, Quartiere und ganze Städte umzubauen hin zum klimapositiven Betrieb. Dieser ist laut DGNB erreicht, wenn ein Gebäude über ein Jahr gerechnet eine negative CO_2-Bilanz hat. Das gelingt durch Eigenproduktion erneuerbarer Energie am Standort zur Deckung des Eigenbedarfs und durch Abgabe des Überschusses ans allgemeine Stromnetz, wo fossile Energie verdrängt wird.

Im Rahmenwerk für klimaneutrale Gebäude und Standorte zeigt die DGNB auf, wie Gebäude mithilfe eines Klimaschutzfahrplans Schritt für Schritt zum klimapositiven Betrieb gelangen.

KLIMA & UMWELT

Handlungsfeld 1	Handlungsfeld 2	Handlungsfeld 3	Handlungsfeld 4	Handlungsfeld 5
Kontext	Gebäudeenergie	Nutzerenergie	Versorgungssysteme	Erneuerbare Energie
Berücksichtigung der städtebaulichen Bestandssituation	Optimierung der Gebäudehülle für minimalen Energiebedarf	Optimierung des Nutzerstroms für minimalen Energiebedarf	Optimierung der Versorgungssysteme für hohe Effizienz der Anlagentechnik	Optimierung der Energieerzeugung am Standort (Deckung von Bedarf und Bezug)

Handlungsfelder zur Erreichung eines klimaneutralen Betriebs

Neben dem klimaneutralen Betrieb gibt es eine Reihe weiterer Aspekte, die ein Bestandsgebäude nachhaltiger machen. Dazu zählen beispielsweise ein effizientes Wassermanagement mit Reduktion des Trinkwasserverbrauchs oder ein Wertstoffmanagement, das Abfälle vermeidet. Diese und weitere Maßnahmen sorgen für die Senkung von Betriebskosten und den Werterhalt des Gebäudes.

An erster Stelle sollte bei jedem Bauprojekt also gefragt werden, ob Bestand erhalten werden kann. Sollte unter Berücksichtigung sämtlicher Nachhaltigkeitsaspekte die Entscheidung zugunsten eines Abrisses ausfallen, lässt sich auch hier einiges besser machen als in der Baurealität. Grundsätzlich gilt: Je mehr Baumaterial wiederverwendet oder recycelt werden kann, desto weniger CO_2-Emissionen entstehen durch die Herstellung neuer Bauprodukte und desto weniger Ressourcen müssen den vielerorts instabilen Ökosystemen entnommen werden. Zugleich werden Abfälle minimiert.

Neubau verpflichtet zu Ambition

Sollte ein Neubau nötig sein, sollte dieser mit der Zielsetzung errichtet werden, einen positiven Beitrag für Menschen und Umwelt zu leisten. Damit einher geht ein klimapositiver Be-

KLIMA & UMWELT

trieb und eine möglichst klimaschonende Errichtung. An erster Stelle sollte immer das Suffizienzprinzip stehen, das nach der Angemessenheit fragt und oftmals den größten Hebel für den Klimaschutz darstellt. Das Besinnen auf die wirklich relevanten Hausfeatures, das Weglassen unnötiger Quadratmeter und damit die Reduktion versiegelter Fläche sind alles wirkungsvolle Maßnahmen. Dazu gehört auch das Hinterfragen technischer Anlagen und Komfortansprüche. Passive Systeme zur Belüftung beispielsweise benötigen weniger Ressourcen und können nicht kaputtgehen. Der Einsatz klimasteuernder Materialien kann komplexe Heiz- und Kühlanlagen oft überflüssig machen.

Handlungsfeld 1	Handlungsfeld 2	Handlungsfeld 3	Handlungsfeld 4	Handlungsfeld 5
Hohe Flächensuffizienz	Kreislauffähige Konstruktion	Flexible Nutzung	Geringer Materialverbrauch	Niedriger CO_2 Fußabdruck der Materialien
Optimierung der für die Nutzung benötigten Flächen sowie Mehrfachnutzung von Flächen	Optimierung der Rückführbarkeit der verbauten Werkstoffe in Kreisläufe	Optimierung der Anpassbarkeit an andere Gebäudenutzungen sowie Auslegung der Lebensdauer von Bauteilen auf die Nutzung	Optimierung und Reduktion der benötigten Materialmassen aus Lebenszyklusperspektive	Optimierung und Reduktion der CO_2-Intensität der Bauteile und Materialien

Handlungsfelder zur Erreichung einer klimaschonenden Konstruktion

Daneben sollte jeder Neubau frei sein von Schad- und Risikostoffen, um auch besonders gefährdeten Gruppen wie Allergikern oder Kindern nicht zu schaden. Dazu bedarf es einer sorgfältigen Materialauswahl gemeinsam mit einem Experten. Standard sollte zudem sein, dass die Baumaterialien aus nachhaltiger Erzeugung gewonnen werden. Holz beispielsweise muss aus nachhaltiger Forstwirtschaft stammen. Wird ein Baum aus einem klimarelevanten Waldgebiet entnommen, geht die klimasenkende Wirkung des Baustoffs im Gebäude durch die Kohlenstoffspeicherung nach hinten los. Weitere ökologische Themen sind der schonende und effiziente Umgang mit Wasser, die Vermeidung von Flächenversiegelungen und aktive Maßnahmen zum Erhalt der Biodiversität.

In der Planung heißt das, genau hinzuschauen und zu prüfen. So sollte beispielsweise, wenn das Gebäude fertiggestellt ist, eine Innenraumluftmessung durchgeführt werden, um sicherzugehen, dass wirklich keine Schad- und Risikostoffe ausgedünstet werden. Für die Wertstabilität und langfristige Sicherheit des Gebäudes ist es zudem wichtig, sämtliche Risiken am Standort zu bewerten und entsprechende Maßnahmen zu ergreifen. Das können Klima-, Extremwetter- oder sonstige Umwelteinflüsse sein. Nicht zu unterschätzen ist zudem die Dokumentation sämtlicher für die Instandhaltung und Pflege des Gebäudes relevanter Informationen für die Nutzenden und Nachnutzenden. Ein Gebäuderessourcenpass, wie ihn die DGNB mit Partnern entwickelt hat, der Auskunft über die verbauten Materialien, ihre Beschaffenheit, Lebensdauer und Austauschbarkeit liefert, sollte beispielsweise Standard bei jedem Neubau sein.

Jetzt handeln

Wie aber setzt man all diese Aspekte um und weist sie nach, sodass Nachhaltigkeit auch wirklich bestellt werden kann? Die Deutsche Gesellschaft für Nachhaltiges Bauen wurde vor mehr als 15 Jahren gegründet, um sich dieser Frage zu stellen. Die Gründerinnen und Gründer, Menschen aus allen Bereichen der Baubranche, haben einen Kriterienkatalog für nachhaltige Gebäude niedergeschrieben, der seither stetig weiterentwickelt wird. Alle Themen und Aspekte in diesem Artikel beruhen auf den Inhalten dieses Praxistools. Heute können sich Politik und Gesellschaft an diesem seit vielen Jahren aufgebauten Praxiswissen orientieren. Sämtliche Regularien vonseiten der EU oder der Bundesregierung werden im Rahmen einer Zertifizierung mit abgedeckt. Aber auch unabhängig von der Zertifizierung ist die DGNB die Anlaufstelle für alle, die sich auf den Weg machen wollen für mehr Nachhaltigkeit im Bauen. Die Non-Profit-Organisation ist Europas größtes Netzwerk für nachhaltiges Bauen und bündelt Expertisen und Praxiserfahrungen. Alle Beteiligten folgen dem Ziel, jetzt zu handeln, und zwar gemeinsam. Für Alleingänge ist keine Zeit.

KLIMA & UMWELT

Wohnen der Zukunft

Innovation und Digitalisierung im Fokus

von Daniel Riedl

Daniel Riedl verantwortet als Chief Development Officer der Vonovia SE seit 2018 die Bereiche Development Österreich, Development Deutschland sowie das operative Geschäft in Österreich. Daniel Riedl ist studierter Handelswissenschaftler der Wirtschaftsuniversität Wien und Fellow der Royal Institution of Chartered Surveyors. Daniel Riedl verfügt über rund 20 Jahre Erfahrung in der Immobilienwirtschaft, davon über zehn Jahre auf Vorstandsebene. Von 2008 bis 2014 war er Mitglied des Vorstands der Immofinanz AG. Im April 2014 führte er die BUWOG AG an die Börse und war bis zum Delisting Ende 2018 deren Vorstandsvorsitzender.

Alle 80 Sekunden müsste in Deutschland eine neue Wohnung fertiggestellt werden, um der Wohnungsnot entgegenwirken zu können. Davon scheinen wir aktuell weit entfernt, wie auch das Frühjahrsgutachten der Immobilienweisen zeigt: Darin warnt der Spitzenverband der Immobilienwirtschaft (ZIA) davor, dass bis zum Jahr 2025 rund 700.000 Wohneinheiten fehlen könnten, wenn das Neubausegment nicht drastisch nachzieht. Das Defizit ist insbesondere bei bezahlbaren Mietwohnungen enorm.

Doch die Bau- und Immobilienindustrie ist derzeit geprägt von kostentreibenden Herausforderungen: Neben gestiegenen Qualitätsansprüchen und der Einhaltung technisch zunehmend komplexer werdender Normen sind es vor allem steigende Grundstückspreise und Baulandmangel, die der Errichtung von Wohnraum im nachgefragten Ausmaß im Wege stehen. Zudem erschweren wirtschaftlich veränderte Rahmenbedingungen infolge des Ukrainekriegs das politische Ziel, 400.000 neue Wohnungen pro Jahr zu errichten. Die damit verbundene Preisentwicklung bei Baustoffen und Material zeigte – auch in Verbindung mit den Nachwirkungen der Coronapandemie, die gestörte Lieferketten zur Folge hatte – eine hohe Dynamik und große Schwankungsbreite. Auch der Anstieg der Zinsen ist ein Kostentreiber, der sich negativ auf den Sektor auswirkt: Zum einen sind Investoren vorübergehend zurückhaltender geworden, zum anderen wird der Finanzierungsprozess für Private in die Länge gezogen.

Nachhaltig und digital: Wohnen neu gedacht

Ein bedeutender Faktor, der die gesamte Gesellschaft und im Grunde auch jedes Unternehmen betrifft, ist das Thema Nachhaltigkeit. Als Projektentwickler sehen wir es als Erfordernis, den Anforderungen an eine klimaschonende Bauweise einen Schritt voraus zu sein, um zukunftsfähige Wohnimmobilien zu entwickeln, die auch in 50 Jahren noch als nachhaltig gelten. Denn gerade im Immobiliensektor können wir durch verschiedenste Maßnahmen einen wertvollen Beitrag zum Klimaschutz leisten. Das Potenzial ist jedenfalls vorhanden, immerhin zählt die Bauindustrie zu den größten Emittenten von CO_2. Konkret: Rund 38 Prozent der CO_2-Emissionen weltweit stammen aus dem Bau und Betrieb von Gebäuden. Das entspricht in etwa dem 4,5-Fachen der globalen Emissionen des Individualverkehrs. Doch auch hier liegt die Herausforderung bei den Kosten: Verglichen mit einer kon-

KLIMA & UMWELT

ventionellen Bauweise sind diese bei nachhaltigen Bauprojekten (derzeit noch) um zwei bis sechs Prozent höher. Ein solcher Kostenaufschlag gilt jedoch nicht zwingend: Wenn effizient seriell und in Produktlogik produziert wird – statt wie bisher klassisch Projekt für Projekt –, können Kosten eingespart werden. Diese können in Qualität und Nachhaltigkeit des Gebäudes reinvestiert werden.

Als Bauträger ist es Teil unseres Selbstverständnisses, soziale und gesellschaftliche Verantwortung zu übernehmen. Dazu gehört, Wohnraum zu entwickeln, der den jeweils aktuellen Anforderungen und Bedürfnissen unterschiedlichster Zielgruppen entspricht. Ziel dabei ist es, Aspekte wie Lebensqualität, Nachhaltigkeit und Leistbarkeit unter einen Hut – oder unter ein Dach – zu bringen.

Markus Fuhrmann ist Mitgründer und Vorstandsvorsitzender von Gropyus, einem PropTech-Unternehmen in der Immobilienbranche, das sich intensiv der nachhaltigen, seriellen Holzbauweise widmet: „Der Wohnungsmarkt benötigt dringend neue Lösungen, um die zunehmende Wohnungsnot zu bewältigen. Gleichzeitig gibt es im Markt bisher ungenutztes Potenzial, Prozesse digital neu zu gestalten, um so kosteneffizienter und nachhaltiger zu bauen. Wir haben es uns zur Aufgabe gemacht, die gesamte Wertschöpfungskette des Produkts ‚Wohnen' zu digitalisieren und damit eine neue, tiefere Nachhaltigkeit im Bausektor zu initiieren."

Digitalisierung ist in diesem Zusammenhang ein wesentliches Stichwort: Digitale Abläufe prägen Gesellschaft und Arbeitswelt zunehmend, jedoch ist gerade im Immobilienbereich noch vieles verbesserungsfähig. Auch die Baubranche steht erst am Anfang einer weitläufigen Veränderung in diesem Bereich. Um das Potenzial im Hinblick auf Digitalisierung in Verbindung mit einem effizienteren Umgang mit Ressourcen ausschöpfen zu können, setzt Vonovia auf Digitalisierung in allen Geschäftsbereichen. Dabei sind Digitalisierung und Nachhaltigkeit zwei wesentliche Schwerpunkte, die beina-

KLIMA & UMWELT

he untrennbar miteinander verbunden sind – auch über das eigene Unternehmen hinaus. In Deutschland werden z. B. jährlich rund 220.000 Baugenehmigungen erteilt, meist noch in Form eines Papierantrags. Gemeinsam mit dem Start-up VSK Software und der Stadt Bochum haben wir eine Lösung für digitale Baugenehmigungsverfahren entwickelt, die eine schnellere Abwicklung von Bauantragsprüfungen bei hoher Prüfungsqualität hinsichtlich der Landesbauordnung ermöglicht. Damit war Vonovia Vorreiter einer bundesweiten Entwicklung, die Baugenehmigungen nicht nur effizienter, sondern auch klimafreundlicher macht.

Indem wir die Digitalisierung in der Immobilienbranche vorantreiben, erhöhen wir in vielen Bereichen zugleich die Nachhaltigkeitsstandards. Das bestätigt auch Markus Fuhrmann: „Die ganzheitliche Betrachtung von Gebäuden über ihren vollständigen Lebenszyklus hinweg – von der Errichtung über den Betrieb bis zum Rückbau nach vielen Jahren – ist entscheidend, um Klimaneutralität bzw. Klimapositivität im Immobiliensektor zu erreichen. Wir können über eine vollständig digitalisierte Wertschöpfungskette umfassende Transparenz schaffen – über alle relevanten Daten auf allen Prozessstufen und in jeder Phase des Lebenszyklus eines Gebäudes. Ohne eine solche Transparenz bleiben Optimierungspotenziale unentdeckt. Werden jedoch Daten systematisch erhoben und in Erkenntnisse übersetzt, kann es gelingen, kosten- und prozessoptimierte industrielle Fertigung mit den ökologischen Vorteilen des Baumaterials Holz zu verbinden und so neue Standards in Sachen Nachhaltigkeit zu setzen." Der Einsatz alternativer Baustoffe, modulares Bauen sowie Kreislaufwirtschaft sind schon seit Langem Themen, mit denen Vonovia ihre Projektentwicklung auf eine nächste Ebene bringen will. Wir haben uns das Ziel gesetzt, Vorreiter in der nachhaltigen Projektentwicklung zu sein. Durch eine Kooperation mit Gropyus wollen wir dieses Ziel weiter forcieren.

KLIMA & UMWELT

Das Mehrfamilienhaus wird neu erfunden

Geplant am Computer, von Robotern produziert und gesteuert per App – so im Groben der Prozess, den ein von Gropyus entwickeltes Wohngebäude durchläuft. „Wir wollen mit unserem Produkt den Markt für Wohnungsneubau transformieren und digitalisieren", führt Fuhrmann aus. „Damit schaffen wir nachhaltigen, modernen, gesunden, inklusiven und vor allem bezahlbaren Lebensraum, der Design, Komfort und Funktionalität in Einklang bringt." Herzstück ist eine umfassende digitale Plattform mit einem Wohnungskonfigurator, einer automatisierten Produktionssteuerung und einem ganzheitlichen Building Operating System (BOS) für den Betrieb der Wohnungen und Gebäude. Dieses optimiert auch die Energieversorgung der Gebäude. Von der Planung, der Fertigung, dem Bau bis hin zur Nutzung der Wohnungen wird alles digital abgewickelt und abgebildet. Diese Vorgehensweise unterscheidet sich gravierend von klassischen Bauprozessen: Während ein Projekt in der Vergangenheit mit Übergabe an die Eigentümer:innen respektive die Nutzer:innen als abgeschlossen galt und weitgehend losgelöst davon in den laufenden Betrieb überging, wird die Nutzung im neuen Prozess in all ihren Facetten bereits in der Planung mitgedacht. In der Betriebsphase spiegelt sich das in einem Gebäudeleitsystem wider. Eine App-basierte Wohnungssteuerung beispielsweise kann nicht nur das Nutzererlebnis maßgeblich verbessern, sie trägt auch dazu bei, Wartungs- und Servicekosten zu minimieren. Mit diesem integrierten End-to-End-Prozess trägt Gropyus dazu bei, Wohnraum nachhaltiger und leistbarer zu machen – ein smarter Lösungsansatz, der der Branche bislang gefehlt hat, um die Entwicklung von dringend benötigten bezahlbaren Wohnungen sicherzustellen.

In der Immobilienbranche haben wir es in der Regel mit langlebigen „Produkten" zu tun – der Lebenszyklus einer Immobilie, speziell eines Wohnhauses, dauert im Idealfall zwi-

KLIMA & UMWELT

schen 50 und 100 Jahre. Es ist daher unerlässlich, schon bei der Errichtung darüber nachzudenken, welchen *impact* ein Gebäude in Zukunft haben kann. „Und hier setzen wir an", wie Philipp Erler erklärt. Als Chief Technology Officer verantwortet er die technische und damit nachhaltige Entwicklung des Produkts, immer mit dem übergeordneten Ziel, noch effizientere Gebäude zu schaffen: „Nach der Errichtung stehen Raumwärme, Warmwasser und Stromverbrauch im Fokus – sie bilden ein komplexes Ökosystem, das ganzheitlich durch ein digitales und gebündeltes Messwesen gesteuert werden muss. Mit unserem Betriebssystem BOS schaffen wir die Basis zur effizienten Steuerung der Gebäude und integrieren regenerative Energien in die nachhaltige Bewirtschaftung."

Erler führt aus, dass Gropyus-Gebäude ab 2028 im Betrieb klimapositiv seien: „Das bedeutet, dass die Jahresbilanz von Emissionen, die durch den Gebäudebetrieb entstehen, und Emissionen, die durch die Erzeugung von CO_2-freier Energie außerhalb des Gebäudes vermieden werden, null oder kleiner als null ist. Dazu muss der Betrieb energiepositiv sein und der Embodied Carbon bei einem Wert von 5,5 Kilogramm CO_2 pro Quadratmeter pro Jahr ($m^2{*}a$) oder niedriger landen. Unser aktueller Prototyp erreicht bereits 7,35 kg $CO_2/m^2{*}a$, unsere gerade in Produktion befindliche Produktgeneration liegt bei 6,5 kg $CO_2/m^2{*}a$. Das deutsche Referenzgebäude DGNB landet bei 29,70 kg $CO_2/m^2{*}a$. Damit war bereits der CO_2-Fußabdruck unsers allerersten Pilotgebäudes 95 Prozent geringer als das DGNB-Referenzgebäude."

Nachhaltige Partnerschaft

In der Kooperation mit dem PropTech-Unternehmen und als Investor sehen wir vielfältiges Potenzial, um ressourcenschonendes und gleichzeitig leistbares Wohnen weiter voranzu-

KLIMA & UMWELT

treiben. Dazu fand Anfang 2023 ein gemeinsamer Workshop statt, der die Planung der zukünftigen Zusammenarbeit sowie mögliche Anknüpfungspunkte beinhaltete. Teilnehmer:innen an dem konstruktiven Austausch waren neben Vorstandsmitgliedern von Vonovia und Gropyus rund 50 Mitarbeiter:innen beider Unternehmen sowie der Vonovia-Tochtergesellschaft BUWOG. Im Bereich Neubau wurden technische Fragen und Aspekte der Bauausführung besprochen wie auch mögliche Anforderungen an geeignete Grundstücke, bei denen die innovativen Lösungen optimal zum Tragen kommen können. Besonders spannend für die Zusammenarbeit sind darüber hinaus der Gebäudebetrieb und die Sanierung.

Im Zuge des Workshops konnten wir gemeinsame Ziele definieren und seitdem bereits weitere Schritte in die Wege leiten. Derzeit prüfen wir in Deutschland und Österreich, u. a. auch mit der BUWOG, welche Liegenschaften für einen Neubau bzw. eine Nachverdichtung besonders geeignet sind, und streben auch beim laufenden Gebäudebetrieb eine Umsetzung an – dies gilt sowohl für den Einsatz des Gebäudebetriebssystems BOS als auch für die gemeinsame Entwicklung von Sanierungsmodulen.

Nun dürfen wir gespannt sein, welche Ergebnisse die ersten Pilotprojekte bringen werden. Langfristig werden wir uns einer Wandlung zur Kreislaufwirtschaft in der gesamten Bau- und Immobilienbranche nicht entziehen können. Mit zukunftsfähigen Lösungen wie jenen von PropTech-Start-ups, gepaart mit unserer langjährigen Erfahrung in allen Bereichen des Bauens und Wohnens, können für die Wohnungswirtschaft im deutschsprachigen Raum neue Maßstäbe gesetzt werden, denen hoffentlich bald noch viele weitere Bauträger und Projektentwickler folgen werden.

KLIMA & UMWELT

Warum ich vorerst kein Marsianer werden will

Nachhaltige Stadtentwicklung in Zeiten des Klimawandels

von Jan-Hendrik Goldbeck

Jan-Hendrik Goldbeck ist geschäftsführender Gesellschafter von Goldbeck, einem der führenden Bau- und Dienstleistungsunternehmen in Europa. Er studierte Wirtschaftsingenieurwesen am Karlsruher Institut für Technologie (KIT). 2005 stieg er zunächst als Bau- und Projektleiter in den Familienbetrieb ein, seit 2007 ist er Teil der Geschäftsleitung. Heute verantwortet er als geschäftsführender Gesellschafter unter anderem das Auslandsgeschäft, die Dienstleistungssparte Goldbeck Services und treibt die Technologisierung und Digitalisierung des Familienunternehmens voran. Gemeinsam mit seinem Bruder Jörg-Uwe Goldbeck, ebenfalls geschäftsführender Gesellschafter, setzt er sich zudem in vielfältigen Initiativen für eine nachhaltige Transformation des Bau- und Immobiliensektors sowie der gesamten Wirtschaft ein.

Klimaresistente Städte 2030: Wie sehen sie aus? Ganz kühn gefragt: Leben wir mittelfristig überhaupt noch in irdischen Städten? Oder ist die Besiedelung von Mond und Mars bald so weit vorangeschritten, dass wir nachhaltige Stadtplanung auf der Erde vernachlässigen können? Viel Gedankenkraft floss vor etwa drei Jahren in die Ausgestaltung einer Modellstadt auf dem Mars: 176 Projektgruppen reichten auf den

Aufruf der Mars Society hin Vorschläge ein. „Nüwa" schaffte es unter die Top Ten. Was die Stadt können muss? Leben unter widrigen Umständen ermöglichen.[1] Die werden wir allerdings schlimmstenfalls auch direkt vor der Haustür haben. Klar ist: Wir wollen, wir müssen unsere Erde für nachfolgende Generationen als lebenswerten Raum erhalten.

Das Jahrzehnt der Entscheidung

Als mein Vater Ortwin Goldbeck im Jahr 1969 sein Unternehmen gründete, agierte die KfW bereits seit 20 Jahren. Während Goldbeck schon von dem wirtschaftlichen Aufschwung nach dem Ende der Rezession 1967 profitierte, sah sich die KfW 1948 mit einer anderen Ausgangssituation konfrontiert, die ihre Gründung notwendig machte: durch den Zweiten Weltkrieg zerstörte Städte und Infrastrukturen. Heute ist die KfW in vielen Bereichen Transmissionsgetriebe zwischen politischem Willen und unternehmerischer Realität. Ich schätze sie als Möglichmacherin, als Partnerin, als Wegweiserin für Themen, die unsere besondere Aufmerksamkeit brauchen. Und die KfW bringt es auf den Punkt: Wir sind im Jahrzehnt der Entscheidung, dem Jahrzehnt, das uns vor immense ökologische wie soziale Herausforderungen stellt. Der Klimawandel verursacht extreme Wetterbedingungen, die unter anderem das Leben in den Städten beeinträchtigen. Die Auswirkungen globaler Krisen und Kriege reichen bis nach Deutschland und sorgen für wirtschaftliche Unsicherheit. Wir müssen nach wie vor für Chancengleichheit kämpfen. Der Standort Deutschland droht, seine Wettbewerbsfähigkeit zu verlieren. Europa ist noch nicht die Einheit, die es als ernsthaftes Gegengewicht gegenüber den USA und China bräuchte. Dennoch: Wir sollten zukunftspositiv bleiben und echte Chancen in den Krisen erkennen. In meinen Wirkungskreis geschaut frage ich mich, wie wir bei der Vielzahl an Möglichkeiten unser Familienunternehmen ausrichten: Wie gestalten wir unsere Produkte zukunftssicher? Und in Zeiten exponentiellen technologischen Wandels stellt sich mir die Frage: Bereiten wir uns auf die richtigen Zukunftstechnologien vor und machen wir dies in der richtigen Gewichtung und der notwendigen Vehemenz?

Visionär denken, pragmatisch bleiben

Über den Tellerrand geschaut: Was braucht es, damit Deutschland auch 2030 und in den folgenden Jahrzehnten ein wettbewerbsfähiger Industrie- und Technologiestandort bleibt? Und was ist der Beitrag jeder einzelnen Industrie? Das Bundesministerium für Wirtschaft und Klimaschutz formuliert in seiner 2019 veröffentlichten Industriestrategie 2030 unter anderem folgende Maßnahmen: Forschung und technologische Kapazitäten ausbauen, Innovationen fördern, Industrien und Infrastrukturen nachhaltiger machen – mithilfe eines effizienteren Ressourceneinsatzes und unter Nutzung umweltverträglicher Technologien. Das Ziel ist eine verlässliche, nachhaltige und widerstandsfähige Infrastruktur, um die wirtschaftliche Entwicklung zu unterstützen und soziale Sicherheit zu gewährleisten.[2] Insbesondere die Bauwirtschaft ist aufgefordert, Lösungen zu gestalten. 40 Prozent des weltweiten CO_2-Ausstoßes werden durch Bau und Nutzung von Gebäuden und Infrastruktur verursacht, ihr Einwirken auf den Verlust der Biodiversität ist enorm.

Was tun? Nicht mehr bauen? Auch keine Lösung, zumal wir die berühmten 400.000 Wohnungen pro Jahr brauchen. Wir benötigen also eine neue Vision für das Bauen – nichts weniger als einen „Moonshot" für die Bezahlbarkeit von Planung und Bau von naturpositiven und CO_2-absorbierenden

Gebäuden. Damit können wir internationale Maßstäbe bei Innovation und Nachhaltigkeit in der Branche setzen – in einer Dialektik zwischen visionärem Vordenken und pragmatischer Machbarkeit.

Es ist eine sukzessive Metamorphose vom sequenziellen Schnittstellendesaster der Einzelgewerkvergabe hin zum konzertierten parallelisierten Lean-Ansatz als Produkt-Service-Ökosystemanbieter. Für Städte der Zukunft bedeutet das unter anderem: Wir denken nicht nur in Wohngebäuden, sondern in Quartieren. Wir bauen nicht nur Parkhäuser, sondern realisieren Mobility Hubs und betreiben sie. Das funktioniert – ganz irdisch, ohne Marsmission. Mich begeistern zum Beispiel europäische Projekte wie die Initiative Resilient Rotterdam. Sie will die niederländische Stadt bis 2027 auf die Herausforderungen des Klimawandels vorbereiten und zu einem lebenswerten Wohn- und Arbeitsort machen. Die Entwicklung grüner Stadtteile, Förderung sozialer Beteiligung und Schaffung von sozialem Wohnraum stehen im Fokus. Die Bürgermeister denken dabei immer soziale, ökologische und ökonomische Resilienz zusammen.[3] Auch München macht sich auf den Weg und will bis 2030 klimaneutral werden. Die Bereiche Planen, Bauen und Immobilienbestand spielen dabei eine zentrale Rolle. Bestandsmodernisierungen, Photovoltaik, Wassermanagement und Mobilitätskonzepte sind Teil der Strategie.[4] Dabei dürfen wir jedoch nicht aus den Augen verlieren: Jeder hehre Ansatz muss wirtschaftlich optimiert, pragmatisch realisierbar und möglichst automatisiert skalierbar sein.

KLIMA & UMWELT

Die Antwort liegt im System

Die Initiativen in München und Rotterdam zeigen die Hebel, mit denen wir klimafreundliche und sozial gerechte Städte schaffen können. Es ist unsere unternehmerische Verantwortung, die Transformation zu gestalten, um Lösungen für Lebensräume der Zukunft anzubieten. In einer 2020 durchgeführten McKinsey-Studie werden Kundenbedürfnisse beleuchtet und Empfehlungen für zukunftsfähige Produkte ausgesprochen: Gebäude der Zukunft sollten laut Umfrage intelligent, nachhaltig und flexibel veränderbar sein.[5] Um Vorreiter für innovative Gebäude zu bleiben, setzen wir seit der Unternehmensgründung 1969 auf die Idee, den jedes Mal neu individualisierten, einzelprojektabhängigen, sequenziellen und technologisch archaischen Bauprozess durch industrielle, systematisierte und skalierbare Systemlösungen effizienter zu gestalten. Die Automobilindustrie macht es uns vor: Fahrzeugtypen werden nicht nur ein einziges Mal, sondern in Serie produziert. Optimierte Fertigungsstraßen sichern die Qualität. Alle Maschinen, Materialien und Werkzeuge befinden sich an der richtigen Stelle. Materialien können in großer Menge vom Hersteller eingekauft werden, Technologiepartnerschaften mit direkten „Tier-1-Zulieferern" ermöglichen Innovationssprünge. So etwas wird nicht allein im eigenen Saft geschmort. Wir waren und sind auch außerhalb unseres eigenen Kosmos stets mit offenem Visier unterwegs. Wir sind mit Technischen Hochschulen, Instituten, Impact Fonds, Start-ups und vielen anderen Unternehmen vernetzt. Das alles ist kein Selbstzweck, sondern dahinter steht der intrinsische Drang, die Wirtschaftlichkeit, die User Experience und die Nachhaltigkeitsbilanz von Immobilien zu verbessern. Wir wissen, dass wir mit unserem Footprint in der Verantwortung sind.

KLIMA & UMWELT

Quartiere der Zukunft

Insbesondere der Wohnraum der Zukunft kann Antworten auf die aktuellen Herausforderungen geben. Wenn wir Wohnraum mit System realisieren, realisieren wir ihn schnell und nachhaltig. Ein einfaches wie variables Entwurfsprinzip lässt Gestaltungsfreiheit und setzt die Anforderungen des geförderten Wohnungsbaus bis ins Detail um. Der große Hebel der systematisierten Bauweise ist, dass sie material- und emissionsarm ist und für einen effizienten Betrieb sorgt. Wohngebäude müssen aber auch sozial nachhaltig sein. Unsere Bauweise hilft, Kosten zu sparen und die Vorteile an Kunden und Nutzer weiterzugeben. Diese funktionale und machbare Basis ist daher immer unsere Ausgangslage für die Realisierung zukunftsfähiger Quartiere. Schulgebäude, Kindertagesstätten, Sporthallen, Einkaufsmöglichkeiten, pflegerisch-therapeutische Einrichtungen, E-Mobilitätsinfrastruktur: Wohnen im Quartier soll nicht nur funktionieren, sondern lebenswert sein. Angesichts des demografischen Wandels wird dieser Anspruch in den nächsten Jahren noch viel zentraler. Doch ein systematischer Planungs- und Bauansatz ist mitnichten „Platte 2.0", sondern liefert hinreichenden Spielraum für eine wertige Gestaltung von Kubatur, Fassade und Außenanlage.

Die Entscheidung für kluge und nachhaltige Quartiersplanung impliziert auch, Mobilität mitzudenken. Das Leben in der Stadt soll autofrei werden. Haben Parkhäuser noch eine Daseinsberechtigung? Ja! Sie übernehmen sogar eine wichtige Funktion. Die Verkehrs- und Energiewende wird unsere Mobilität maßgeblich beeinflussen. Es ist daher Zeit für intelligentes Parken. E-Mobilität und Mobility Hubs sind die zentralen Schlagworte, die die Konzeption von Parkhäusern prägen werden. Parkhäuser sind die Tankstellen der Zukunft: Elektroladesäulen kombiniert mit Pufferspeichern und regenerativen Energiequellen wie zum Beispiel Photovoltaik

KLIMA & UMWELT

machen Parkhäuser fit für die Zukunft. Standzeiten können ideal als Ladezeiten genutzt werden.

Und Parkhäuser können noch viel mehr: Sie sind nicht rund um die Uhr voll ausgelastet. Als Mobility Hubs werden sie daher künftig zu Knotenpunkten für umweltfreundliche Mobilität – Stichwort „Intermodalität". Das Auto parken wir im Quartiersparkhaus und wählen dann das passende Sharing-Angebot. Menschen entscheiden flexibel und individuell, wie sie wann von A nach B kommen. Buchung und Bezahlung laufen über eine gemeinsame App. Die Zukunft liegt in einer E-Mobilitätkomplettlösung für Parkhäuser – als perfekte Symbiose von Gebäude und Technik: Integrierte Bike- und Carsharing-Angebote, E-Ladestationen und auch innerstädtische Post- und Logistikzentren werden, abhängig vom jeweiligen Mikrostandort, zum Standard. Parkhäuser können so als Mobility Hubs wichtige Sozialfunktionen übernehmen und neue ökologische Standards setzen. Im System gebaute Parkhäuser emittieren übrigens über Herstellung, Rückbau und Recycling hinweg über 20 Prozent weniger CO_2 als Vergleichsobjekte und können über Fassaden- und Dachbegrünung positiv auf Biodiversität und Mikroklima wirken.

Mit dem Ziel im Blick, klimafreundliche und sozial starke Städte zu schaffen, lohnt es sich weiterzudenken. Schon heute sind viele Städte dicht bebaut. Entsprechend hoch ist der Anteil versiegelter Flächen. Kommunen und Städte kämpfen immer häufiger mit Überschwemmungen. Logische Konsequenz: Städte müssen versickerungsfähiger werden, mit dem „Schwammeffekt" Wasser speichern und zeitverzögert dem Boden zuführen. Versickerungsmulden – tiefer liegende Grünflächen, die an eine Wanne erinnern – sorgen dafür, dass Regenwasser bei Starkregen zurückgehalten wird. Auch begrünte Dächer und Fassaden speichern Regenwasser. An heißen Tagen hat das gespeicherte Wasser einen kühlenden Effekt als natürliche Klimaanlage für die Gebäudeumgebung. Jeder Baum am Straßenrand senkt die Temperatur auf der

Fassade dahinter. Sozialer Nebeneffekt: Begrünte Fassaden und renaturierter Straßenraum schaffen lebenswerte Aufenthaltsräume. Klar ist, dass wir extreme Wetterereignisse nicht verhindern werden, aber wir können uns auf sie vorbereiten – und sie bestenfalls sogar nachhaltig nutzen.

Mars oder Erde?

Die Verknüpfung sozialer, wirtschaftlicher und ökologischer Aspekte, von Konzepten für Klimaresistenz, soziale Infrastruktur und smarte Mobilität soll deutlich machen: Wir brauchen ganzheitliche lebenszyklusorientierte und wirtschaftliche Konzepte für die Stadtentwicklung, um den anstehenden Aufgaben gerecht zu werden. Gleichzeitig müssen wir Realismus wahren: Wir können in Deutschland ausgiebig über Verantwortung reden, aber vor allem müssen wir zur Tat schreiten – mutig, wo nötig pragmatisch und stets mit gesundem Menschenverstand. Nur so bleiben wir als Land und als Kontinent im globalen Wettbewerb leistungsfähig. Diese Aufgabe kann die Wirtschaft nicht allein bewältigen. Der Schulterschluss zwischen Politik, Wirtschaft und Gesellschaft muss gelingen. Ich bin sicher: Er wird es, wenn wir kluge Visionen nachhaltiger, lebenswerter Städte in gezielte Handlungen übersetzen. Den Mars können wir vorerst Elon überlassen.

KLIMA & UMWELT

Anmerkungen

1 Eileen Stiller, Die erste Stadt auf dem Mars: Wie Forscher das Leben im All planen, in: National Geographic, 19.9.2022, https://www.nationalgeographic.de/wissenschaft/2022/09/die-erste-stadt-auf-dem-mars-wie-forscher-das-leben-im-all-planen (alle Links zuletzt abgerufen am 4.5.2023).
2 Made in Germany: Die Industriestrategie 2030, in: Bundesministerium für Wirtschaft und Klimaschutz, https://www.bmwk.de/Redaktion/DE/Dossier/industriestrategie-2030.html.
3 Resilient Rotterdam Strategy 2022-2027. From Risks to Resilience, https://s3.eu-central-1.amazonaws.com/storage.resilientrotterdam.nl/storage/2022/09/09093215/Resilient-Rotterdam-Strategy-2022-2027.pdf, S. 6 f.
4 Initiative Wohnen.2050, Praxisbericht 2021/2022, Fakten, Fordern, Lösungen. Wohnungsunternehmen und die Herausforderung Klimaneutralität – Status quo und Lösungsansätze, https://www.iw2050.de/wp-content/uploads/2022/11/PB-2021_2022_07-11-2022.pdf, S. 34.
5 Maria João Ribeirinho u. a., The Next Normal in Construction. How Disruption is Reshaping the World's Largest Ecosystem, 2020, https://www.mckinsey.com/~/media/McKinsey/Industries/Capital%20Projects%20and%20Infrastructure/Our%20Insights/The%20next%20normal%20in%20construction/The-next-normal-in-construction.pdf, S. 5.

Nachhaltige Mobilität

KLIMA & UMWELT

Es geht nur gemeinsam

Klimafreundliche Mobilität auf Schiene und Straße

von Volker Wissing

Dr. Volker Wissing ist Mitglied des Bundestages und seit Dezember 2021 Bundesminister für Digitales und Verkehr. Er war von 1997 bis 1999 Richter und Staatsanwalt, wurde 2000 abgeordnet an das Justizministerium Rheinland-Pfalz, war bis 2004 persönlicher Referent des Ministers der Justiz und wurde 2001 zum Richter am Landgericht Landau in der Pfalz ernannt. Nach seinem FDP-Beitritt 1998 wurde er 2001 FDP-Kreisvorsitzender Landau/Südliche Weinstraße. Ab 2004 war er Mitglied des FDP-Landesvorstandes Rheinland-Pfalz, 2011 dessen Vorsitzender. 2013 wurde er ins FDP-Präsidium gewählt. Von 2004 bis 2013 und seit 2021 ist er FDP-Bundestagsabgeordneter. 2009 bis 2011 war er Vorsitzender des Finanzausschusses, von 2011 bis 2013 stellvertretender Vorsitzender der FDP-Bundestagsfraktion. Von Mai 2016 bis Mai 2021 war er Mitglied des Landtages Rheinland-Pfalz, stellv. Ministerpräsident sowie Minister für Wirtschaft, Verkehr, Landwirtschaft und Weinbau des Landes Rheinland-Pfalz.

Deutschland schreibt im Verkehrsbereich gerade Geschichte. Die Rede ist vom Deutschlandticket, das im Mai 2023 gestartet ist. Wer sich dieses Ticket kauft, hat auf einen Schlag freie Fahrt im Nahverkehr. Bundesweit. Das ist eine Revolution. Komplizierte Überlegungen nach Waben, Stufen, Zonen und Kreisen, nach Wochentag und Tageszeit – mit dem Kauf eines Deutschlandtickets werden all diese Fragen überflüssig.

KLIMA & UMWELT

Mehrere europäische Länder haben bereits signalisiert, dass sie hochinteressiert sind zu erfahren, wie das Deutschlandticket bei unseren Bürgerinnen und Bürgern ankommt und sich entwickelt. Frankreich hat sogar angekündigt, ebenfalls ein landesweites Nahverkehrsticket einzuführen. Das zeigt: Mit dem Deutschlandticket haben wir ein Leuchtturmprojekt geschaffen mit internationaler Strahlkraft. Dieser Erfolg hat einen ganz neuen Schwung in die Debatte um eine moderne Verkehrspolitik gebracht. Und genau daran müssen wir jetzt anknüpfen.

Tatsache ist: Wir haben uns sehr ehrgeizige Klimaziele gesetzt. Vor allem der Verkehrssektor ist gefordert. Derzeit stößt er rund 148 Millionen Tonnen CO_2 im Jahr aus. 2030 sollen es nur noch 85 Millionen Tonnen sein. Zu diesem Rückgang muss die gesamte Gesellschaft beitragen. Denn wir alle verursachen diese Emissionen. Wir, das sind die Autofahrer, die zum Einkaufen fahren, zur Arbeit, ins Konzert oder in den Urlaub. Wir, das sind Menschen, die im Internet Waren bestellen oder die im Supermarkt jeden Tag frische Produkte vorfinden wollen, und zwar nicht nur heimische Kartoffeln, sondern gerne auch Avocados und Mangos aus fernen Ländern. Wir, das sind Menschen, die privat oder beruflich nach Mallorca fliegen oder nach London. All das erfordert Mobilität.

Klimaaktivisten verlangen, diese Mobilität drastisch zu erschweren oder sogar zu verbieten. Nur so ließen sich CO_2-Emissionen schnell senken. Dazu sage ich: Die Zeit drängt, denn der Klimawandel schreitet spür- und messbar voran. Doch eben deshalb ist es wichtig, dass wir nur Maßnahmen ergreifen, die von der Gesellschaft mehrheitlich akzeptiert und mitgetragen werden. Wir müssen die Menschen mitnehmen und überzeugen. Wenn Maßnahmen nach kurzer Zeit mangels Akzeptanz zurückgenommen werden müssen, würde uns das auf dem Weg in die Klimaneutralität schmerzlich zurückwerfen.

Daher bin ich überzeugt: Statt Menschen einzuschränken und ihnen Vorschriften zu machen, müssen wir Anreize setzen

KLIMA & UMWELT

und Angebote schaffen, mit denen die Bürgerinnen und Bürger ihre unterschiedlichen Mobilitätsbedürfnisse auch in Zukunft ausleben können – aber auf eine klimafreundliche Weise.

Bekenntnis zur Schiene

Doch wie können wir das schaffen? Mit vielen verschiedenen Ansatzpunkten, die wir alle nutzen müssen. Fest steht: Klimafreundliche Mobilität braucht eine starke Schiene. Je mehr Verkehr wir auf die Schiene verlagern können, umso besser. Jede Zugfahrt spart CO_2 ein. Das Problem jedoch ist das aktuelle Netz: Es ist marode und völlig überlastet. Deshalb haben wir beschlossen, das Kernnetz umfassend zu sanieren, indem die Deutsche Bahn einen hochbelasteten Korridorabschnitt nach dem anderen für ein paar Monate sperrt und auf Vordermann bringt. Das heißt: Weichen, Oberleitung, Schwellen, Stellwerke, modernisierte Bahnhöfe – alles wird angepackt, damit bis 2030 ein bundesweit verlässliches, hochleistungsfähiges Kernnetz entsteht.

Genau das brauchen wir auch, um unser großes Ziel zu erreichen: den Deutschlandtakt – also einen bundesweiten Taktfahrplan mit optimalen Anschlüssen in den Knotenbahnhöfen für den Personenverkehr und zuverlässigen Systemtrassen für den Güterverkehr. Bahnfahren wird dadurch deutlich schneller und verlässlicher. Diesem Deutschlandtakt nähern wir uns in Etappen. Jede Etappe bringt neue Angebotssprünge und Verbesserungen für Reisende und Logistiker. Die nächste große Etappe startet mit der Neuausrichtung des Knotens Stuttgart ab Mitte der 2020er Jahre. So wird unter anderem ein 30-Minuten-Takt zwischen den Metropolen Köln, Frankfurt, Mannheim, München und Nürnberg möglich.

All das kostet natürlich Geld. Deshalb hat der Koalitionsausschuss Ende März 2023 beschlossen, die bis 2027 er-

KLIMA & UMWELT

forderlichen Investitionsbedarfe der Deutschen Bahn mit zusätzlichen 45 Milliarden Euro Bundesmitteln, soweit haushaltsrechtlich darstellbar, zu decken. Ein derart klares Bekenntnis zum Verkehrsträger Schiene hat bislang keine andere Bundesregierung abgegeben.

Genauso bekennen wir uns zum Öffentlichen Personennahverkehr, also insbesondere zu Bus, Straßenbahn, S- und U-Bahn. Das Deutschlandticket allein wird nicht reichen, um mehr Menschen für den ÖPNV zu begeistern. Wir brauchen zudem ein besseres Angebot. Das heißt: klug abgestimmte, regelmäßige Vertaktungen, einfacher Umstieg zwischen den Verkehrsmitteln – und in ländlichen Regionen Lösungen für die erste und letzte Meile. Deshalb unterstützen wir den ÖPNV finanziell auf Rekordniveau. Zudem erarbeiten wir mit den Ländern einen Ausbau- und Modernisierungspakt, der vor allem Ziele, aber auch Qualitätskriterien und Standards definieren und damit die Erreichbarkeit in städtischen und ländlichen Regionen verbessern soll. Und: Wir fördern innovative Modellprojekte, mit denen Kommunen und Verkehrsunternehmen ihren ÖPNV modernisieren.

Enorm helfen werden uns dabei die Digitalisierung – und Daten. Daten sind der entscheidende Schlüssel, um viele der Herausforderungen zu meistern, vor denen wir stehen. Im Verkehrsbereich zum Beispiel können wir mit ihrer Hilfe Routen effizient planen, Leerfahrten vermeiden, Straßen entlasten, Ressourcen schonen, Energie sparen, autonom fahren und Verkehrsträger vernetzen. Überhaupt sollte es normal werden, von einem Verkehrsträger auf den anderen zu wechseln. Wir müssen weg vom Entweder-oder-Denken. Man kann nicht nur entweder mit dem Auto zur Arbeit fahren oder mit der Bahn oder mit dem Fahrrad. Es geht auch in Kombination: Auf dem Land kann man zum Beispiel mit dem Auto oder Fahrrad zum nächsten Bahnhof fahren und dort weiter mit Zug oder Bus in die Stadt. Dafür brauchen wir natürlich ausreichend Stellplätze an Bahnhöfen, im Idealfall mit E-Ladesäulen, sowie sichere und attraktive Fahrradabstellanlagen. Beides wird vom Bund gefördert. Kreative Unternehmen können zudem, wenn sie Daten intelligent verknüpfen, ganz neue Geschäftsmodelle entwickeln – mit Angeboten, die individuell zugeschnitten sind auf die Mobilitätsbedürfnisse der Menschen.

Ganz ohne Auto geht es nicht

Fest steht aber auch: Selbst wenn wir noch so viel Geld in Schiene, ÖPNV und Fahrrad stecken, werden viele Menschen auch weiter Auto fahren wollen. Es ist das beliebteste Transportmittel – das zeigen alle Umfragen. Nur mit dem Auto kommt man bei Wind und Wetter trocken und warm ans Ziel. Es bietet die größte Flexibilität, den größten Komfort, die größte Individualität; für viele bedeutet das Auto Freiheit pur. Und deshalb müssen wir alles daransetzen, dass es so schnell wie möglich klimaneutral wird.

Das geht zum Beispiel mit der Elektromobilität. Sie ist effizient, sie funktioniert und wir können damit sehr schnell CO_2 einsparen. Aber E-Mobilität ist nicht die einzige Lösung. Es gibt auch Wasserstoff, der nach unserer Überzeugung eine große Zukunft hat. Und dann gibt es noch E-Fuels, also Kraftstoffe, die nur so viel CO_2 emittieren, wie bei ihrer Produktion zuvor aus der Luft entnommen wurde und die daher ebenfalls klimaneutral sind. Heute sind sie zwar noch ineffizient und teuer, aber derzeit wird viel geforscht und entwickelt. Wir sollten daher technologieoffen bleiben und es dem Markt überlassen, E-Fuels zu marktfähigen Preisen zu produzieren. Ein staatliches Verbot ist in jedem Fall überflüssig.

Eine weitere große Herausforderung, vor der wir auf dem Weg in die Klimaneutralität stehen, ist der Güterverkehr. Ein paar Zahlen veranschaulichen das: Heute beträgt die jährliche Transportleistung im Güterverkehr auf Straße, Schiene

KLIMA & UMWELT

und Binnenschiff zusammen knapp 680 Milliarden Tonnenkilometer. Davon trägt der Lkw gut 73 Prozent. In 30 Jahren wird der Güterverkehr insgesamt 990 Milliarden Tonnenkilometer umfassen. Das ist ein Zuwachs von 46 Prozent. Umweltaktivisten fordern, diesen Zuwachs komplett auf die Schiene zu verlagern. Doch das wird leider nicht funktionieren.

Zwar stecken wir sehr viel mehr Geld als bisher in die Schiene, wir digitalisieren, sanieren und bauen sie aus. Hinzu kommt die Lkw-Maut, die nach dem CO_2-Ausstoß gestaffelt ist. Dennoch bleibt es dabei, dass der Lkw bei bestimmten Gütern und auf bestimmten Entfernungen unschlagbare Vorteile hat. Zumal wir uns mitten in einem Güterstrukturwandel befinden: Künftig wird der Transportbedarf für schwere Güter wie Kohle, Koks und Mineralölprodukte weiter stark zurückgehen. Diese werden bisher überwiegend mit der Bahn und dem Schiff transportiert. Gleichzeitig nimmt der Bedarf für andere, leichtere Güter drastisch zu. Das ergibt unsere aktuelle, unabhängige Verkehrsprognose. Zudem kann und wird niemals jedes Unternehmen über einen eigenen Schienenanschluss verfügen.

Erschwerend hinzu kommt, dass wichtige Schienenprojekte häufig durch jahrelange Proteste der Bürger vor Ort ausgebremst werden. Es ist daher utopisch zu glauben, wir könnten sämtliche Verkehrszuwächse auf die Schiene verlagern. Ob es uns gefällt oder nicht: Auch in Zukunft werden die meisten Güter über die Straße transportiert – mit dem Lkw als dominierendem Verkehrsmittel.

Wer vor diesem Hintergrund ein Autobahnbau-Moratorium fordert, handelt unverantwortlich. Deshalb ist es gut, dass sich die Koalition darauf verständigt hat, neben einer Vielzahl an Schienenprojekten auch diverse Autobahnprojekte beschleunigt voranzutreiben – sofern die Länder einverstanden sind. Dabei geht es ausschließlich um die Beseitigung von Engpässen, also um Bundesfernstraßen, auf denen sich heute jeden Tag der Verkehr staut. Das kostet Zeit, Geld und Nerven und ist eine ungeheure Verschwendung von Ressourcen.

KLIMA & UMWELT

Deshalb ist ein leistungsfähiges Autobahnnetz unverzichtbar, zumal es Arbeitsplätze sichert – und den Standort Deutschland als Wirtschaftsnation im Herzen Europas.

Ein Straßenbau-Moratorium dagegen würde die Versorgung von Wirtschaft und Gesellschaft sowie Transportketten gefährden. Steuereinnahmen gingen zurück – Steuereinnahmen, die wir auch deshalb brauchen, um dringend notwendige Investitionen in den Klimaschutz finanzieren zu können. Wachstum und Wohlstand würden ausgebremst und nachfolgende Generationen um ihre Chancen gebracht. Wer das ignoriert, riskiert, dass aus dem Jahrzehnt der Entscheidungen ein Jahrzehnt der Fehlentscheidungen wird.

Auf dem Weg in die klimaneutrale Zukunft

Bei allem, was wir in Sachen Klimaschutz unternehmen, müssen wir uns eines immer bewusst machen: Deutschland in eine moderne, gute, klimaneutrale Zukunft zu führen, ist eine Daueraufgabe. Und wir werden nur erfolgreich sein, wenn die Mehrheit der Gesellschaft den eingeschlagenen Weg mitgeht. Wir müssen daher immer im Blick behalten, dass diese Mehrheit aus unterschiedlichen Menschen mit unterschiedlichen Bedürfnissen besteht. Wir dürfen ihnen ihre Lebensweise nicht vorschreiben. Was für den einen nur einen kleinen Eingriff bedeuten würde, würde von dem anderen verlangen, sein komplettes Leben umzustellen. Mobilität muss für alle möglich und bezahlbar bleiben. In einer freien Gesellschaft haben jeder Bürger und jede Bürgerin das Recht, mit ihren Bedürfnissen ernst genommen zu werden. Wer das infrage stellt, wird für den Klimaschutz nichts erreichen – womöglich aber die politischen Extreme stärken.

Deshalb wünsche ich mir mehr Verständnis für andere Sichtweisen, mehr Akzeptanz anderer Lebensentwürfe – und weniger Bereitschaft, Positionen, die von der eigenen abweichen, sofort und empört zu verurteilen. Wir dürfen nicht zulassen, dass sich die Gesellschaft weiter spaltet. Ja, wir stehen vor Herausforderungen. Aber wir sind ihnen nicht machtlos ausgeliefert. Wir können ihnen etwas entgegensetzen: Mut, Kreativität, die Leistungsfähigkeit und Tatkraft der Menschen – sowie die Weitsicht und Innovationskraft der Wirtschaft. Doch das ist nichts, was ein Einzelner leisten kann. Das geht nur gemeinsam.

KLIMA & UMWELT

Der Weg nach vorn

Mit Innovationskraft zum klimaneutralen Auto

von Ola Källenius

Ola Källenius ist seit Mai 2019 Vorstandsvorsitzender von Mercedes-Benz. Er trat 1993 in die internationale Nachwuchsgruppe der damaligen Daimler-Benz AG ein. Nach verschiedenen Stationen im In- und Ausland wurde er 2015 erstmals in den Konzernvorstand berufen. Als Vorstandsvorsitzender von Mercedes-Benz hat er einen grundlegenden Wandel eingeleitet: Unter seiner Führung wurde das Lkw-Geschäft ausgegliedert und die Entwicklung des Unternehmens in Richtung nachhaltige und digitale Mobilität massiv beschleunigt. Das Ziel: Bis 2039 soll die Neuwagenflotte entlang der gesamten Wertschöpfungskette bilanziell CO_2-neutral werden.

Was kommt Ihnen als Erstes in den Sinn, wenn Sie an Klimaschutz denken: Probleme? Verbote? Verzicht? Oder denken Sie an Chancen? Verbesserungen? Wirtschaftlichen Aufbruch? Der Klimawandel ist ein Problem – eines der größten, mit denen die Welt bisher konfrontiert war. Aber wir kommen schneller zum Fortschritt, wenn wir die Aufgabe als das ansehen, was sie ist: eine enorme Chance, um eine erfolgreichere Wirtschaft und eine lebenswerte Zukunft auf unserem Planeten zu erschaffen. Und trotz aller Herausforderungen bin ich optimistisch. Nachhaltige Geschäftsstrategien wie bei Mercedes-Benz weisen uns dabei den Weg in die Zukunft. Und

KLIMA & UMWELT

nicht nur Autofahrer wissen, dass für eine gute Navigation drei Dinge entscheidend sind. Erstens: eine präzise Standortbestimmung. Zweitens: ein eindeutiges Ziel. Drittens: die beste Route dorthin.

Der Ausgangspunkt

Fangen wir an mit unserem Ausgangspunkt. Wo stehen wir heute? Seit seiner Erfindung vor mehr als 135 Jahren wurde das Auto zur persönlichen Unabhängigkeitserklärung für Millionen Menschen. Jetzt wird das Auto neu erfunden. Aber nicht etwa, weil es in seiner bisherigen Form an Faszination verloren hätte, sondern weil es mehr Menschen denn je fasziniert. Die weltweite Pkw-Nachfrage ist hoch und sie steigt weiter. Aber je mehr Menschen die Freiheit genießen, die das Auto bringt, desto dringender brauchen wir eine neue Unabhängigkeit von Emissionen und fossilen Treibstoffen. Unsere Aufgabe ist es, dieses steigende Bedürfnis nach individueller Mobilität auf nachhaltige Weise zu erfüllen. So wollen wir unseren Beitrag leisten für den Wandel hin zu einer CO_2-neutralen Gesellschaft.

Oder anders gesagt: Es geht um den Erhalt der persönlichen Unabhängigkeit, die das Auto ermöglicht. Daran arbeiten wir in der Automobilindustrie unermüdlich und haben in den vergangenen Jahren bereits große Fortschritte gemacht: 2022 konnte Mercedes-Benz etwa die Verkäufe seiner vollelektrischen Pkw mehr als verdoppeln. Auch für 2023 gehen wir von einer annähernden Verdoppelung aus. Aber wir haben noch viel vor.

KLIMA & UMWELT

Das Ziel

Wir wollen die begehrenswertesten Autos der Welt bauen. Dazu gehört auch in Zukunft das, was Mercedes stark gemacht hat, zum Beispiel Sicherheit, Komfort, Qualität und emotionales Design. Neu hinzu kommen ein einzigartiges, digitales Kundenerlebnis und ein technologischer Führungsanspruch beim elektrischen Antrieb. Wie schnell sich der Wechsel zum Elektroauto vollzieht, entscheiden am Ende die Kundinnen und Kunden. Aber unsere Etappenziele sind ambitioniert: Bis 2030 wollen wir bereit sein, 100 Prozent elektrisch zu werden, wo immer die Marktbedingungen es zulassen. Und bis 2039 soll unsere Neuwagenflotte entlang der gesamten Wertschöpfungskette bilanziell CO_2-neutral werden.

Die Route

Wir haben schon heute eines der breitesten Angebote an vollelektrischen Fahrzeugen im Markt. Und wir beschleunigen weiter: Ab Mitte dieser Dekade werden alle neuen Fahrzeugarchitekturen rein elektrisch sein. Damit unterstreichen wir, dass wir voll auf batterieelektrische Antriebe setzen. Aufgrund ihres hohen Wirkungsgrades sind sie der wirksamste Hebel, um den CO_2-Ausstoß unserer Neuwagenflotte schnell und effizient zu senken. E-Fuels sehen wir als ein Mittel, das dabei helfen kann, die CO_2-Emissionen in der Bestandsflotte zu senken. Bei unseren Vans haben wir bereits die gesamte Produktpalette elektrifiziert. Zusätzlich investieren wir auch in den Ausbau der Ladeinfrastruktur. Für unsere Kundinnen und Kunden soll das Laden einfach und komfortabel sein. Wir arbeiten unter anderem daran, ein eigenes globales Netzwerk für Schnelllader zu errichten. Noch im Jahr 2023 nehmen wir in Nordamerika und Europa die ersten Ladepunkte in Betrieb. Bis zum Ende dieses Jahrzehnts sollen es 10.000 sein. Damit wollen wir auch dazu beitragen, die öffentliche Ladeinfrastruktur in Deutschland auszubauen. Diese hält nämlich nicht Schritt mit dem Elektrohochlauf der Pkw-Hersteller: Während Mitte 2020 noch rund zehn xEVs, also Plug-in-Hybride sowie vollelektrische Pkw, auf einen öffentlichen Ladepunkt kamen, waren es Mitte 2023 bereits rund 25. Für eine höhere Ausbaugeschwindigkeit sind nun höhere Investitionen und vor allem schnellere Planungs- und Genehmigungsverfahren nötig.

Die brauchen wir in Deutschland auch bei der ebenso dringend benötigten Beschleunigung der Energiewende. Zu dieser gesamtgesellschaftlichen Aufgabe können Automobilhersteller einen Beitrag leisten. Deshalb entwickeln wir uns in den nächsten Jahren verstärkt vom Energieverbraucher zum Energieerzeuger: Bis 2025 installieren wir weltweit an unseren eigenen Standorten eine Million Quadratmeter neuer Solarpaneele. Das entspricht 140 Fußballfeldern. Und ab 2026 soll auf unserem Testgelände in Papenburg ein Windpark mehr als 120 Megawatt Strom liefern und damit rund 20 Prozent unseres jährlichen Strombedarfs in Deutschland decken. Unsere CO_2-Emissionen wollen wir deutlich senken. Bis 2030 streben wir in der Produktion eine Reduktion um 80 Prozent gegenüber 2018 an. Unsere eigenen Werke betreiben wir schon heute bilanziell CO_2-neutral und beziehen hierfür zu 100 Prozent Grünstrom.

Bei alldem ist klar: Klimaneutralität kann nicht kostenneutral erreicht werden. Heutzutage hat ein Verbrenner immer noch einen erheblichen Kostenvorteil gegenüber einem Elektroantrieb. Wir unternehmen große Anstrengungen, um die Herstellungskosten von E-Autos signifikant zu senken. Dennoch gilt, dass es aus heutiger Sicht nicht möglich sein wird, die Kostenlücke zwischen Autos mit Verbrennungsmotor und Elektroantrieb bis 2030 vollständig zu schließen. Man kann sagen: Wir sind unser eigener Wagniskapitalgeber. Darum

KLIMA & UMWELT

sind wir mehr denn je auf wettbewerbsfähige Produkte und Prozesse angewiesen. Wir haben bereits effektive Maßnahmen eingeleitet, die die Komplexität unseres Produktportfolios verringert und unsere Fixkosten gesenkt haben. Das ist notwendig, um weiter gezielt in Forschung und Entwicklung investieren zu können. Bis 2026 fließen insgesamt rund 60 Milliarden Euro in die Zukunft unseres Unternehmens, insbesondere ins elektrische und automatisierte Fahren und die Digitalisierung auf allen Ebenen.

Gerade der Software kommt eine besondere Rolle zu: Denn sie macht Fahrten von A nach B effizienter und entspannter. Die Entfernung ist nicht mehr der einzige entscheidende Faktor bei der Berechnung der optimalen Routen. Digitale Systeme berücksichtigen jetzt zusätzlich den Ladezustand der Batterie, die Ladeinfrastruktur, die Topografie sowie die Echtzeit-Verkehrsbedingungen und Wetterdaten. Die digitale Vernetzung macht es auch möglich, dass ein Fahrzeug mit anderen Fahrzeugen und mit der Infrastruktur kommunizieren kann. Dies wiederum trägt dazu bei, die Sicherheit zu erhöhen, den Verkehrsfluss zu verbessern und Emissionen zu reduzieren. Und nicht zuletzt ist Software auch entscheidend für die Weiterentwicklung des automatisierten Fahrens. Wir waren der erste Hersteller, der bereits im Jahr 2022 eine weltweit gültige Genehmigung für den serienmäßigen Einsatz von hochautomatisiertem Fahren auf Level 3 erhalten hat.

Moderner Luxus ist nachhaltig. Diese Erwartung stellen unsere Kundinnen und Kunden an uns – und übrigens auch immer mehr Investoren. Diesem Anspruch wollen wir gerecht werden. Um Ressourcen möglichst effektiv zu nutzen, arbeiten wir daran, den Wertstoffkreislauf zu schließen. Das Ende eines jeden Produkts soll der Anfang eines neuen werden. Eine Recyclingfabrik geht 2023 im badischen Kuppenheim an den Start. Die Batterie als Herzstück eines E-Autos enthält viele wertvolle Rohstoffe. Wir wollen sie zu mehr als 96 Prozent wiederverwerten. Bei der Rohstoffgewinnung nehmen

KLIMA & UMWELT

wir die gesamte Wertschöpfungskette in die Pflicht. Priorität haben der Schutz der Umwelt und die Wahrung der Menschenrechte.

Noch im Jahr 2023 wollen wir CO_2-armes Aluminium, das einen Recyclinganteil von mindestens 25 Prozent hat, in unsere Serienmodelle bringen. Gegenüber dem europäischen Durchschnitt hat dieses Aluminium einen fast 70 Prozent kleineren CO_2-Fußabdruck. Bei CO_2-armem Stahl sind wir schon einen Schritt weiter, dieser wird bereits heute in unseren Fahrzeugen verbaut. Unser nächstes Ziel ist, dass wir von 2025 an beinahe komplett CO_2-neutralen Stahl in verschiedenen Fahrzeugmodellen verbauen.

Auch und gerade als Arbeitgeber kennen wir unsere Verantwortung gegenüber unseren Beschäftigten. Deshalb wollen wir Innovations- und Gestaltungskraft im Unternehmen noch stärker fördern. Bereits seit einigen Jahren durchläuft die Automobilindustrie einen Transformationsprozess hin zu CO_2-Neutralität, den weite Teile der Gesellschaft noch vor sich haben. Wir haben im Unternehmen verinnerlicht, dass wir uns selbst wandeln müssen, um den Wandel erfolgreich zu gestalten. Denn die Transformation beginnt viel früher als mit unseren Produkten, nämlich bei den Menschen, die unsere Produkte für unsere Kundinnen und Kunden entwickeln, bauen, verkaufen und warten. Über 65.000 Beschäftigte haben sich seit 2020 rund um Elektrifizierung weitergebildet. Allein in Deutschland investieren wir bis 2030 mehr als 1,3 Milliarden Euro in die Qualifizierung unserer Beschäftigten. Die Transformation sozialverträglich zu gestalten, die Menschen mitzunehmen und ihnen neue Chancen zu eröffnen, ist unsere Aufgabe – als Arbeitgeber und als Gesellschaft insgesamt. Deshalb bieten wir unseren Standorten langfristige Perspektiven und schaffen neue Stellen, zum Beispiel im Bereich der Software. Wir glauben an unser Team – denn wir alle teilen die Faszination für technischen Fortschritt.

KLIMA & UMWELT

Innovation statt Verzicht

Diese Transformation hat nicht heute begonnen. Und sie wird nicht morgen erledigt sein. Die individuelle Mobilität klimaneutral zu machen und zu digitalisieren, ist unsere Aufgabe. Und sie ist die spannendste Herausforderung, die ich mir vorstellen kann. Die außergewöhnlichen Fähigkeiten und der Einfallsreichtum unserer Ingenieurinnen und Ingenieure sind gefragter denn je. Was sie zu leisten imstande sind, zeigt unser Forschungsfahrzeug Vision EQXX. Das Technologieprogramm, das dahintersteht, markiert einen Meilenstein in der Entwicklung von Elektrofahrzeugen: Mit einer einzigen Batterieladung fuhr unser Team von Sindelfingen ins britische Silverstone. Sie bewältigten die 1.200 Kilometer unter realen Verkehrsbedingungen.

Mein Wunsch ist: Wenn Menschen zukünftig an Klimaschutz denken, dann kommen ihnen hoffentlich immer öfter Errungenschaften und Entwicklungen in den Sinn, die den Fortschritt repräsentieren. Die Route, die wir wählen sollten, um beim Klimaschutz weiter und schneller voranzukommen, lautet: Es geht nicht um Verzicht, es geht um Verbesserung.

KLIMA & UMWELT

Warum wir besser Marathonläufer werden

Der Weg zu nachhaltiger Mobilität

von Klaus Rosenfeld

Klaus Rosenfeld startete seine berufliche Karriere nach einer Ausbildung zum Bankkaufmann und einem Studium der Betriebs- und Volkswirtschaftslehre an der Universität Münster 1993 bei der Dresdner Bank. Ab 1997 war er Assistent des Vorstandsvorsitzenden. 2001 wurde er Generalbevollmächtigter und stellvertretender Leiter für Finanzen und Controlling. 2002 wurde Klaus Rosenfeld zum Mitglied des Vorstandes der Dresdner Bank AG berufen und verantwortete dort die Bereiche Finanzen & Controlling, Compliance und das Beteiligungsgeschäft der Bank. Im März 2009 wechselte Klaus Rosenfeld als Finanzvorstand zur Schaeffler Gruppe. Seit April 2009 ist er Mitglied im Aufsichtsrat der Continental AG. Im Oktober 2013 übernahm Klaus Rosenfeld zusätzlich zu seiner Tätigkeit als CFO übergangsweise die Position des Vorstandsvorsitzenden. Im Juni 2014 wurde er zum Vorstandsvorsitzenden der Schaeffler AG bestellt. Unter seiner Führung erfolgte im Oktober 2015 der Börsengang der Schaeffler AG.

Mobilität ist eine entscheidende Triebfeder unserer Gesellschaft. Denn Mobilität bewegt uns nicht nur von A nach B. Sie ist auch Wegbereiter für Fortschritt, Wohlstand und gesellschaftliche Teilhabe. Zugleich trägt Mobilität entscheidend zum Klimawandel bei. Aktuell entfallen mehr als 20 Prozent der globalen CO_2-Emissionen auf den Verkehr zu Wasser, in der Luft und vor allem auf der Straße. Damit setzt sich dieser Bereich in vielen Industrienationen an die Spitze aller Sektoren.[1] Ohne eine Wende im Verkehrssektor wird es unmöglich sein, die großen Klimaziele „1,5 Grad" und „Treibhausgasneutralität" bis 2050 zu erreichen. Ob diese Wende gelingt, hängt maßgeblich von den aktuellen Weichenstellungen ab. Insofern befindet sich der Verkehrssektor – und damit auch die Schaeffler Gruppe als einer der weltweit führenden Automobil- und Industriezulieferer – mitten in dem von diesem Buch ausgerufenen „Jahrzehnt der Entscheidung".

Das Hier und Jetzt ist für die Zukunft von höchster Relevanz, weil der Verkehrssektor bis zum Jahr 2050 eine gewaltige Brücke bauen muss. Auf der einen Seite der Brücke führt der ungebrochene Wunsch nach Mobilität und Wohlstandswachstum dazu, dass sich der globale Personen- und Güterverkehr bis zur Mitte des Jahrhunderts gegenüber 2015 etwas mehr als verdoppeln wird. Auf der anderen Seite der Brücke müssen die Emissionen von jährlich rund acht Milliarden Tonnen CO_2 netto auf null herunterkommen.

Mut zur Transformation

Wie könnte diese Brücke aussehen? Die gegenwärtigen Zusagen zur Dekarbonisierung reichen laut dem vielbeachteten „Outlook 2021" des International Transport Forum (ITF) sehr wahrscheinlich nicht für eine Senkung der Treibhausgasemissionen aus.[2] Der Bericht prognostiziert stattdessen einen Anstieg um 16 Prozent. Ein Weiter-so wird also nicht reichen. Um Personen- und Güterverkehr auch nur in die Nähe des Pariser 1,5-Grad-Ziels zu lenken, muss jetzt gehandelt werden.

Ob nun in der Stadt oder auf dem Land, ob im Globalen Süden oder Norden, ob regional oder interkontinental, ob

KLIMA & UMWELT

Menschen oder Güter – den Verkehrssektor auf einen nachhaltigen Pfad hin zu den Klimazielen umzulenken, ist eine gewaltige Herausforderung, die allen Beteiligten viel abverlangen wird. Und die nur im Schulterschluss aller Beteiligten zu meistern ist. Daher ist es unerlässlich, die globale Gesellschaft auf die Reise mitzunehmen: Den Nutzer, der den Fahrzeugkauf und sein Mobilitätsverhalten mit geschärftem Blick auf die Nachhaltigkeit des Verkehrsmittels optimieren sollte. Die Politik, die den Pfad mit begleitenden Maßnahmen richtungsweisend flankiert. Aber auch den privaten und den öffentlichen Finanzsektor mit Institutionen wie der KfW-Bank als traditionellem Transformationsförderer. Ohne zu tief ins Detail zu gehen: Die Verkehrswende wird allein in Deutschland mehrere hundert Milliarden Euro kosten. Die Finanzierung und eine sozial ausgewogene Verteilung dieser Belastungen wird entscheidend zum Gelingen des Transformationsprozesses beitragen.[3]

Im Fokus des Handelns stehen die Fahrzeughersteller mit Zulieferern wie Schaeffler an ihrer Seite. Denn die Verkehrswende wird nur mit mehr technologischem Fortschritt gelingen. Wo stehen wir in diesem Bereich aktuell auf dem Nachhaltigkeitspfad? Manchem Kritiker mag es nicht schnell genug gehen, aber Transformation ist ein Prozess und kein Schalterumlegen. Um den Verkehr zu dekarbonisieren, zu elektrifizieren, müssen Produkte neu entwickelt, Produktionen und Lieferketten umgebaut und Innovationen zur Marktreife gebracht werden. Dabei gilt der Grundsatz „Sorgfalt vor Geschwindigkeit". Und bei alldem stehen die Unternehmen in der Verantwortung, ihre Mitarbeiterinnen und Mitarbeiter mitzunehmen.

KLIMA & UMWELT

Mit Pioniergeist, Technologie und Innovation zur Dekarbonisierung

Um fit für das „Jahrzehnt der Entscheidung" zu sein, hat Schaeffler bereits ein Jahrzehnt des Umbaus absolviert. Stand bis zum Jahr 2010 vor allem die Senkung des Kraftstoffverbrauchs im Vordergrund unserer Aktivitäten, arbeiten heute mehr als 2.000 Entwicklerinnen und Entwickler im Bereich Hybrid- und Elektroantriebe. Unser Portfolio in diesem Bereich reicht heute vom kettenlosen E-Antrieb für Lastenräder bis zu kompletten E-Achssystemen für Lkw.[4] Der Weg bis hierhin war herausfordernd und wir sind noch lange nicht am Ziel, das da lautet: Schaeffler will 2040 klimaneutral sein. Und wir wollen mit Pioniergeist, Technologie und Innovation einen Beitrag leisten, damit auch die nachgelagerten Kunden und Endverbraucher nachhaltig agieren können.

Heute ist klar zu erkennen, dass die etablierten Hersteller und Zulieferer wie Schaeffler mit Nachdruck, Know-how und Innovationsfreude elektrifizieren. Die Zulassungszahlen bestätigen dies. Weltweit haben sich die Verkaufszahlen von rein elektrischen Pkw und Plug-in-Hybriden in den Jahren 2020 bis 2022 von rund drei auf über zehn Millionen Fahrzeuge mehr als verdreifacht.[5] Es zeichnet sich deutlich ab, dass Strom die bevorzugte Antriebsenergie im Pkw-Straßenverkehr wird. Doch obwohl die Wachstumszahlen beeindruckend sind, sie reichen nicht aus. Unseren Einschätzungen zufolge werden auch noch 2035 rund 15 Prozent aller neu zugelassenen Pkw ausschließlich einen Verbrennungsmotor an Bord haben. Zu den aktuell weltweit rund 1,5 Milliarden verbrennungsmotorisch angetriebenen Fahrzeugen im Bestand kommen in den nächsten ein bis zwei Jahrzehnten daher noch einige Millionen mit entsprechendem CO_2-Rucksack hinzu. Diese Stichzahlen perspektivisch mit Bio- oder synthetischen Treibstoffen vollständig zu dekarbonisieren, wird nicht gelingen.

KLIMA & UMWELT

Der Wechsel vom Verbrennungsmotor zum E-Antrieb muss also schneller und umfassender erfolgen. Auch hierzulande. Immerhin hat sich Deutschland zum Ziel gesetzt, den Straßenverkehr bis 2045 klimaneutral zu stellen. Wie dies gelingen kann? Indem die Argumente gegen einen Umstieg auf Elektromobilität konsequent und nachhaltig aus dem Weg geräumt werden: zunehmende Strompreise, geringe Reichweiten, lange Ladezeiten, eine nicht ausreichende Ladeinfrastruktur und nicht zuletzt die hohen Preise für Fahrzeuge mit E-Antrieben.[6] Die schon jetzt erkennbaren rasanten Entwicklungen im Batteriesektor, aber auch im Antriebsstrang, werden bei der Beseitigung dieser Hemmnisse eine entscheidende Rolle spielen.

Nicht nur wir bei Schaeffler merken dabei: Bei allen technologischen Entwicklungen ist die Digitalisierung ein höchst relevanter Treiber. Der konsequente Einsatz digitaler Werkzeuge inklusive der Künstlichen Intelligenz – egal ob bei den Fahrzeugen, bei den Antriebsenergien oder bei der Infrastruktur, egal ob Entwicklung, Produktion oder Nutzung – ermöglicht es, das Tempo und die Effizienz zu erhöhen, um die ambitionierten Emissionsziele des Verkehrssektors zu erreichen. Aus eigener Erfahrung wissen wir, dass der interdisziplinäre Austausch zwischen industrieller und wissenschaftlicher Forschung und Entwicklung als Transformationsbeschleuniger ebenfalls immer wichtiger wird. Angesichts der großen Herausforderungen geht es dabei nicht nur um die Bündelung technologischer Kompetenzen, sondern – wie das Fraunhofer-Institut für System- und Innovationsforschung in einem Positionspapier festhält – auch um das Minimieren finanzieller Risiken durch eine gerechte Lastverteilung auf mehrere Schultern.[7]

Wenn von einem klimaneutralen Straßenverkehr gesprochen wird, darf der Nutzfahrzeugbereich nicht außen vor gelassen werden. Immerhin steuert er etwas mehr als ein Drittel der Treibhausgase in diesem Bereich bei.[8] Lkw, Busse und leichte Nutzfahrzeuge müssen entsprechend mit nachhaltigen Antriebstechnologien dekarbonisiert werden. Zwar zeichnet sich ab, dass sich auch im „Heavy Duty"-Bereich der batterieelektrische Antrieb – beflügelt durch die hohe Entwicklungsgeschwindigkeit bei den Stromspeichern – als bevorzugte Technologie durchsetzen wird. Zudem arbeiten Lkw- und Bushersteller und Zulieferer parallel an der Weiterentwicklung des Brennstoffzellenantriebs, der in einigen Anwendungsgebieten Vorteile hat. Die Transformationsgeschwindigkeit hängt beim Fernverkehr noch mehr als beim Pkw von Faktoren wie Reichweiten, Ladezeiten und Ladeinfrastruktur ab.

Je größer das Fahrzeug, je länger die zurückgelegte Strecke ist, desto mehr stößt der batterieelektrische Antrieb trotz allen technischen Fortschritts an seine Grenzen. Deswegen ist eine technologieoffene Entwicklung alternativer Antriebsformen und -energien wichtig, zum Beispiel für Containerriesen und Langstreckenjets. Dort müssen synthetische Kraftstoffe sowie Wasserstoff und Brennstoffzellen ebenso zur Dekarbonisierung beitragen wie die technologische Weiterentwicklung bestehender Antriebe und zusätzliche verbrauchssenkende Maßnahmen bis hin zur Rückkehr des Segels in der Schifffahrt.

In welchem Maße Mobilität das Klima schonen kann, hängt entscheidend von einem Faktor ab: der Herkunft der dafür genutzten Energie. Verlagern wir die CO_2-Emission lediglich vom Fahrzeugauspuff zum Kraftwerkschornstein, hat die Umwelt so gut wie nichts gewonnen. Daher ist der Blick auf die gesamte Energiekette unabdingbar. Um Mobilität wirklich nachhaltig zu beflügeln, muss die Kraft von Wasser, Wind und Sonne noch umfänglicher abgeschöpft werden als bisher. Allein um die wachsende Zahl an E-Fahrzeugen mit Ökostrom zu „betanken", benötigen wir hierzulande einen Zuwachs von jährlich rund 1,8 Prozent an regenerativen Quellen, das haben Experten unlängst für ein E-Mobilitäts-Whitepaper hochgerechnet.[9] Auch das ist ein ehrgeiziges Ziel, das nur mit breitem Schulterschluss erreicht werden kann. Da wir bei Schaeffler nicht nur Automobil-, sondern auch Industriezulieferer sind, sehen wir uns hier ebenfalls in der Verantwortung und wollen als bevorzugter Technologiepartner unserer Kunden einen Beitrag zur Nachhaltigkeit leisten – konkret mit Lagerlösungen und Zustandsüberwachungsanlagen, mit denen Wind- und Wasserkraftanlagen sowohl energetisch als auch wirtschaftlich effizienter betrieben werden können.

Die Bedeutung von Werkstoffen für eine nachhaltige Mobilität

Kommen wir von den Energie- zu den Lieferketten. Diese sind ein weiterer wichtiger Baustein bei einer gesamtheitlichen Betrachtung nachhaltiger Mobilität. Um die Emissionen in der Mobilität gen null zu drücken, muss auch die Entstehung des jeweiligen Fahrzeugs in die Berechnungen einfließen. Dort kann die Umstellung auf Klimaneutralität nur gelingen, wenn ein besonders relevanter Werkstoff so schnell wie nachhaltig grün wird: Stahl. Ob Schiffsrumpf, Eisenbahnschiene, Brückenpfeiler, Pkw-Karosserie oder Lkw-Chassis – ohne Stahl bewegt sich in der Mobilität nicht viel. Das Problem: Um eine Tonne Rohstahl herzustellen, werden bei der klassischen Hochofenroute rund 1,7 Tonnen an CO_2 bei der Eisenerzreduktion emittiert.[10] Bei grünem Stahl, bei dessen Herstellung dem Eisenerz durch Wasserstoff statt durch Kohlenstoff der Sauerstoff entzogen wird, sinkt der Wert gen null. Einzig Wasserdampf wird ausgestoßen.[11]

Wie beim Stahl kann Wasserstoff bei einem weiteren wichtigen Werkstoff der Mobilität maßgeblich zur Dekarbonisierung beitragen: Zement. Zement ebnet der Mobilität ihre Wege, ob auf der Autobahn oder im U-Bahn-Tunnel. Und hinterlässt dabei einen gewaltigen CO_2-Fußabdruck von 600 bis 700 Kilogramm pro Tonne Endprodukt.[12] Selbst wenn E-Auto und U-Bahn CO_2-neutral unterwegs sind, die entsprechenden Verkehrswege sind es deshalb noch lange nicht. Auch hier könnte Wasserstoff Teil der Lösung sein. Eine Idee ist, CO_2 aus der Zementproduktion abzuscheiden und mit grünem Wasserstoff sektorübergreifend zu einem Grundstoff für E-Chemikalien und E-Fuels zu verbinden. Erste Pilotprojekte gibt es bereits.

Diese einfachen Überlegungen zeigen: Grüner Wasserstoff wird ein immer wichtigerer Baustein bei der Bewältigung des Klimawandels. Im Verkehr, aber auch in anderen Bereichen. Die globale Nachfrage nach diesem klimaneutralen Energieträger ist sektorübergreifend gewaltig. Diese Nachfrage zu befriedigen, gehört zu den drängendsten globalen Aufgaben. Schaeffler hat sich mehreren Initiativen angeschlossen und ist Industriepartnerschaften eingegangen, um den Hochlauf der benötigten Technologien mit seinen Kompetenzen in den Bereichen Fertigungsexzellenz und Oberflächentechnologien zu beschleunigen.

Weichenstellungen für die Zukunft

Schon die bis hierher genannten Aspekte verdeutlichen, dass viele Weichen im „Jahrzehnt der Entscheidungen" gestellt werden müssen, um die Mobilität und den Verkehrssektor auf den Weg der Nachhaltigkeit zu bringen. Und es gibt viele weitere. Denn neben Treibhausgasen belastet der Verkehr überdies die Umwelt und unsere Gesundheit mit Lärm, Feinstaub und anderen Nebenwirkungen. Dies fällt besonders in urbanen Ballungsräumen ins Gewicht, also dort, wo laut UN-Prognose im Jahr 2050 zwei Drittel der Menschheit leben werden.[13] Gerade in den Metropolen dieser Welt, die immer dichter besiedelt werden, muss der Verkehrsraum umverteilt werden und Platz machen: Platz für mehr Stadtgrün, für mehr belebte Plätze, für mehr Freizeitflächen, für mehr urbane Lebensqualität.

Ebenso müssen wir überlegen, wie wir zukünftig die vielen Millionen Menschen rund um den Globus, die am Rande unserer globalen Gesellschaften leben und mangels finanzieller Möglichkeiten oder ausreichender öffentlicher Verkehrsangebote nur auf die eigenen Füße setzen können, klimaneutral in die Welt der Mobilität integrieren. Technologischer Fortschritt kann hier Wege ebnen. Dabei reicht auch bereits ein eigenes Fahrrad. Denn mobil zu sein, ist ein berechtigtes Bedürfnis aller Menschen und auch eine Frage sozialer Teilhabe.

Der Weg zur nachhaltigen Mobilität ist verzweigt und lang. Er ist ein Marathon, der in vielen Zwischensprints absolviert werden muss. Das Ziel ist definiert. Und es ist erreichbar, wenn wir mit Ehrgeiz, gemeinsamen Anstrengungen, Durchhaltevermögen und Ideenreichtum darauf hinarbeiten. Ich hoffe, dieser Beitrag ermutigt dazu.

Anmerkungen

1 Christian Brand, 7 Reasons Why Global Transport is so Hard to Decarbonize, in: World Economic Forum, 22.11.2021, https://www.weforum.org/agenda/2021/11/global-transport-carbon-emissions-decarbonise (alle Links zuletzt abgerufen am 1.7.2023)
2 International Transport Forum, ITF Verkehrsausblick 2021, Zusammenfassung, https://www.itf-oecd.org/sites/default/files/transport-outlook-executive-summary-2021-german.pdf.
3 Thomas Fritz/Jörg Stäglich/Dennis Manteuffel, Wärme- und Mobilitätswende bis 2037 kostet 900 Mrd. Euro, https://www.oliverwyman.de/our-expertise/insights/2023/jan/waerme-und-mobilitaetswende-bis-2037.html.
4 Schaeffler Kolloqium 2022, https://www.schaeffler.com/de/medien/messen-veranstaltungen/kolloquium/digitaler-tagungsband-2022/we-pioneer-motion/.

KLIMA & UMWELT

5   Torsten Seibt, Elektroautos Verkaufszahlen (2022) weltweit: Tesla ist mit Riesen-Abstand Weltmarktführer, in: auto motor und sport, 24.2.2023, https://www.auto-motor-und-sport.de/verkehr/elektroautos-verkaufszahlen-neuzulassungen-weltweit-2022/.
6   Statista-Umfrage „Was spricht in Ihren Augen dagegen, sich zurzeit ein Elektroauto zu kaufen?", Februar 2023, https://de.statista.com/statistik/daten/studie/1179994/umfrage/umfrage-zu-gruenden-gegen-den-kauf-eines-elektroautos-in-deutschland/.
7   Lorenz Steinke, Gemeinsam forscher forschen, in: Tomorrow, Ausgabe 03/2022, S. 8–13, hier S. 10.
8   Destatis, Straßenverkehr: EU-weite CO_2-Emissionen seit 1990 um 21 % gestiegen, https://www.destatis.de/Europa/DE/Thema/Umwelt-Energie/CO2_Strassenverkehr.html.
9   Sebastian Henßler, Umstellung auf E-Antrieb benötigt 1,8 % mehr erneuerbare Energien im Jahr, in: Elektroauto-News,14.12.2022, https://www.elektroauto-news.net/news/umstellung-aller-autos-benoetigt-nur-wenig-mehr-erneuerbare-energien.
10 Global Energy Solutions e.V., Klimaneutraler Stahl: Optionen, 28.5.2021, https://global-energy-solutions.org/wp-content/uploads/2022/04/210702_FJR_Klimaneutraler-Stahl.pdf.
11 Ebd.
12 Gregory Dauber, Produktion ist CO_2-Sünde: Wie das erste klimaneutrale Zementwerk der Welt entstehen soll, in: t-online, 24.1.2023, https://www.t-online.de/region/hamburg/id_100115846/klimakiller-beton-wie-das-erste-klimaneutrale-zementwerk-der-welt-entstehen-soll.html.
13 Hannah Ritchie/Max Roser, Urbanization, 2018, Abschnitt Future Urbanization, https://ourworldindata.org/urbanization#what-share-of-people-will-live-in-urban-areas-in-the-future.

KLIMA & UMWELT

Quo vadis, Luftverkehr?

Klimawandel und die Rolle der Luftfahrt

von Volker Bouffier

Volker Bouffier studierte nach seinem Abitur an der Herderschule in Gießen an der Justus-Liebig-Universität Rechtswissenschaften. Durch seine Familie kam er bereits in frühen Jahren mit Politik in Berührung. Volker Bouffiers Engagement begann in der Jungen Union, deren Vorsitzender er von 1978 bis 1984 in Hessen war. Seit 1978 ist er Mitglied im Landesvorstand der CDU Hessen. Im Jahr 2010 wurde er zum Landes- und zum stellvertretenden Bundesvorsitzenden gewählt. Von 1982 bis 2022 vertrat er mit einer kurzen Unterbrechung die Bürgerinnen und Bürger aus dem Wahlkreis Gießen II im Hessischen Landtag. Der Hessischen Landesregierung gehörte er zunächst unter Walter Wallmann als Justizstaatssekretär an. Ab 1999 war er im Kabinett von Roland Koch als Hessischer Innenminister tätig. Von 2010 bis 2022 führte er als Ministerpräsident die Hessische Landesregierung und war 2015 Präsident des Bundesrates. Zum Zeitpunkt seines Rücktrittes war er der dienstälteste Ministerpräsident Deutschlands.

Die Bekämpfung des Klimawandels ist in aller Munde und wird zu Recht – von politisch extremen Ansichten einmal abgesehen – als die zentrale Herausforderung auf nationaler und internationaler Ebene angesehen. Das Erreichen der Klimaziele nach dem sogenannten Pariser Klimaabkommen stellt insbesondere die Industrienationen und auch Deutschland vor große Aufgaben. Bei den Sektorzielen zur Reduzie-

KLIMA & UMWELT

rung des CO_2-Ausstoßes wird dem Verkehr eine immense Bedeutung zugeschrieben. Als besonders klimaschädlich wird oft der Luftverkehr angesehen. Aus Sicht von Klimapuristen wäre es deshalb am besten, wenn man überhaupt nicht mehr flöge und insbesondere auch Inlandsflüge verbieten würde. Viele Bürger lehnen dies komplett ab und freuen sich zum Beispiel, endlich wieder in den Urlaub fliegen zu können.

Nachdem in der Coronapandemie der Flugverkehr fast komplett zum Erliegen gekommen ist und Fluggesellschaften wie Lufthansa und Condor nur mit Hilfsprogrammen, die größtenteils über die KfW abgewickelt wurden, am Leben erhalten werden konnten, hat sich seitdem der Flugverkehr wieder deutlich erhöht. Die während der Pandemie vorhergesagte dauerhafte Reduktion von Geschäftsfliegern und auch des Flugtourismus ist jedenfalls nicht im vorhergesagten Umfang eingetreten. Im Gegenteil: Viele haben gemerkt, dass Videokonferenzen zwar manches erleichtern, aber die persönliche Begegnung häufig nicht ersetzen können. Und nichts spricht dafür, dass mehr Urlauber als vor der Pandemie auf das Fliegen verzichten werden. Zwar wird das Passagieraufkommen in diesem Jahr wohl niedriger sein als 2019, aber gerade in Ferienzeiten sind zum Beispiel an Deutschlands größtem Flughafen in Frankfurt an manchen Tagen wieder über 200.000 Passagiere abgefertigt worden.

Wie ist die weitere Entwicklung einzuschätzen? Zwei bis drei Prozent der globalen CO_2-Emissionen entfallen auf den Luftverkehr. In den letzten 20 Jahren hat sich der Kerosin-Durchschnittsverbrauch von 6,3 Liter je Passagier je 100 Kilometer auf 3,6 Liter verringert. Diese Reduktion war auch im Interesse der Fluggesellschaften, da die Treibstoffkosten bis zu einem Drittel der gesamten Betriebskosten ausmachen. Nach Ansicht von Experten ist jedoch davon auszugehen, dass sich der globale Flugverkehr in den nächsten 20 Jahren verdoppeln wird. Daraus folgt, dass die Klimabelastung durch den Flugverkehr unter heutigen Bedingungen zunehmen würde. Eine

KLIMA & UMWELT

solche Entwicklung widerspräche allen Bemühungen zum Klimaschutz. Es ist deshalb notwendig, nach Wegen zur Verminderung der Klimabelastung durch den Flugverkehr zu suchen.

Warum nationale Alleingänge nicht funktionieren

Welche Wege sich dabei empfehlen oder besser vermieden werden sollten, zeigt ein Blick auf die Bedeutung und die Rahmenbedingungen des Luftverkehrs, insbesondere in Deutschland.

Der Traum vom Fliegen ist so alt wie die Menschheit. Die Geschichte vom fliegenden Götterboten Hermes ist uns aus der Antike bekannt. Von der Erfindung des Heißluftballons der Brüder Montgolfier Ende des 18. Jahrhunderts über die ersten Passagierflüge bis zum Massentourismus von heute war es ein weiter Weg. Heute ist Mobilität ein Grundbedürfnis. Sie ist Ausdruck persönlicher Freiheit. Viele Menschen akzeptieren daher zum Beispiel keine Vorschriften, wo sie ihren Urlaub verbringen sollen. Aber nicht nur der Tourismus, sondern vor allem wirtschaftliche Gründe sprechen für eine weitere Entwicklung des Flugverkehrs. In einer globalisierten Welt, in der Deutschland als führendes Industrieland eine besondere Rolle einnimmt, stellt er eine unverzichtbare Infrastrukturgrundlage für eine erfolgreiche Volkswirtschaft dar. Dies gilt insbesondere für Frachtflugzeuge, die eine schnelle Lieferung garantieren. Aber auch viele Linienflugzeuge spielen durch ihren „Warenbeipack" eine unverzichtbare Rolle im Transportwesen. Der Seeweg, der häufig Wochen oder gelegentlich sogar Monate dauert, ist keine wirkliche Alternative. Im Ergebnis sind Flugverbindungen in einer globalisierten Welt für ein Land wie Deutschland existenziell. Interessant ist dabei ein Blick auf Deutschlands größten Flughafen in Frankfurt. Dieser Flughafen bietet Flugverbindungen in alle Welt.

KLIMA & UMWELT

Über 70 Prozent der Passagiere des Frankfurter Flughafens sind sogenannte Umsteiger. Die größten Konkurrenten des Flughafens – gerade im Interkontinentalverkehr – sind Istanbul und die Golfstaaten. Wenn in Frankfurt die Flugverbindungen ausgedünnt würden, führt dies nicht zu weniger CO_2-Ausstoß, denn dann fliegen die Umsteiger eben über Istanbul oder über den Golf. Der wirtschaftliche Schaden träfe Frankfurt und die gesamte Region massiv und würde die Arbeitsplätze bei den Fluggesellschaften und Dienstleistern und nicht zuletzt die Jobs der rund 100.000 Menschen, die auf dem Flughafen arbeiten, bedrohen. Auch der Finanzplatz Frankfurt trüge enormen wirtschaftlichen Schaden davon.

Manche Vorschläge zur Verringerung des Flugverkehrs entpuppen sich also bei näherem Hinsehen entweder als kontraproduktiv oder rechtlich nicht möglich. Dies gilt zum Beispiel auch für die Aufhebung der Steuerfreiheit des Flugbenzins. Der Vorschlag klingt interessant, ist aber nur sinnvoll, wenn dies für alle Fluggesellschaften Geltung hätte. Dies ist aber nicht der Fall. Nationale Steuern auf Flugbenzin erhöhen für deutsche Luftfahrtunternehmen wie Lufthansa oder Condor deutlich die Kosten. Ausländische Fluggesellschaften dagegen zahlen diese Steuer nicht; insbesondere die Fluggesellschaften aus der Golfregion zahlen häufig überhaupt keine Steuern. Massive Wettbewerbsverzerrungen zulasten der deutschen Unternehmen wären die Folge.

Auch die Forderung, auf Inlandsflüge zu verzichten, ist so lange wenig hilfreich, wie die Deutsche Bahn nicht in der Lage ist, Gepäck von beliebigen Orten in Deutschland bis zum Abflugflughafen zu transportieren und auch durchzuchecken. Der Aufwand, mit Bus und Bahn, mit Gepäck und gegebenenfalls noch kleinen Kindern zu einem Flughafen mit internationalen Verbindungen zu kommen, ist für Reisende aus ländlichen Regionen in der Regel nicht zumutbar. Überdies sind zahlreiche Kurzstrecken wie Frankfurt–Köln oder Nürnberg–Frankfurt bereits eingestellt worden.

KLIMA & UMWELT

Völlig außer Acht gelassen werden bei diesen Diskussionen auch die beschränkten nationalen rechtlichen Möglichkeiten. Der Flugverkehr ist international geregelt, zum Beispiel durch das IATA-Abkommen oder durch EU-Regeln. Darüber hinaus werden die Landerechte der Fluggesellschaften langfristig vergeben und stellen Eigentumspositionen der Fluggesellschaften dar. Wollte man dies ändern, wären massive Schadensersatzforderungen zu erwarten. Überdies würden die Entsendestaaten der ausländischen Luftverkehrsgesellschaften im Zweifel auch den deutschen Flugunternehmen die Rechte entziehen. Im Ergebnis wäre gerade für Deutschland der internationale Flugverkehr in einer globalisierten Welt massiv gestört.

Wenn man diese entscheidenden Faktoren bewertet, muss man zu dem Ergebnis kommen, dass politisch bewusste nationale Eingriffe in den Flugverkehr mit dem Ziel, den Flugverkehr zu verhindern oder zu reduzieren, aufgrund der damit verbundenen Nachteile nicht zu empfehlen sind. Es ist zudem festzuhalten, dass die Bürger politisch vorgeschriebene Reduzierungen ihrer Mobilitätsfreiheit in der Regel nicht akzeptieren. Ohne Akzeptanz der Bürger ist eine Verkehrs- und Energiewende aber zum Scheitern verurteilt.

Technologie als Schlüssel zum Klimaschutz

Wenn sich nationale Alleingänge also nicht empfehlen, der Flugverkehr aber unstreitig das Klima belastet, darf die Konsequenz jedoch nicht sein, die Situation einfach hinzunehmen und so weiterzumachen wie bisher. Wie in vielen anderen Bereichen empfiehlt sich bei dieser komplexen Debatte, nicht in Schwarz-Weiß-Denken zu verfallen. Zunächst muss man darauf hinweisen, dass bereits ein höchst wirksamer marktwirtschaftlicher Mechanismus zur Reduzierung der Klimabe-

KLIMA & UMWELT

lastung in der EU funktioniert: Der Luftverkehr ist vollkommen in den europäischen Emissionshandel einbezogen. Das heißt, die Fluggesellschaften müssen entsprechende Zertifikate kaufen, die – da sie immer knapper und damit auch teurer werden – die Kosten des Fliegens ständig erhöhen. So entsteht Druck auf die Fluggesellschaften, weniger klimaschädliche Flugzeuge einzusetzen.

Eine andere Möglichkeit, den Klimaschutz stärker zu fördern, wäre, die Luftverkehrssteuer, die in Deutschland im Gegensatz zu vielen anderen Ländern für jedes Ticket erhoben wird, neu zu gestalten. Die Luftverkehrsgesellschaften in Deutschland fordern seit Jahren, diese Steuer wegen der einseitigen Belastung und den damit einhergehenden Wettbewerbsnachteilen abzuschaffen. Trotz vielfacher Versprechungen hat jedoch bisher noch jeder Finanzminister erklärt, dass er auf die Einnahmen aus dieser Steuer nicht verzichten könne. Diese Hängepartie wäre am besten dadurch zu beenden, dass man diese Steuer beibehält, sie aber so gestaltet, dass sie eine echte Lenkungswirkung für den Klimaschutz bekommt, nämlich indem die Firmen die Steuer zwar weiterbezahlen, sie aber mit Investitionen in neue, weniger klimaschädliche Flugzeuge verrechnen könnten. Damit wäre sowohl der Bundeskasse als auch dem Klima geholfen.

Aber selbst wenn die Luftverkehrssteuer reformiert würde, bliebe natürlich das Problem, dass der Flugverkehr das Klima belastet und das Ziel eines CO_2-freien Luftverkehrs so nicht erreicht werden kann. Denn Deutschlands Beitrag zur CO_2-Emission beträgt weltweit nur zwei Prozent. Im Ergebnis sind Klimaschutzmaßnahmen in Deutschland für das Weltklima deshalb nahezu irrelevant. Dies sollte dennoch nicht dazu führen, dass wir in unseren Anstrengungen nachlassen. Deutschland ist eines der führenden Industrieländer und hat hier eine besondere Verantwortung. Wenn wir erfolgreich unsere Emissionen reduzieren, wird dies für andere Länder Vorbildwirkung entfalten können.

Dies gelingt aber nur dann, wenn unsere Bemühungen nicht zu Arbeitsplatz- und Wohlstandsverlusten führen. Einfacher ausgedrückt: Wenn die Menschen keine Arbeit mehr haben, ist ihnen der Klimaschutz egal. Um weltweit den Klimaschutz voranzutreiben, müssen wir deshalb Klimaschutz und den Erhalt unseres Wohlstands gleichrangig betrachten. Ökonomie und Ökologie sind sich gegenseitig bedingende Voraussetzungen für eine lebenswerte Zukunft. Am besten kann dieses Ziel – effektiver Klimaschutz bei Erhalt des Wohlstandes – durch die Entwicklung neuer klimafreundlicher Technologien erreicht werden, insbesondere in der Luftfahrt.

Als eine solche klimafreundliche Technologie wird in der Debatte oft die Nutzung von Wasserstoff als Energiequelle der Zukunft gepriesen. Bei grünem Wasserstoff entsteht durch die Elektrolyse von Wasser als Nebenprodukt lediglich Sauerstoff, sodass grüner Wasserstoff vollkommen klimaneutral ist. Aber auch der sogenannte blaue Wasserstoff sollte genutzt werden. Zwar entsteht bei der Produktion von blauem Wasserstoff CO_2, das kann aber abgeschieden und durch die CCS-Technik (Carbon Capture und Storage) unterirdisch so abgelagert werden kann, dass das CO_2 nicht in die Atmosphäre gelangt und damit ebenfalls klimaneutral ist.

Die Forschung und Entwicklung der Technik zur Produktion von blauem und grünem Wasserstoff ist notwendig und richtig. Dennoch sind vor einer flächendeckenden Einführung noch große Hürden zu überwinden. Die Produktion von Wasserstoff ist sehr energieintensiv und benötigt immens viel Strom. Es besteht Einigkeit, dass Deutschland den rapide wachsenden Bedarf an Strom nicht selbst decken kann. Wir bleiben deshalb von Energielieferungen aus dem Ausland abhängig. Wird dann dieser Strom aus Gas, Öl oder Kohle produziert, wird noch mehr CO_2 ausgestoßen und dem Klima nicht geholfen. Deshalb soll der Wasserstoff langfristig aus regenerativen Energien gewonnen werden, aus Windkraft und Solaranlagen.

KLIMA & UMWELT

Da also die Entwicklung von blauem und erst recht von grünem Wasserstoff und dessen vielfache Verfügbarkeit mit erheblichen Unsicherheiten belastet ist, sollte man das Prinzip der Technologieoffenheit beherzigen und auch andere Antriebstechniken wie die Entwicklung CO_2-freien Kerosins vorantreiben. Auch wenn die Batterietechnik bei Pkws die Umstellung vom Verbrennermotor zum Elektrofahrzeug ermöglicht, ist dies in der Luftfahrt nicht realistisch. Die Entwicklung batterieelektrischer Antriebe ist für kleinere Flugzeuge interessant, für größere Flugzeuge aber in überschaubarer Zeit nicht realistisch, da die Batterien zu schwer und zu leistungsschwach sind. Deshalb müssen unsere Anstrengungen auf die Herstellung von nachhaltigem Flugkraftstoff, Sustainable Aviation Fuel (SAF) genannt, gerichtet werden. Schon die Beimischung kleiner Mengen nachhaltiger Flugkraftstoffe führt zu erheblichen CO_2-Einsparungen. Solche nachhaltig produzierten Kraftstoffe, die nicht auf fossilen Brennstoffen basieren, sind zum Beispiel Biokraftstoffe und Power-to-Liquid-Kraftstoffe (PtL).

Auch wenn derzeit noch die Produktionskapazitäten fehlen, ist die Einbindung von Bio-Kerosin, das aus Altfetten und Biomasse gewonnen wird, technisch möglich. Nach Auswertung von Testflügen durch das Deutsche Zentrum für Luft- und Raumfahrt kann herkömmliches Kerosin zumindest teilweise gleichwertig mit Bio-Kerosin ersetzt werden. Zu den Kerosin-Alternativen zählt auch der sogenannte strombasierte Kraftstoff PtL. Ein so hergestellter synthetischer Treibstoff enthält Kohlenwasserstoffe wie Kerosin, Benzin und Diesel oder Methan und Methanol, die dann aber nicht aus Öl oder Gas gewonnen werden.

Die Technologie für die Herstellung von synthetischen Kraftstoffen existiert also bereits. Doch im Vergleich zum klassischen Kerosin sind die SAFs noch immer deutlich teurer und damit noch nicht konkurrenzfähig. Hauptgrund dafür sind die hohen Stromkosten und die noch viel zu geringen

Produktionsmengen. Beides kann durch politische Entscheidungen zum Positiven verändert werden. Die Entwicklung neuer Technik und die Produktion größerer Mengen wird, wie bei vielen Innovationen in der Vergangenheit, zu deutlichen Preisreduzierungen und damit zu Konkurrenzfähigkeit führen.

Ausblick

Diese Entwicklung zu fördern und zu begleiten, wird in den nächsten Jahren auch Aufgabe der KfW sein. Die KfW hat in den 75 Jahren ihres Bestehens als Förderbank des Bundes und der Länder immer wieder gezeigt, dass sie nicht nur in Krisenzeiten, sondern auch bei der Unterstützung neuer Technologien und der Entwicklung neuer Produkte bis zur Marktreife ein unverzichtbarer Partner von Unternehmen ist, gerade für den Mittelstand. Zur Transformation Deutschlands zu einem klimaneutralen Land kann die KfW insbesondere in den nächsten Jahren viel beitragen. Mit Innovationen und mitmachenden Bürgerinnen und Bürger, und nicht durch Verbote und Wohlstandsverlust, werden wir die Herausforderungen der Zukunft erfolgreich bewältigen.

KLIMA & UMWELT

Transformation in der Luftfahrt

Klimaschutz, Umwelt und nachhaltige Mobilität

von Stefan Schulte

Dr. Stefan Schulte ist seit 2009 Vorsitzender des Vorstands der Fraport AG. Er verantwortet das Geschäftsfeld International Activities und Services. Für Fraport arbeitet Schulte bereits seit 2003. Zunächst war er Finanzvorstand, ab 2007 stellvertretender Vorstandsvorsitzender. Bis 2003 war Schulte Mitglied des Vorstands und Arbeitsdirektor der Deutz AG. Seine Karriere begann der gelernte Bankkaufmann, der nach dem Studium der Betriebswirtschaftslehre zum Dr. rer. pol. an der Universität zu Köln promovierte, 1991 in der Konzernentwicklung der Deutschen Bank. Von 1996 bis 2000 war Schulte bei Mannesmann Arcor Bereichsleiter Controlling und Interconnection und dann Finanzvorstand bei Infostrada S.p.A. Schulte ist Vorsitzender des Audit Committees des weltweiten Flughafenverbands Airports Council International und Mitglied im Board des europäischen Flughafenverbandes ACI Europe. Seit 2018 hat Schulte die Präsidentschaft bei der Arbeitsgemeinschaft Deutscher Verkehrsflughäfen inne.

Deutschland befindet sich mitten in einem Jahrzehnt des Umbruchs. Die Jahre bis 2030 sind entscheidend, um die Weichen für eine nachhaltige Transformation von Wirtschaft, Politik und Gesellschaft zu stellen. Nicht erst seit dem Pariser Klimaabkommen von 2015 weiß die Menschheit, dass sie überzeugende Lösungen für eine nachhaltigere Welt finden muss. Deutschland obliegt hierbei als starker Industrienation eine besondere Verantwortung.

KLIMA & UMWELT

Die Fraport AG, Betreibergesellschaft des Flughafens Frankfurt, ist sich dieser großen Herausforderung bewusst und hat es sich zum Ziel gesetzt, diese Welt schon heute positiv mitzugestalten. Wir wissen um den Anteil des internationalen Flugverkehrs an den weltweiten Emissionen. Als Flughafenbetreiber müssen wir für und gemeinsam mit unseren Kunden Strategien entwickeln, die diesen Anteil kontinuierlich gen null senken.

Um unserer Verantwortung gerecht zu werden, setzen wir bei der Nachhaltigkeit auf einen ganzheitlichen Ansatz. Klima- und Umweltschutz bleiben weiterhin Kernthemen unserer Strategie und Maßnahmen. Wir haben jedoch verstanden, dass ein nachhaltiges Wirtschaften einen Blick über den Horizont hinaus erfordert.

Wenn es um Nachhaltigkeit geht, dann stellen wir uns nicht mehr die Frage nach dem Warum, denn wir wissen, dass wir nachhaltig und ressourcenschonend wirtschaften müssen. Für uns bedeutet Nachhaltigkeit, sich heute schon Gedanken um die Art und Weise zu machen, wie wir in Zukunft leben, arbeiten und wirtschaften möchten. Aus diesem Grund richten wir unsere Geschäftstätigkeit nach der Leitlinie „Nachhaltigkeit bedeutet Zukunftsfähigkeit" aus: Wir sind uns der Auswirkungen unserer Aktivitäten bewusst und gestalten die Handlungsfelder „Ökonomie, Ökologie und Soziales" entsprechend. Ob im Flughafenbetrieb, in der Beratung, im Rahmen unserer Serviceangebote oder im Bereich unserer Infrastruktur – wir haben auf vielen Gebieten schon bedeutende Neuerungen erzielt und für die Zukunft einen ambitionierten Plan, unsere Nachhaltigkeitsmaßnahmen weiter in unser Geschäft zu integrieren. Welche Rolle Nachhaltigkeit bereits heute bei uns spielt, zeigt sich am Beispiel unserer Entscheidungsgrundlagen im Vorstand: Hier haben wir seit dem vergangenen Jahr in einem ersten Pilotprojekt wichtige „nichtfinanzielle Kriterien" integriert, die bewerten, welche Auswirkungen eine Entscheidung zum Beispiel auf unsere

KLIMA & UMWELT

CO_2-Emissionen oder unsere Mitarbeiter- und Kundenzufriedenheit hat.

Besonderes Augenmerk möchte ich im Folgenden auf drei Kernthemen für Fraport legen: Umwelt- und Klimaschutz, „grüne" Energie sowie nachhaltige Mobilität. In diesen drei Feldern hat die Geschäftstätigkeit von Fraport die größten Auswirkungen auf unsere Umgebung. Gleichzeitig nehmen wir wahr, dass unsere Stakeholder – von unseren unmittelbaren Nachbarn über unsere Partner und Lieferanten bis hin zu Politik und Gesellschaft – das Thema Nachhaltigkeit als entscheidendes Zukunftsthema priorisieren.

Umwelt- und Klimaschutz

Die Themen Umwelt- und Klimaschutz stellen uns als Flughafenbetreiber vor eine der wichtigsten Aufgaben überhaupt. Die Luftfahrtbranche muss einen starken Beitrag zum Schutz unseres Weltklimas leisten und dabei deutlich schneller agieren als in den vergangenen Jahren. Das ist unsere Verantwortung.

In diesem Gesamtkontext dürfen wir eines nicht vergessen: Die Pandemie hat Fraport zunächst in wirtschaftlicher Hinsicht viel abverlangt und uns dann insbesondere operativ vor große neue Herausforderungen gestellt, die bis heute andauern. Dass wir mit unserem Klimaschutzengagement dennoch nahezu unverändert fortfahren konnten und Maßnahmen weiterhin zeitnah umgesetzt haben, ist der guten Vorarbeit zu verdanken, die unsere Fachabteilungen in den vorangegangenen Jahren geleistet haben. Auf dieses starke Fundament konnten wir bauen. Mit zahlreichen emissionsmindernden Projekten haben wir es so trotz stetig steigendem Energiebedarf geschafft, unseren CO_2-Ausstoß am Flughafen Frankfurt seit 1990, dem Basisjahr des internationalen Klimaschutzabkommens, um 50 Prozent zu reduzieren.

KLIMA & UMWELT

2023 haben wir unseren Masterplan zur Dekarbonisierung überarbeitet: Fraport strafft die Klimaschutzziele für den Gesamtkonzern. Am Heimatstandort Frankfurt ist Fraport im eigenen Verantwortungsbereich für etwa zehn Prozent der CO_2-Emissionen verantwortlich. Wir bereiten dort den „Boden" für eine insgesamt grünere Luftfahrtbranche. Bis zum Jahr 2030 werden in unserem eigenen Wirkungsbereich am Flughafen Frankfurt jährlich nur noch maximal 50.000 Tonnen CO_2 anfallen. Zum Vergleich: Bislang hatten wir für das erste große Etappenziel 2030 in FRA eine Reduktion auf 75.000 Tonnen ins Auge gefasst. Konzernweit gilt weiterhin, dass Fraport bis spätestens 2045 CO_2-frei arbeitet. CO_2-frei bedeutet: Wir werden das ohne eine Kompensation unserer Emissionen erreichen. Wir verlassen uns nicht auf die künftige Wirksamkeit von Kompensationsmaßnahmen, sondern gehen den direkten Weg.

Wir machen uns auch für übergreifende Projekte stark, die die komplette Branche in Sachen Klimaschutz voranbringen können. Ein Beispiel ist die bundesweite Initiative H2erkules: Diese hat es sich zum Ziel gesetzt, maßgeblich zur Entstehung eines europäischen Wasserstoffmarktes beizutragen. H2erkules treibt im Rahmen der nationalen Wasserstoffstrategie auch die Planung zweier Pipeline-Stränge durch Deutschland voran, von denen einer auch den Flughafen Frankfurt (nicht nur den Bedarf von Fraport, auch den sämtlicher anderer Unternehmen hier am Standort) perspektivisch mit Wasserstoff versorgen soll. Wir und alle anderen Industrieunternehmen, die die Initiative unterstützen, erhalten dadurch Planungssicherheit für unsere zukünftigen infrastrukturellen Investitionen.

Klimaschutz definieren wir auch als zentrale Herausforderung unserer internationalen Geschäftstätigkeit. So ist Fraport beispielsweise an den südamerikanischen Standorten beim Strom-Mix mit einem großen Anteil erneuerbarer Energie, maßgeblich basierend auf Wasserkraft, schon sehr gut aufgestellt, weil die nationalen Gegebenheiten dies dort ermöglichen. Währenddessen galt es an vielen griechischen Flughäfen in unserem Portfolio nach der Steuerungsübernahme zunächst, deren Betriebsfähigkeit sicherzustellen. Mit dem Aufbau von Klimaschutzmaßnahmen haben wir dort gerade erst begonnen, gehen diese Herausforderung aber in den kommenden Jahren umso konsequenter an.

„Grüne" Energie – zentraler Hebel für nachhaltiges Wirtschaften

Energiesparen war und ist ein großes Thema am Flughafen. Bereits in den 1980er Jahren waren wir als Betreibergesellschaft bestrebt, den Energieverbrauch pro Verkehrseinheit (Passagier plus Gepäck oder 100 Kilogramm Fracht) zu senken. 1987 betrug dieser 18,4 Kilowattstunden, zehn Jahre später waren es 15,6. Der Verbrauch sank zunächst weiter, stagnierte dann aber. Grund waren die Inbetriebnahmen der Landebahn Nordwest sowie des Flugsteigs A-Plus am Terminal 1 – inklusive der Ausweitung der Bodenstromversorgung und der Gepäckförderanlage. Fraport erweiterte die Vorfeldbeleuchtung, errichtete eine neue Konzernzentrale und die Feuerwache 4. Doch parallel setzten wir in unseren Büro- und Dienstleistungsgebäuden umso konsequenter auf Energiesparen. Dazu zählen der fortlaufende Austausch von Pumpen und Lüftern durch effizientere Komponenten, der hydraulische Abgleich von Heizungsanlagen sowie die Nachrüstung von Fenstern und Türen, unterstützt durch digitale Simulation der Gebäude. Erfasst werden hierbei zum Beispiel bauphysikalische Eigenschaften der Gebäudehülle, innere Wärmequellen wie Beleuchtung und Arbeitsgeräte sowie Außentemperatur und Windgeschwindigkeit. Das Ergebnis ist ein umfassendes Bild über den Energiehaushalt eines Gebäudes und den dafür benötigten Energieeinsatz – zum Beispiel, um Beleuchtung und Klimatisierung an Nutzungszeiten anzupassen. Unsere Neubauten planen wir energieoptimiert. So auch Terminal 3, wo wir den Kühlbedarf mit freier Kühlung und hocheffizienten Kältemaschinen regeln werden. Die Abwärme der Gepäckförderanlage nutzen wir für Wärmeversorgung, LED-Leuchten senken den Stromverbrauch, dezentrale Klimasteuerung ermöglicht kurze Leitungswege und minimiert Verluste. Verstärkt wird auch der Einsatz erneuerbarer Energien greifen.

Grüner Strom ist über alle Industriezweige hinweg der Schlüssel zu einer nachhaltig klimaschonenden Arbeitsweise. Wir haben die Weichen dafür in Frankfurt mit unserer Entscheidung für ein leistungsstarkes PPA (Power Purchase Agreement) rechtzeitig gestellt und gehen diesen Weg konsequent weiter. Fraport will schrittweise einen großen Teil des Strombedarfs aus Windenergie decken. Dies ist eines der wichtigsten Mittel, um die CO_2-Emissionen in Frankfurt bis 2030 von aktuell rund 170.000 Tonnen im Jahr deutlich auf 50.000 Tonnen zu verringern. Auch die Nutzung von Solarenergie steht auf der Agenda – hier wollen wir am Airport selbst verstärkt Strom erzeugen. Auf einer neuen Frachthalle in der Cargo City Süd liefert eine großflächige Photovoltaik-Anlage mehr als 1,5 Millionen Kilowattstunden Strom pro Jahr. Auch auf dem Parkhaus des neuen Terminals 3 ist eine Photovoltaik-Anlage vorgesehen. Sie kann dort unter anderem Ladestationen mit regenerativ erzeugtem Strom versorgen. Letztes Jahr haben wir mit einer neuartigen Photovoltaik-Anlage an der Startbahn West neue Pfade beschritten – die senkrechte Anordnung der Kollektorfelder erwies sich im Testbetrieb als überaus tauglich und effektiv. Der Vorteil in dieser Aufstellung liegt darin, dass wir einen weitaus geringeren Effekt auf die Biodiversität haben, bei einer gleichzeitig deutlich besseren zeitlichen Verteilung der Energiegewinnung, als mit konventionellen horizontalen Modulen. Den wei-

KLIMA & UMWELT

teren Ausbau der Zaunanlage an der Startbahn West streben wir für das 4. Quartal 2023 an – sobald sämtliche behördlichen Genehmigungen vorliegen. Eines steht schon jetzt fest: Diese Zaunanlage sorgt international für positives Aufsehen.

E-Mobilität, Infrastruktur und Intermodalität

Als Airport-Betreiber stehen wir im engen Austausch mit den Airlines und unterstützen diese in ihren eigenen Bestrebungen, Flugzeugflotten nachhaltiger und moderner aufzustellen. Ob SAF (Sustainable Aviation Fuels), Wasserstoffantriebe oder Konzepte für E-Flugtaxis – wir verfolgen diese Entwicklungen genau und arbeiten mit unseren Partnern an neuen und innovativen Lösungen.

Wichtigste Aufgabe für uns bleibt jedoch – auch im Rahmen unserer eigenen Dekarbonisierung bis 2045 – der weitere Ausbau unserer E-Infrastruktur und die Umstellung unseres Fuhrparks auf E-Antriebe.

Insgesamt investiert Fraport aktuell in den Ausbau der Lademöglichkeiten und die Elektrifizierung von Spezialfahrzeugen der Bodenverkehrsdienste knapp 20 Millionen Euro. Das Land Hessen unterstützt uns bei beiden Projekten mit Fördergeldern. Aktuell verfügen bereits 21 Prozent der Fraport-Fahrzeuge am Flughafen Frankfurt über elektrischen Antrieb. Im Herbst 2022 gingen auf dem Vorfeld erste stationäre Schnellladepunkte in Betrieb. Weitere Schnellladepunkte auf dem Flughafengelände werden folgen.

Im Sinne der Verkehrswende ist uns auch das Thema Intermodalität ein wichtiges Anliegen. Der Flughafen Frankfurt ist Deutschlands am besten vernetztes Verkehrsdrehkreuz. Als intermodaler Hub ist er optimal an das Netz der Deutschen Bahn angebunden. Am Fern- und Regionalbahnhof halten täglich über 220 Fern- und etwa 250 Nahverkehrszüge. In dem 2022 neu gestalteten Verbindungsgang zwischen Bahnhof und Terminalgebäude geben Fluggäste ihr Gepäck bequem am Check-in-Schalter auf und laufen in nur wenigen Minuten zum Terminal. Regional- und Fernreisebusse fahren zentral an beiden Terminalgebäuden ab und das Frankfurter Kreuz bindet die Autobahnen 3 und 5 direkt an. Das alles sind ideale Voraussetzungen, um mit Blick auf die Zukunft Multimodalität am Standort weiter zu stärken.

Ausblick in ein Jahrzehnt der Transformation

Beim Thema Nachhaltigkeit gibt es immer ehrgeizige Ziele, die nur mit hohem Aufwand erreichbar sind. Klar ist auch, dass der Flughafenbetreiber eingebunden ist in ein komplexes Geflecht aus Anforderungen, Möglichkeiten und unumstößlichen Fakten. Sich hier eindeutig zu positionieren, Machbares umzusetzen und Einfluss dort zu nehmen, wo immer es geht, sind die Herausforderungen nachhaltigen unternehmerischen Handelns. Der Wille dazu – das weist Fraport Jahr für Jahr im Berichtswesen nach – ist da: mehr Schallschutz, mehr Elektromobilität, weniger Ressourcenverbrauch. So haben wir bereits hunderte Millionen Mark und Euro in eine nachhaltigere Fraport AG investiert. Unser Versprechen: Wir werden auch weiterhin ein Unternehmen sein, das sich realistische und ambitionierte Benchmarks setzt – und sie mit Kraft verwirklicht.

Die nachhaltige Transformation des Luftverkehrs und der Wirtschaft erfordern jedoch mehr. Im Bereich der Luftfahrt müssen die Produktionskapazitäten für nachhaltig produziertes „Kerosin" (SAF) entwickelt und zügig hochgefahren werden. Hierzu müssen die Pläne der EU in Form des „Fit for

KLIMA & UMWELT

55"-Programms und verbindlicher, im Zeitablauf schnell ansteigender Beimischungsquoten zügig Gesetz werden. Deren Produktion wird enorme Mengen von „grünem" Strom erfordern mit allen Folgewirkungen für den Ausbau der Weitverkehrs- und Verteilnetze. Dabei ist die Luftverkehrswirtschaft nur eine von vielen Industriezweigen in der Umstellung. Die nachhaltige Transformation von Mobilität und Wirtschaft insgesamt erfordert daher engagierte und konzertierte Aktionen über Industrie- und Dienstleistungszweige hinweg – mit deutlich mehr Geschwindigkeit als bislang, sollen die Ziele des Pariser Abkommens auch nur annähernd Realität werden. „Grüne Energie" wird das „Gold der Zukunft" – auch für eine nachhaltig organisierte Mobilität der Zukunft.

Technologien für Klima- und Umweltschutz

KLIMA & UMWELT

Panik oder Zuversicht – das ist hier die Frage

Von Optimisten und (Mut-)Machern

von Rainer Esser

Dr. Rainer Esser studierte nach einer Banklehre Jura in München, Genf und London und machte danach einen Master of Law in den USA. Im Anschluss an das Zweite Juristische Staatsexamen besuchte er die Deutsche Journalistenschule in München, arbeitete mehrere Jahre lang als Anwalt und promovierte 1989. Seine erste Leitungsfunktion in den Medien übernahm er im selben Jahr bei der Verlagsgruppe Bertelsmann als Chefredakteur zweier juristischer Fachzeitschriften. 1992 wechselte er in die Position des Geschäftsführers des Spotlight-Verlags und war dort gleichzeitig Herausgeber mehrerer Zeitschriften. Nach vier Jahren als Geschäftsführer der *Main-Post* ging er 1999 zur *Zeit*. Seit dem 1. Mai 2011 ist Rainer Esser neben seiner Position bei der *Zeit* auch als Geschäftsführer für die DvH Medien GmbH tätig.

Es gibt sehr viele gute Dinge, für die KfW-Chef Stefan Wintels steht. Er ist ein erfahrener Banker mit internationalem Profil, hochkompetent, hervorragend vernetzt, ehrenamtlich engagiert – und ausgesprochen ehrgeizig. Noch in der ersten Jahrhunderthälfte will er mit seiner KfW ein treibhausgasneutrales Portfolio erreichen.

Was Herrn Wintels in meinen Augen besonders auszeichnet, ist etwas anderes. Nämlich seine Fähigkeit, die dramatischsten Sätze mit einem unerschütterlichen Optimismus auszusprechen. „Wir befinden uns im Jahrzehnt der Entscheidung", so sein Credo. „Die kommenden Jahre entscheiden darüber, wie die Welt künftig aussehen wird."

Man kann sich diese Aussage gut mit einem gewissen Tremolo vorstellen. Mit vor Wut, ja, vor Panik zitternder Stimme. Denn die zentrale Botschaft lautet doch: Wir müssen jetzt handeln! Die Zeit läuft uns davon! Nicht mehr lang und es wird zu spät sein, den Klimawandel noch halbwegs in den Griff zu bekommen!

Ein solcher Alarmismus wäre angemessen. Schließlich können wir von Jahr zu Jahr, von Woche zu Woche mitverfolgen, wie die Erderhitzung uns immer mehr auf die Pelle rückt. Die Überschwemmungen im Ahrtal, die historischen Dürren in Frankreich, Waldbrände von Andalusien bis Brandenburg. Die extremen Wetterlagen in Europa nehmen zu. Das Klima auf unserem Kontinent erwärmt sich sogar noch stärker als im Rest der Welt. Wir müssen davon ausgehen, dass die letzten Jahre nur ein kleiner Vorgeschmack waren auf das, was wir noch erleben werden.

Der Planet heizt sich auf –
die öffentliche Debatte auch

Und während es auf der Erde immer heißer wird, erhitzt sich auch das gesellschaftliche Klima. Politiker aus derselben Regierung werfen einander ideologiegetriebene Politik vor und verkämpfen sich in Debatten um Technologieoffenheit und Sektorziele. Umweltverbände beklagen die Aufweichung des Klimaschutzgesetzes, während die Opposition über eine „Wärmewende mit der Brechstange" schimpft. Aktivistinnen und Aktivisten kleben sich auf die Straßen Berlins und werden von ihren Gegnern als Klima-RAF beschimpft.

Der Konsens in der Bevölkerung scheint zu schwinden, sobald die Klimapolitik die eigene Ernährung, das eigene Auto, die eigene Heizung betrifft. Auf *Zeit Online* fasste mein Kollege Lenz Jacobsen die Lage so zusammen: „Die Temperatur des Miteinanders verändert sich. Leider deutet bisher wenig darauf hin, dass es eine produktive Hitze ist, die dabei entsteht."

So weit, so ernüchternd ist die Gesamtsituation im Jahr 2023. Und doch ist bei Stefan Wintels kein Tremolo zu hören, wenn er vom Jahrzehnt der Entscheidung spricht. Keine Wut, keine Panik, ganz im Gegenteil: strahlende Zuversicht und glühender Tatendrang. Woher nimmt er seinen Optimismus?

Die meisten Unternehmer blicken positiv auf die grüne Transformation

Nun, vielleicht daher, dass er mit so vielen Menschen zu tun hat, die bei der hitzigen öffentlichen Debatte einfach nicht mitmachen. Menschen, die die Herausforderungen des Klimawandels nicht kleinreden, aber auch nicht in Panik verfallen. Menschen, die Teil der Lösung sein wollen und nicht Teil des Problems. Menschen, die für Fortschritt und Innovation stehen, für den Mut zur Veränderung. Aus seinen Gesprächen mit Unternehmerinnen und Unternehmern weiß Stefan Wintels: Ein Großteil von ihnen blickt positiv auf die ökologische Transformation.

Zweimal im Jahr laden die KfW und die *Zeit* gemeinsam zu einem Themenabend über die grüne Transformation der deutschen Wirtschaft ein. Die Veranstaltungen gehören zu den anregendsten und kurzweiligsten Events, die ich kenne. Was daran liegt, dass wir genau die Sorte Menschen einla-

KLIMA & UMWELT

den, die ich oben skizziert habe. Unternehmerinnen und Politiker, Wissenschaftlerinnen und Journalisten teilen ihre Erfahrungen, ihre Expertise – und ihren Optimismus. Und weil diese Menschen mir in den vergangenen Jahren so viel gute Laune und Zuversicht beschert haben, möchte ich ein paar von ihnen besonders hervorheben.

Als Ingenieurin weiß man: Fortschritt passiert

Zum Beispiel Martina Merz. Die studierte Maschinenbauingenieurin ist nicht nur langjähriges Greenpeace-Mitglied, sondern war auch Vorstandsvorsitzende der Thyssenkrupp AG. In einem Interview mit der *Zeit* sagte sie: „Ich bin schon lange überzeugt, dass die grüne Transformation kommt. Und ich empfinde es als Segen, dass ich dabei sein darf, diesen Hebel umzulegen." Ihren Optimismus erklärt sich Merz mit ihrer Profession. Als Ingenieurin glaube man nun mal an den Fortschritt. Nein, nicht glauben: Man wisse aus jahrelanger Erfahrung, dass der Fortschritt passiert. Zur beruflichen Prägung passt auch ihre Haltung zur Klimadebatte. Eigentlich sei alles gesagt, so Merz, „jetzt müssen wir alle nur mal anfangen mit dem Machen".

Zum Beispiel Prof. Dr. Ottmar Edenhofer. „I am interested in Weltverbesserung", schrieb der Ökonom und Klimafolgenforscher ins Vorwort seiner Doktorarbeit. Und dieses Weltverbessern, das macht er nicht nur mit großer Kenntnis, sondern mit einem solchen Charme, dass ihm alle Herzen zufliegen. Egal, wen man fragt, ob bei Greenpeace oder dem Bundesverband der Deutschen Industrie, alle sind sie Fans von Ottmar Edenhofer. Es gibt nicht viele Klimaforscher, die so viel gute Laune verbreiten wie er. Auch der aktuellen gesellschaftlichen Debatte kann er etwas Positives abgewinnen: „Immerhin streiten wir nicht mehr über das Ob, sondern über das Wie", sagte er bei einem unserer Themenabende.

Warum sollte uns die Transformation nicht gelingen?

Zum Beispiel Dr. Martin Brudermüller. Der BASF-Chef eignet sich natürlich ganz wunderbar als Feindbild aller Klimabewegten. Immerhin ist sein Unternehmen allein für ein Prozent der deutschen Kohlendioxidemissionen verantwortlich. Doch wer in Brudermüller einen Gegner des Wandels sieht, hat sich geschnitten. Mit großer Konsequenz treibt der Manager die Energiewende im eigenen Haus voran, baut Windparks in der Nordsee und nimmt leidenschaftlich an Diskussionen im Wirtschaftsbeirat der Grünen teil. Angesprochen auf die massiven Veränderungen, die anstehen, bleibt Brudermüller gelassen: „Wenn ich mir anschaue, wie oft sich der Standort Ludwigshafen schon umgestellt hat: Das ist uns immer gelungen. Wir kommen von der Kohle, dann sind wir auf Öl umgestiegen, dann auf Gas, jetzt gehen wir auf die Erneuerbaren. Warum sollte uns das dieses Mal nicht gelingen?"

Zum Beispiel Jennifer Morgan, ehemalige Greenpeace-Chefin und heute Staatssekretärin und Sonderbeauftragte für internationale Klimapolitik im Auswärtigen Amt. Seit es Klimakonferenzen gibt, ist Jennifer Morgan dabei. 1995, als alles begann. 2009, als so ziemlich alles schiefging. 2015, als in Paris das 1,5-Grad-Ziel vereinbart wurde. Und natürlich auch 2022 in Scharm-el-Scheich. Es ist Morgan hoch anzurechnen, dass sie in all den Jahren zäher internationaler Verhandlungen nicht ihre Überzeugungen und ihre Zuversicht verloren hat. Ihr Leben in Deutschland hat die gebürtige US-Amerikanerin sehr bewusst gewählt, erklärte sie bei einer unserer Veranstaltungen: „Wenn ich mir anschaue,

KLIMA & UMWELT

was Deutschland alles tut, um die Energiewende voranzutreiben … Da bin ich gerne deutsche Bürgerin."

Der Fokus liegt auf Lösungen

Aufgrund ihres Rollenwechsels ist Jennifer Morgan ein lebendiges Zeichen dafür, dass es in der Klimadebatte nicht nur ein „Wir gegen die" geben muss. Aktivisten gegen die Wirtschaft, Politikerinnen gegen die Bevölkerung? Nein, so wird das nichts. Wenn wir beim Schutz von Klima und Artenvielfalt wirklich etwas erreichen wollen, dann müssen wir alle zusammenarbeiten.

Und damit kommen wir zu der letzten Person, die ich hier namentlich erwähnen möchte. Ich weiß, unzählige andere hätten es ebenso verdient. Aber wenn ich über die Teilnehmerinnen und Teilnehmer unserer Veranstaltungsreihe spreche, darf ich einen Mann nicht vergessen: Uwe Jean Heuser, Leiter des *Zeit*-Ressorts „Green", ist derjenige, der all die spannenden Gespräche mit unseren Gästen führt.

Heuser ist mindestens so optimistisch wie Stefan Wintels – ein Bruder im Geiste, könnte man sagen. In dem von ihm eingeführten Ressort schreiben er und sein Team jede Woche über Klimaschutz und Artenvielfalt, über nachhaltiges Leben und Wirtschaften. Von Berichten über grüne Technologien bis zu „66 Nachhaltigkeitstipps für Faule": Der Fokus liegt immer auf Lösungen. Und darauf, die Leserinnen und Leser zum Mitmachen zu bewegen.

So war es auch Uwe Jean Heuser, der eine unserer bisher größten Leseraktionen vorangetrieben hat: Im Frühjahr 2023 starteten wir die Nachhaltigkeitsinitiative „Ein Quadratmeter für eine grünere Welt". Der *Zeit*-Ausgabe vom 4. Mai lag je eine Samenmischung bei. Insgesamt wurden auf diese Weise rund eine halbe Million Saattüten an die Leserinnen und Leser

KLIMA & UMWELT

verteilt. Auch online kann man die Tütchen mit Wild- und Feldblumen aus heimischem Saatgut bestellen.

Ein Quadratmeter Grün: Keine kleine Sache

Von den Leserinnen und Lesern ausgesät, entstehen so zahlreiche kleine Biotope, die Insekten und anderen Kleintieren Nahrung und Unterschlupf boten. Doch nicht nur das. Die Bilder, die unsere Community per Smartphone hochlädt, werden mithilfe einer KI durch die Senckenberg Gesellschaft für Naturforschung ausgewertet: Die Wissenschaftlerinnen und Wissenschaftler bestimmen die verschiedenen Insektenarten und teilen die Ergebnisse mit den Lesern. Landschaftsökologinnen und Gärtner geben Ratschläge zum naturnahen Gärtnern.

Ein Quadratmeter Grün. Eine kleine Sache? Kann man so sehen. Aber auch kleine Sachen können ganz schön groß werden. Mein Kollege Uwe Jean Heuser formulierte es so: „Nachhaltig zu gärtnern verändert nicht nur die Natur, sondern auch die Menschen. Was man dabei gewinnen kann? Zuallererst Freude."

Auf mich trifft das in jedem Fall zu. Das Engagement dieser großen grünen Community und der Anblick all der Fotos von Blütenmeeren und Insektenschwärmen lösen bei mir große Freude aus. Ich bin froh, dass es so viele Menschen gibt, denen der Zustand unseres Planeten nicht egal ist. Die sich aktiv dafür einsetzen, dass das Leben auf der Erde auch für unsere Kinder und Enkelkinder noch lebenswert sein wird.

Und ich bin froh, dass die KfW so viele dieser wunderbaren Menschen zusammenbringt: durch ihre Finanzierungsprogramme, im Rahmen der Veranstaltungsreihe „ZEIT für Klima" und – nicht zu vergessen – in diesem schönen Buch.

KLIMA & UMWELT

Grüne Transformation der Wirtschaft

Mit mutigen Entscheidungen in eine klimaneutrale Zukunft

von Martin Brudermüller

Dr. Martin Brudermüller begann nach dem Studium der Chemie, Promotion und einem Postdoc-Aufenthalt an der University of California, Berkeley, USA, 1988 seine berufliche Laufbahn bei BASF. Nach einigen Jahren in der Forschung folgten verschiedene Funktionen und Stationen im In- und Ausland. Seit 2006 ist Brudermüller Mitglied des Vorstands, dessen Vorsitz er 2018 übernahm. Daneben bekleidet Brudermüller zahlreiche Ehrenämter, unter anderem ist er Präsident des Europäischen Chemieverbands Cefic und Mitglied im Präsidium des Bundesverbands der Deutschen Industrie.

Jeder kennt die Krux mit Entscheidungen. Manche fallen leicht. Manche fallen schwer – insbesondere dann, wenn die Folgen weitreichend und schwer abzuschätzen sind. Dazu gehört auch, dass sich in der Regel erst mit einigem zeitlichen Abstand zeigt, ob eine Entscheidung gut war. Mit Blick auf die unmittelbaren Nachkriegsjahre können wir festhalten: Viele wirtschaftspolitische Entscheidungen, die Ende der 1940er Jahre getroffen wurden, waren richtig. Sie haben Deutschland ein Wirtschaftswunder sowie Wohlstand beschert und Europa nicht nur befriedet, sondern geeint.

Rund 75 Jahre später stehen wir erneut an einer Wegmarke. Es gilt, diese Erfolgsgeschichte in die Zukunft fortzuschreiben. Die Wettbewerbsfähigkeit der deutschen und europäischen Wirtschaft – und damit die Basis unseres Wohlstands – langfristig zu sichern.

Das Umfeld dafür ist herausfordernd: Der russische Angriffskrieg gegen die Ukraine hinterlässt unermessliches menschliches Leid und politisch tiefe Spuren, und hat gravierende Auswirkungen auf die Energie- und Rohstoffversorgung Europas. Der Aufstieg Chinas verschiebt die Machtverhältnisse und führt zu geopolitischen Spannungen. Der Klimawandel schreitet rasant voran. Mit dem Green Deal hat die Europäische Union einen ambitionierten Transformationspfad in Richtung Klimaneutralität eingeschlagen. Er wird der Wirtschaft, aber auch der Gesellschaft, viel abverlangen.

Wir sehen uns mit vielen Unbekannten, Unklarheiten und Unsicherheiten konfrontiert. Gerade in solchen Situationen, wenn Veränderung besonders schwerfällt, aber dringend geboten ist, sind mutige Entscheidungen und schnelles Handeln gefragt. Was also ist zu tun, damit Deutschland und Europa wettbewerbsfähig bleiben und gleichzeitig die Transformation in Richtung Klimaneutralität und Kreislaufwirtschaft gelingt?

Eine starke Industrie bleibt das Fundament unseres Wohlstands

Die Beantwortung dieser Frage beginnt für mich mit einer Feststellung: Ohne eine starke Industrie im Allgemeinen und ohne eine starke Chemieindustrie im Speziellen wird uns diese Mammutaufgabe nicht gelingen. Mit zuletzt über 1,2 Millionen Beschäftigten, knapp 600 Milliarden Euro Umsatz und fast 10 Milliarden Euro Investitionen in Forschung und Entwicklung zählt die Chemie zu den wichtigsten Industriezweigen Europas. Als „Industrie der Industrien" versorgt sie fast alle Branchen. Ohne Lösungen aus der Chemie wird die grüne Transformation nicht gelingen. Harze machen zum Beispiel Windräder wetterfest. Elektronikchemikalien erhöhen die Leistungsfähigkeit von Solarzellen. Dämmstoffe sorgen für energieeffiziente Gebäude. Mit Additiven lassen sich Kunststoffe länger nutzen und Kunststoffabfälle in einer Kreislaufwirtschaft besser wiederverwerten. Batteriematerialien sowie Recyclingtechnologien für ausgediente Batterien machen die Elektromobilität erst möglich sowie leistungsfähiger und nachhaltiger. Aus diesem Grund ist eine starke und wettbewerbsfähige Chemieindustrie unerlässlich.

Zur Wahrheit gehört aber auch: Die Chemieindustrie ist energieintensiv und verursacht derzeit noch hohe CO_2-Emissionen. Deshalb hat sich BASF als Branchenführer ambitionierte Ziele gesetzt: Bis 2030 wollen wir die CO_2-Emissionen um 25 Prozent im Vergleich zu 2018 senken. Bis 2050 streben wir Netto-Null-CO_2-Emissionen an.[1]

Neue Technologien für eine klimafreundlichere Produktion

Auf unserem Weg zur Klimaneutralität treffen wir an vielen Stellen beherzt Entscheidungen, etwa für die Art und Weise, wie wir künftig produzieren. Nehmen wir beispielsweise die sogenannten Basischemikalien. Sie sind unverzichtbare Grundlage vieler chemischer Wertschopfungsketten. Ihre Produktion mit konventionellen Verfahren verursacht allerdings hohe CO_2-Emissionen. Deshalb arbeiten wir mit Hochdruck daran, klimafreundliche Technologien wie die Wasserelektrolyse oder die Methanpyrolyse zur Herstellung von Wasserstoff in den industriellen Maßstab zu bringen. Entschlossen voran gehen wir auch bei der Entwicklung von grundlegend neuen CO_2-armen und CO_2-freien Produktionsverfahren. Ein Beispiel sind unsere Steamcracker. In diesen

KLIMA & UMWELT

Anlagen spalten wir Rohbenzin bei hohen Temperaturen auf und schaffen damit die Bausteine für Tausende unserer Produkte. Künftig wollen wir die Steamcracker-Öfen nicht mehr mit Erdgas, sondern mit Strom beheizen und so mindestens 90 Prozent der Emissionen vermeiden. Da es bislang keinerlei Erfahrungswerte für diesen innovativen Ansatz gibt, bauen wir am Standort Ludwigshafen gemeinsam mit unseren Partnern SABIC und Linde die weltweit erste Demonstrationsanlage. Wir freuen uns, dass das Bundesministerium für Wirtschaft und Klimaschutz dieses wegweisende Vorhaben mit 14,8 Millionen Euro fördert. Die Inbetriebnahme ist noch für 2023 geplant.

Neue Wege gehen wir zudem bei der Versorgung mit Dampf, den wir für viele chemische Prozesse benötigen und vor allem in gasbetriebenen Kraftwerken herstellen. Im Gebäudesektor eingesetzte Technologien wie Wärmepumpen eröffnen auch in der Industrie ein enormes Potenzial zur CO_2-Vermeidung. Dieses Potenzial wollen wir heben, beispielsweise indem wir die Wärmeenergie unserer Produktions- und Infrastrukturanlagen rückgewinnen und zur CO_2-optimierten Dampferzeugung nutzen. Entsprechende Machbarkeitsstudien haben wir auf den Weg gebracht.

Eine CO_2-reduzierte Produktion ist wiederum die Basis dafür, dass wir Produkte mit einem verringerten CO_2-Fußabdruck oder sogar mit einem CO_2-Fußabdruck von netto-null anbieten können. Denn immer häufiger möchten unsere Kunden wissen, wie viel CO_2 in unseren Produkten steckt und wie wir sie auf ihrem Weg zur Klimaneutralität unterstützen können.

Um die Transparenz über unsere produktspezifischen Emissionen zu erhöhen, haben wir bereits im Jahr 2020 eine digitale Lösung entwickelt. Seither können wir die CO_2-Fußabdrücke von allen rund 45.000 BASF-Verkaufsprodukten per Mausklick ermitteln. Auf Basis dieser Informationen optimieren wir unsere Abläufe, setzen verstärkt CO_2-reduzierte, erneuerbare Rohstoffe ein – und bauen so unser Portfolio von

KLIMA & UMWELT

Produkten mit einem niedrigeren CO_2-Fußabdruck kontinuierlich aus.

Der Wandel braucht die richtigen Rahmenbedingungen

Wie schnell BASF auf dem Weg zur Klimaneutralität vorankommt, hängt allerdings nicht nur von unseren Entscheidungen als Unternehmen ab, sondern von zahlreichen weiteren Faktoren – etwa der Frage, ob wir alle als Konsumenten bei unseren Kaufentscheidungen bereit sind, einen höheren Preis für klimaneutrale Produkte zu zahlen. Denn es ist eine Illusion zu glauben, dass die Dekarbonisierung unserer Gesellschaft ohne zusätzliche Kosten gelingen wird.

Ausschlaggebend sind aber vor allem die Rahmenbedingungen. Und hier ist die Politik gefragt, mit klugen Entscheidungen dafür zu sorgen, dass Klimaschutz und Wettbewerbsfähigkeit sich nicht gegenseitig ausschließen, sondern Hand in Hand gehen – und die grüne Transformation so zu einer Wachstumsgeschichte wird. Folgende Punkte haben dabei aus meiner Sicht höchste Priorität:

- *Mehr Geschwindigkeit beim Ausbau der erneuerbaren Energien:* Fast alle klimafreundlichen Produktionsverfahren eint die Tatsache, dass die benötigte Energie nicht mehr aus fossilen Rohstoffen, sondern aus erneuerbaren Quellen kommt. Es braucht künftig also enorme Mengen an grüner Energie. Laut der Klimaschutzplattform Chemistry4Climate könnte sich der Strombedarf in der deutschen Chemieindustrie durch die Veränderung hin zur Klimaneutralität bis 2050 nahezu verzwölffachen – auf dann rund 628 Terawattstunden. Allein die Chemie bräuchte dann fast dreimal so viel Grünstrom, wie im Jahr 2022 insgesamt in Deutschland generiert wurde. Bei allen

KLIMA & UMWELT

energiepolitischen Entscheidungen muss der Ausbau der erneuerbaren Energien daher mit höchstem Tempo vorangetrieben werden – angefangen bei den Mengen über Stromnetze und Speichertechnologien bis hin zum Aufbau neuer Versorgungsinfrastrukturen beispielsweise für Wasserstoff. Wir können uns den Luxus nicht mehr leisten, notwendige Projekte und gute Ansätze für wettbewerbsfähige Energiepreise zu zerreden. Ebenso wenig können wir es uns leisten, dass Planungs- und Genehmigungsprozesse eine Dekade dauern.

- *Mehr Offenheit und Investitionsanreize für grüne Technologien:* Viele der technologischen Lösungen für eine klimaneutrale Zukunft kennen wir heute noch nicht. Daher müssen wir offen für Neues bleiben. Ideologische Denkverbote bringen uns nicht voran. Denn die Aufgabe ist gewaltig: Die Entwicklung und der Umstieg auf klimaneutrale Technologien könnte für die Chemieindustrie allein in Deutschland mit Mehrinvestitionen von rund 45 Milliarden Euro zu Buche schlagen. Wir reden über große Investitionen, für die es heute meist noch kein tragfähiges Geschäftsmodell gibt. Wir bei BASF gehen sie trotzdem entschieden an, weil die Entwicklung neuer Technologien Teil unserer unternehmerischen Verantwortung und des globalen Innovationswettlaufs ist. Gleichwohl braucht es eine unbürokratische Förderung, die Wirtschaftswachstum mit innovativen Denkansätzen und Projekten verbindet. Um es klar zu sagen: Es geht nicht um Dauersubvention mit der Gießkanne. Das wäre teuer, ineffektiv und nicht im Sinne des Wettbewerbs und der sozialen Gerechtigkeit. Vielmehr geht es um Anschubfinanzierung und steuerliche Investitionsanreize. Der Mut, Pionierarbeit zu leisten, muss sich lohnen. Mit dem Inflation Reduction Act zeigen etwa die USA eindrucksvoll, wie die grüne Transformation zum Geschäftsmodell werden kann.

KLIMA & UMWELT

- *Mehr Leidenschaft für Innovation:* Ohne Innovation keine Wettbewerbsfähigkeit und kein Wohlstand. Es muss unser Ehrgeiz sein, bei Innovation ganz vorne mitzuspielen. In Deutschland und Europa sind wir exzellent darin, Dinge zu erforschen und zu erfinden. Wenn es allerdings darum geht, den kommerziellen Nutzen zu erschließen, sind uns andere Regionen oft voraus. Dies liegt zum Teil daran, dass die Forschungsförderung kompliziert, langwierig und nicht auf Geschäftsmodelle ausgerichtet ist. Aber es hat auch etwas mit unserer Einstellung in Europa zu tun: Mit Hingabe diskutieren wir endlos mögliche Gefahren und verbannen neue Technologien und Produkte pauschal – statt uns für eine vernünftige Risikoabwägung zu entscheiden und damit die Chancen zu nutzen.

- *Mehr Augenmaß bei der Regulierung:* Europa verfügt schon heute über eine der umfassendsten und effektivsten Chemikalienregulierungen weltweit. Mit dem Green Deal wird diese noch umfangreicher: Rund 14.000 Seiten sind für die Chemieindustrie bereits zusammengekommen. Die Folge dieser Entscheidungen: mehr Bürokratie auf allen Seiten. Was wir jedoch brauchen, ist mehr Pragmatismus.

Grüne Transformation in Europa kann eine Erfolgsgeschichte werden

Angesichts der grünen Transformation steht die Industrie vor einem gewaltigen Veränderungsprozess. Mit den richtigen Entscheidungen kann der Green Deal zu einer Erfolgsgeschichte werden, der Europa zu einem Vorreiter für klimafreundliche Technologien macht und dadurch die globale

KLIMA & UMWELT

Wettbewerbsfähigkeit und Resilienz der europäischen Wirtschaft stärkt. Die Rolle der Unternehmen ist dabei klar: Sie haben das Know-how und können die notwendigen Technologien und Produkte entwickeln. Denn die Firmen haben längst verstanden, dass der Wandel hin zur Klimaneutralität entscheidend für ihre Zukunft ist. Ob sie dies allerdings in Deutschland und Europa tun, hängt von den Rahmenbedingungen ab.

Eine der wichtigsten Weichenstellungen Ende der 1940er Jahre war die Einführung der sozialen Marktwirtschaft in Deutschland. Sie fußt unter anderem auf dem Vertrauen in die Kraft des Wettbewerbs, den Glauben an Fortschritt und Innovation, behutsamen Eingriffen in den Markt und wohlüberlegten Anreizen des Staates. Wenn wir uns darauf rückbesinnen, kann die grüne Transformation gelingen – im verantwortungsvollen Zusammenspiel aller gesellschaftlichen Akteure.

Anmerkung

[1] Das Ziel umfasst Scope-1- und Scope-2-Emissionen. Andere Treibhausgase werden gemäß Greenhouse Gas Protocol in CO_2-Äquivalente umgerechnet.

KLIMA & UMWELT

Unser Wohlstand 2030

Klimatransformation als Chance

von Jens Burchardt und Alexander Noßmann

Jens Burchardt ist globaler Experte für Klimaschutz bei der Strategieberatung Boston Consulting Group (BCG). Er berät Kunden im privaten und öffentlichen Sektor zu allen Themen rund um CO_2 und neuen Technologien wie Wasserstoff, Power-to-X oder CO_2-Abscheidung, -Nutzung und -Speicherung (CCUS). Jens Burchardt ist Autor mehrerer wegweisender BCG-Publikationen zu Klimaschutz und regelmäßiger Sprecher zur Klimawende, unter anderem bei TED. Er berät aktuell das Weltwirtschaftsforum (WEF) sowie die Conference of the Parties (COP) und war Gutachter in mehreren Regierungskommissionen zu Dekarbonisierung.

Dr. Alexander Noßmann ist globaler Experte für Förder- und Entwicklungsbanking bei der Strategieberatung Boston Consulting Group (BCG). Er berät private und öffentliche Kunden in der Finanzindustrie rund um die Klimafinanzierung und allgemein transformatorische Herausforderungen hierzu gehören v. a. Digitalisierung, Produkt- und Prozessoptimierungen, Reorganisationen sowie Banksteuerung. Dr. Alexander Noßmann verantwortet weiterhin ein weltweites BCG-Netzwerk von Experten, die mit den führenden uni- und multilateralen Institutionen im Bereich Entwicklung- und Förderbanking an den akuten Herausforderungen der Klimatransformation arbeiten.

KLIMA & UMWELT

Deutschland steht in dieser Dekade vor einer historischen Transformation, die nicht weniger als die Neuerfindung seines Wirtschaftsmodells erfordert. Das Land muss jetzt entscheidende Weichen für die Erreichung seiner Ziele aus dem Pariser Klimaabkommen stellen – und kann damit auch die Grundlagen für weitere Jahrzehnte von Wachstum und Wohlstand legen. Die Klimawende der deutschen Wirtschaft ist jedoch nicht zum Nulltarif zu haben. Förderbanken können für ihren Erfolg eine entscheidende Rolle spielen.

Deutschland steht in dieser Dekade vor einer historischen Transformation

Um die Emissionsziele des Klimaschutzgesetzes zu erreichen, muss Deutschland bis 2030 die nationalen Treibhausgasemissionen nahezu halbieren. Das erfordert in allen Sektoren enorme Anstrengungen und Investitionen.

Unternehmen stehen gleich vor mehreren Herausforderungen: Sie müssen eigene Emissionen senken, fossile Geschäftsmodelle in eine nichtfossile Welt überführen, dafür neue Technologien – oftmals auch neue Geschäftsmodelle – entwickeln und in Rekordgeschwindigkeit neue Wertschöpfungsketten aufbauen. Um die Klimaziele zu erreichen, stehen in allen Sektoren nichtlineare Veränderungen bevor:
- Im Industriesektor würden bereits heute alle weiteren Investitionen in fossile Anlagen nicht mehr das Ende ihrer ökonomischen Lebensdauer erreichen. Und obwohl nichtfossile Anlagen in vielen Fällen noch nicht wettbewerbsfähig arbeiten, müssen Deutschlands Industrieunternehmen bereits jetzt beginnen, ihre Prozesswärmeversorgung zu elektrifizieren und eine nationale Wasserstoffwirtschaft zu skalieren. Emissionsintensive Industrien wie Stahl, Chemie und Zement müssen ein Vielfaches ihrer historischen

Investitionen für den Umbau ihrer Anlagenbasis aufbringen – und dann Wege finden, bei teils erheblich höheren Kosten wirtschaftlich zu produzieren.

- Automobilhersteller müssen in Deutschland bereits bis 2030 weitestgehend aus dem Verkauf neuer Verbrenner aussteigen. Das erfordert einen tiefgreifenden Umbau von Deutschlands wichtigster Industrie – innerhalb von nur sieben Jahren.

- Klimaschutzziele im Gebäudesektor sind nur durch einen umfassenden sofortigen Stopp des Einbaus neuer Öl- und Gasheizungen erreichbar – ein Umstand, der erhebliche gesellschaftliche Debatten auslöst. Um den dafür erforderlichen Hochlauf von Wärmepumpen zu ermöglichen, müssen Hersteller ihre Produktionskapazitäten und Lieferketten innerhalb von zwei bis drei Jahren vollständig umstellen. Gleichzeitig müssen Handwerksbetriebe für deren Einbau in Rekordzeit neue Fachkräfte ausbilden.

- Da alle Sektoren stärker elektrifizieren, wird die Nachfrage nach (grünem) Strom erheblich steigen. Gleichzeitig muss der Energiesektor seine absoluten Emissionen bis 2030 gegenüber 2019 um 60 Prozent senken. Damit das gelingen kann, müssen in Deutschland bis dahin mehr erneuerbare Energien, mehr Netzkilometer und mehr neue (Gas-/H_2-)Kraftwerke gebaut werden als in irgendeiner anderen Dekade der deutschen Geschichte.

KLIMA & UMWELT

Die deutsche Wirtschaft muss sich neu erfinden

Das alles fällt in eine Zeit, in der das traditionelle deutsche Wirtschaftsmodell auch von anderen Seiten unter Druck gerät. Günstige Energie, gut ausgebildete Fachkräfte, globaler Freihandel – mehrere tragende Säulen vergangenen Wachstums wackeln aktuell bedenklich. Niedrige Energiekosten, die Deutschland über Jahrzehnte industriellen Wohlstand ermöglicht haben, gehören mit der russischen Invasion der Ukraine wahrscheinlich dauerhaft der Vergangenheit an. Energieintensive Industrien haben für die fossile Produktion von Gütern wie Ammoniak, Methanol, Aluminium und anderen im Vergleich zu Regionen wie den USA und China keine fairen Wettbewerbsbedingungen mehr.

Auch die vergleichsweise hohe Verfügbarkeit günstiger, gut ausgebildeter Fachkräfte ist womöglich Geschichte. In den kommenden Jahren werden aufgrund des demografischen Wandels erheblich mehr Arbeitnehmer den Arbeitsmarkt verlassen, als neu ausgebildete nachrücken. Sie werden eine erhebliche Fachkräftelücke reißen – die laut einer Studie des Instituts der deutschen Wirtschaft bis 2030 rund fünf Millionen Personen umfassen könnte. Es wird für Unternehmen schwerer werden, qualifizierte Mitarbeiter zu finden. Und der Faktor Arbeit wird absehbar immer teurer.

Gleichzeitig gerät das deutsche Exportmodell ins Wanken. Deutschlands Wirtschaftswachstum der vergangenen zwei Jahrzehnte basierte maßgeblich auf den Vorteilen eines freien globalen Handels, der deutschen Unternehmen Zugang zu günstigen Rohstoffimporten und attraktiven Absatzmärkten sicherte. Doch dieser freie Handel gerät angesichts zunehmender geopolitischer Spannungen und protektionistischer Tendenzen plötzlich in Gefahr.

Trotz oder gerade wegen all dieser Risiken muss die Bundesrepublik ihr Wirtschaftsmodell neu erfinden. Derzeit basiert noch ein wesentlicher Teil der deutschen Industriewertschöpfung auf der Produktion emissionsintensiver Grundstoffe und inhärent fossiler Technologien in Verkehr, Wärme oder Energie. Nichts davon kann das Fundament von Deutschlands zukünftigem Wohlstand bleiben – erst recht nicht angesichts der sich derzeit entfaltenden strukturellen Krisen.

Die „Flucht nach vorn" ist eine historische Chance

Die Transformation zu einer klimaneutralen Volkswirtschaft bietet Deutschland die einmalige Chance, seine Industrie neu zu erfinden und damit die Grundlage für zukünftiges Wachstum und zukünftigen Wohlstand zu schaffen.

Zum einen erfordert die Klimawende ein historisches heimisches Investitionsprogramm. Deutschland muss jährlich fast 100 Milliarden Euro zusätzliches Kapital mobilisieren, um seine Energieinfrastruktur aus- und umzubauen, den Gebäudebestand zu sanieren, grüne Technologien zu skalieren und die Verkehrswende zu organisieren. Viele dieser Investitionen können sich volkswirtschaftlich auszahlen, weil sie die Wirtschaft unabhängiger von Energieimporten machen und gleichzeitig die Nachfrage nach heimischen Kapitalgütern steigern. Ein Beispiel: Der Einbau einer Wärmepumpe reduziert den (BIP-abträglichen) Import von Erdgas. Dafür erhöht er die (BIP-zuträglichen) Investitionen in Bau und Einbau der Wärmepumpe selbst wie auch in die zusätzliche erneuerbare Stromerzeugung für ihren Betrieb.

Zum anderen eröffnen sich deutschen Unternehmen neue Exportchancen. Im Zuge der Klimawende entstehen globale Billionenmärkte in neuen Technologien wie erneuerbare Energien, E-Mobilität, Wärmepumpen, elektrische Industriewärme und Wasserstoff. Deutschland hat die ambitioniertesten Klimaziele aller großen Industrienationen. Das bietet deutschen Unternehmen eine historische Chance, sich auf einem weltweiten Leitmarkt grüner Technologien als Vorreiter zu positionieren.

Auch für deutsche Grundstoffindustrien liegt in der Krise eine Chance – die allerdings ungleich schwerer zu realisieren ist. Unternehmen in Branchen wie dem Chemiesektor sind mit hiesigen fossilen Energiepreisen gegenüber Wettbewerbern aus den USA und China nicht länger wettbewerbsfähig. Auch ihnen bietet die Transformation allerdings die Chance, ein neues „Level Playing Field" zu finden und sich frühzeitig in grünen Märkten für klimaneutrale Grundstoffe zu positionieren.

Den Mutigen gehört die Zukunft

Deutschland stellt aktuell Weltmarktführer in vielen traditionellen Branchen, aber kaum in erneuerbaren Energien, E-Autos, CO_2-freiem Wasserstoff, grünem Stahl und vielen anderen Klimatechnologien. Das muss sich ändern. Die Klimatransformation wird sich in den nächsten Jahren massiv beschleunigen. Viele Unternehmen unterschätzen die Dynamik dieser Entwicklung drastisch. Dabei werden wahrscheinlich vor allem solche erfolgreich sein, die sich an die Spitze dieser Beschleunigung stellen.

Die vergangenen Jahre liefern dafür bereits reichlich Erfolgsgeschichten, allerdings vor allem in anderen Ländern: Das dänische Energieunternehmen Orsted (früher Danish Oil and Natural Gas) leistete Pionierarbeit beim Ausbau erneuerbarer Energien – und ist heute höher bewertet als die größten deutschen Energieversorger zusammen. Tesla öffnete der Welt die Tür zur Elektromobilität – und bleibt darin führend.

Maersk entwickelte die grüne Logistik – und fand sofort zahlungsbereite Kunden. Der schwedische Stahlproduzent SSAB entwickelte als erstes Unternehmen nichtfossilen Stahl – und hat jetzt mehr Nachfrage, als er bedienen kann.

Für die meisten Unternehmen zahlt sich mehr Klimaschutz finanziell aus. Vorreiter genießen höheres Ansehen bei Verbrauchern und am Arbeitsmarkt, erreichen stärkeres Wachstum und erzielen am Kapitalmarkt zunehmend auch strukturell bessere Bewertungen. Das gilt für Unternehmen, die sich in neuen Technologien positionieren. Aber es gilt auch in Sektoren wie Chemie und Stahl, deren Dekarbonisierung sehr teuer ist. CO_2-Emissionen sind zu einem Geschäftsrisiko geworden – und werden vom Kapitalmarkt zunehmend als solches bewertet. Es wird also Zeit, umzusteuern. Den Mutigen gehört die Zukunft.

Förderbanken können zentrale Akteure der Klimatransformation werden

Die Klimatransformation braucht viel Mut, aber mindestens ebenso viel Kapital. Laut den „Klimapfaden 2.0", einer gemeinsamen Studie von BCG und dem BDI, muss Deutschland zur Erreichung seiner Klimaziele allein bis 2030 Mehrinvestitionen in Höhe von fast 900 Milliarden Euro mobilisieren – eine Investitionssumme, die preisbereinigt in der deutschen Nachkriegsgeschichte nur durch den Marshallplan und den Aufbau Ost übertroffen wurde.

Ausreichende Mittel wären in dieser Größenordnung am Kapitalmarkt vorhanden. Kommerzielle Banken und private Investoren engagieren sich zunehmend und lenken ihre Kapitalflüsse schon in Richtung klimaneutraler Technologien. Dennoch bleibt das Verhältnis von Risiko und Rendite in vielen Anwendungen eine Herausforderung. Neue und für die

KLIMA & UMWELT

Klimatransformation dringend benötigte Technologien wie die Produktion von grünem Wasserstoff oder Carbon Capture and Storage (CCS) stehen oftmals noch am Anfang ihrer Entwicklung. Ihre Zukunft und ein skalierter industrieller Einsatz sind aufgrund des Technologiewettbewerbs und des teils unsicheren wirtschaftspolitischen Umfelds schwer vorherzusagen – für private Kapitalgeber ist das Risiko entsprechend hoch. Die für die Klimaneutralität der deutschen Wirtschaft benötigten Mehrinvestitionen erhöhen darüber hinaus das Risiko von Kapitalerosion und Überschuldung selbst in heute stabilen und profitablen Industrien. Das wiederum steigert das Ausfallrisiko aufseiten der Kapitalgeber.

Förderbanken wie die KfW müssen daher einen wesentlichen Beitrag dazu leisten, dass Deutschlands Transformation zu einer CO_2-armen Wirtschaft gelingen kann. Sie stellen Kapital zur Verfügung, das kommerzielle Banken und Investoren nicht im benötigten Umfang anbieten; sie übernehmen Risiken, die marktwirtschaftliche Akteure allein auf absehbare Zeit nicht vollumfänglich tragen werden.

Damit Förderbanken ihren Beitrag zur Klimatransformation leisten können, benötigen sie ein breites Portfolio an Finanzierungsinstrumenten, um die spezifischen Bedarfe der jeweiligen Industriesektoren und Unternehmen zu bedienen. Neben den klassischen Instrumenten des zinsverbilligten Kredits und der Zuschüsse gehören hierzu Mezzanine-Finanzierungen und direkte Eigenkapitalbeteiligungen in größerem Umfang. Damit können neue Technologien bis zur Marktreife unterstützt und die Kapitalposition von Unternehmen gestärkt werden. Mithilfe von Verbriefungen und Syndizierungen haben Förderbanken darüber hinaus die Möglichkeit, öffentliches Kapital noch effektiver zu nutzen und privates Kapital stärker zu mobilisieren.

Förderbanken sind als zentrale Akteure zur Kapitalmobilisierung bei der Transformation der deutschen Wirtschaft hin zur Klimaneutralität ein entscheidender Faktor für Deutschlands zukünftigen Wohlstand, indem sie eine wichtige Brücke zwischen Staat und privaten Kapitalgebern bilden. Die Geburtsstunde der KfW war der Wiederaufbau Deutschlands nach dem Zweiten Weltkrieg. 75 Jahre später sind die Herausforderungen (und die Chancen) nicht weniger historisch.

Biodiversität

KLIMA & UMWELT

Unsere Lebens-versicherung
Die biologische Vielfalt

von Steffi Lemke

Geboren und aufgewachsen ist Steffi Lemke in Dessau an der Elbe. Ab 1988 studierte sie Agrarwissenschaften in Berlin. 1989 gründete sie die GRÜNE Partei der DDR mit. Von 1994 bis 2002 war Steffi Lemke für Bündnis 90/Die Grünen im Bundestag, die letzten vier Jahre davon als parlamentarische Geschäftsführerin. Im Jahr 2002 wurde sie in das Amt der politischen Geschäftsführerin gewählt, welches sie bis 2013 ausübte. Seit den Bundestagswahlen 2013 ist Steffi Lemke erneut Mitglied des Deutschen Bundestages, bis 2021 als parlamentarische Geschäftsführerin und naturschutzpolitische Sprecherin der Grünen Bundestagsfraktion. Im Dezember 2021 wurde sie zur Bundesministerin für Umwelt, Naturschutz, nukleare Sicherheit und Verbraucherschutz ernannt.

Die Natur sichert die Grundlagen unseres Lebens auf diesem Planeten: Wir sind angewiesen auf grüne Pflanzen, die Sauerstoff zum Atmen produzieren. Auf Moore und Flussauen, die das Wasser in der Landschaft halten und unsere Versorgung mit Trinkwasser sichern. Auf fruchtbare Böden mit Würmern, Insekten und Kleinstlebewesen, auf denen wir Nahrung anbauen können. Auf Wälder und Parks, die uns bei großer Hitze Abkühlung verschaffen und in denen wir die Seele baumeln lassen können. Ohne diese und viele andere Leistungen der Natur könnten wir Menschen schlicht nicht existieren.

KLIMA & UMWELT

Und doch zerstören wir diese Grundlagen für ein gesundes Leben, für unsere Wirtschaft und unser Wohlbefinden in atemberaubendem Tempo. Unser Lebensstil, unsere Wirtschaftsweise und unser Ressourcenverbrauch haben uns in eine ökologische Dreifachkrise geführt, die immer weiter voranschreitet. Klimakrise, Artenaussterben und Umweltverschmutzung bedrohen die Natur und ihre Widerstandsfähigkeit. Und damit auch uns Menschen.

Diese drei großen ökologischen Krisen sind komplex und miteinander verwoben. Zum Beispiel gefährden die durch die Klimakrise zunehmende Hitze und Dürre nicht nur die menschliche Gesundheit und die landwirtschaftliche Produktion. Sie zerstören auch Lebensräume schneller, als Tiere und Pflanzen sich anpassen können, und beschleunigen so das Artenaussterben. Umgekehrt können geschädigte Ökosysteme viel weniger CO_2 aus der Luft speichern und setzen es stattdessen in die Atmosphäre frei, was wiederum die Erderhitzung beschleunigt. Der Abbau von Rohstoffen für die enormen Mengen an Waren, die jeden Tag produziert, gekauft und weggeworfen werden, verschärft durch hohe Treibhausgasemissionen die Klimakrise, zerstört die Natur und verschmutzt die Umwelt.

Zeit, dass sich was dreht

Es ist höchste Zeit, diese Entwicklung zu stoppen und umzukehren. Die Dringlichkeit der Klimakrise ist inzwischen in weiten Teilen von Politik, Wirtschaft und Gesellschaft angekommen. Die Staatengemeinschaft hat sich im Pariser Klimaschutzabkommen 2015 ehrgeizige Ziele gesetzt. Viele Länder, auch Deutschland, haben sich verpflichtet, bis spätestens Mitte dieses Jahrhunderts klimaneutral zu werden, und die notwendige Transformation angestoßen.

KLIMA & UMWELT

Die Naturkrise ist im Vergleich zur Klimakrise noch sehr viel weniger präsent im öffentlichen Bewusstsein und auf der politischen Tagesordnung. Dabei brauchen wir dringend eine weitere Transformation: die Trendwende von der Naturzerstörung zur nachhaltigen Nutzung und Wiederherstellung der Natur.

Das Jahrzehnt der Entscheidung – so ist dieser Band überschrieben. Ich nenne es gern die Beweisphase. Mit dem Pariser Klimaschutzabkommen und der Einigung auf der Weltnaturkonferenz in Montreal im Dezember 2022 hat sich die Weltgemeinschaft ehrgeizige Ziele gesetzt. In diesem Jahrzehnt müssen wir beweisen, dass wir diese Ziele ernst nehmen und die internationalen Vereinbarungen umsetzen; müssen wir als Politikerinnen und Politiker, müssen Land- und Forstwirtschaft, Industrie, Banken und die Gesellschaft insgesamt beweisen, dass wir in der Lage sind, die Krisen unserer Zeit nicht nur auf dem Papier, sondern durch entschlossenes Handeln zu bewältigen. Es ist Zeit, dass sich was dreht.

Was tut die Politik?

Die internationale Politik hat sich trotz der geopolitisch extrem angespannten Situation handlungs- und einigungsfähig gezeigt. Die Staatengemeinschaft hat das Problem der Naturzerstörung erkannt und bei der Weltnaturkonferenz im Dezember 2022 einen Schutzschirm für die Natur aufgespannt. In der Vereinbarung wurden klare Ziele gesetzt, um die Natur in Zukunft wirksamer zu schützen und wo nötig auch wiederherzustellen – ein echter Durchbruch für die biologische Vielfalt. Im Jahr 2023 ist es dann – entgegen der Erwartungen vieler – gelungen, ein internationales Abkommen für den Schutz der Hohen See, das heißt zwei Drittel der Weltmeere, auszuhandeln. Ein Abkommen mit dem Ziel, die Plastikflut

KLIMA & UMWELT

einzudämmen und die Vermüllung der Meere mit Plastik zu stoppen, wird derzeit ausverhandelt und soll Ende 2024 abgeschlossen werden. Das alles sind wichtige und ermutigende Vorhaben und Vereinbarungen.

Die EU erarbeitet derzeit ein Gesetz für die Wiederherstellung geschädigter Ökosysteme. Das Gesetz sorgt dafür, dass unsere Lebensgrundlagen bewahrt werden und wir Vorsorge gegen die Folgen der Klimakrise treffen. Das Gesetz schützt die Natur, damit sie uns schützen kann gegen die Klimakrise und gegen das Artenaussterben. Hitzewellen mit ausgetrockneten Äckern, Wäldern und Flüssen genauso wie Überschwemmungen und Hochwasser sind ein Beleg dafür, wie dringend wir dieses Gesetz brauchen.

Auch die deutsche Bundesregierung hat im letzten Jahr zahlreiche Vorhaben auf den Weg gebracht, die die Natur schützen, stärken und wiederherstellen. Zum Beispiel:

- Das Aktionsprogramm Natürlicher Klimaschutz (ANK) ist das Herzstück der Klima- und Naturschutzpolitik des Bundesumweltministeriums (BMUV). Es soll Folgendes leisten: Flüsse aus ihrem Korsett befreien und ihre Auen wieder anbinden, Moore wieder vernässen, naturnahe, widerstandsfähige Mischwälder aufbauen, viel mehr Grün in unsere Städte und Dörfer bringen. Diese gesunden Ökosysteme können zum Beispiel CO_2 und Wasser speichern, einer großen Vielfalt von Arten Lebensräume bieten, vor Hochwasser und Erosion schützen, Hitze mildern und die Lebensqualität für uns Menschen steigern. Das Programm wirkt an der Schnittstelle von Klimaschutz, Erhalt der biologischen Vielfalt und Klimavorsorge und ist damit ein hervorragendes Beispiel für die mehrdimensionalen Lösungen, die wir zur Krisenbewältigung brauchen.

- Zur Umsetzung der Vereinbarung von Montreal in Deutschland wird derzeit die Nationale Strategie zur biologischen Vielfalt überarbeitet – begleitet von einem breiten Konsultationsprozess. Es ist eine Riesenaufgabe, bis 2030 die Trendwende zum Schutz und zur nachhaltigen Nutzung unserer biologischen Vielfalt zu schaffen. Deswegen wird es eine umfassende Strategie geben, die neben Querschnittsthemen insbesondere auf die Vielfalt unserer Naturräume abzielt: Meere und Küsten, Wälder, Agrarlandschaften, Binnengewässer, Auen, Moore, die Stadtnatur. Und es wird konkrete Indikatoren geben, mit denen die einzelnen Ziele messbar werden.

– Zur Zukunftsvorsorge gehört auch die Nationale Wasserstrategie. Vor allem in den letzten Sommern haben wir alle zu spüren bekommen, dass Wasser von einer Selbstverständlichkeit zum knappen Gut geworden ist. Wir brauchen deshalb einen Paradigmenwechsel im Umgang mit Wasser: Wasser in der Landschaft halten und sparsam nutzen, statt es einfach in Kanälen möglichst schnell abzuleiten. Die Wasserstrategie ist ein Gemeinschaftswerk von Bund, Ländern, Kommunen und Wasserwirtschaft. Sie beschreibt, was zu tun ist, damit Menschen und Natur auch in den nächsten Jahrzehnten ausreichend mit sauberem Wasser versorgt werden können. Die Grundlage dafür ist eine intakte Natur mit einem naturnahen Wasserhaushalt.

Investitionen in die Gesundung der Natur

Es reicht aber nicht, bei der Bekämpfung der großen ökologischen Krisen allein auf die Politik zu schauen. Ihre Aufgabe ist es, die richtigen Rahmenbedingungen zu schaffen und die passenden Gesetze zu machen. Um die Klimakrise, das Artensterben und die Verschmutzungskrise zu stoppen, um Handlungsfähigkeit zu beweisen, braucht es aber mehr:

KLIMA & UMWELT

- Wir brauchen einen breiten gesellschaftlichen Rückhalt – nicht nur in Sonntagsreden, sondern auch in den privaten Investitions- und Konsumentscheidungen und natürlich auch bei Wahlen.

- Wir brauchen Verbündete – in der Wirtschaft und im Finanzsektor, in der Wissenschaft, in der Zivilgesellschaft. Der klassische Umwelt- und Naturschutz verfügt bereits über ein großes Netzwerk, muss aber verstärkt Partner in anderen Bereichen suchen, wie zum Beispiel in der Land- und Forstwirtschaft.

Ein ganz entscheidender Hebel für die Lösung der globalen ökologischen Krisen sind Investitionen in nachhaltige Projekte. Denn Investitionen, die heute getätigt werden, prägen die kommenden Jahrzehnte. Alle Investitionen müssen mit den Zielen des Pariser Klimaschutzabkommens und der Vereinbarung der Weltnaturkonferenz in Montreal in Einklang gebracht werden, das gilt für staatliche Investitionen in ganz besonderem Maße. Grundsätzlich sollte kein Geld mehr in neue fossile Projekte fließen oder in Projekte, durch die Natur unwiderruflich verloren geht.

Eine Bank für die Wiederherstellung der Natur

Deutschland verfügt mit der KfW Bankengruppe über eine der weltweit größten nationalen Förderbanken mit einem ausgewiesenen Umwelt- und Klimaprofil. Sustainable Finance bedeutet auch, dass die KfW als staatliche Förderbank mit gutem Beispiel vorangeht und das Signal sendet, dass sich der Bankensektor insgesamt nachhaltig ausrichten muss. Die KfW hat dies erkannt und entwickelt ihre Rolle als Transformationsbank konsequent weiter. Damit ist sie für die Bundesregierung und für das BMUV ein wichtiger Partner bei der notwendigen ökologischen Transformation von Wirtschaft und Gesellschaft.

Zur bereits bestehenden langjährigen Zusammenarbeit zählen unter anderem das Umweltinnovationsprogramm des BMUV, das KfW-Umweltprogramm, das Green-Bond-Portfolio und Projekte im Rahmen der Internationalen Klimaschutzinitiative des BMUV (IKI). Zur Umsetzung des Aktionsprogramms Natürlicher Klimaschutz wird das KfW-Umweltprogramm um ein Fördermodul für Unternehmen erweitert und erstmalig mit Bundesmitteln ausgestattet. Die KfW wird damit auch zu einer wichtigen Partnerin bei der Umsetzung des ANK.

Der Erhalt der Biodiversität, die Wiederherstellung der Natur und der Einsatz naturbasierter Lösungen dienen letztlich dem Erhalt der Existenzgrundlagen von Wirtschaft und Gesellschaft. Sie sind unsere Lebensversicherung. Sie sollten daher in allen Sparten der Bank den notwendigen Raum bekommen. Für Biodiversitätsvorhaben und natürliche Maßnahmen werden Finanzierungsinstrumente gebraucht, die dazu beitragen, private Investitionen anzustoßen und private Mittel zu aktivieren, denn weltweit fehlen jährlich bis zu 440 Milliarden US-Dollar für den Erhalt der biologischen Vielfalt. 75 Jahre nach ihrer Gründung als „Kreditanstalt für Wiederaufbau" wird die KfW heute auch als „Kreditanstalt für die Wiederherstellung der Natur" gebraucht.

Die KfW hat sich in den letzten 75 Jahren immer wieder neu erfunden. Sie sollte diesen Weg mutig weiterbeschreiten und eine Vorreiterrolle einnehmen. Klimaschutz, Anpassung an die Klimakrise, Stopp des Artenaussterbens, ressourcenschonendes, kreislaufbasiertes Wirtschaften und die Unabhängigkeit und Sicherung von Rohstoffen sind für unsere Gesellschaft und für den Wirtschaftsstandort Deutschland von enormer Bedeutung – und sie erfordern erhebliche Investitionen. 90 Prozent aller Investitionen in Deutschland

KLIMA & UMWELT

werden von privaten Akteuren getätigt. Die Banken spielen deshalb eine zentrale Rolle bei der Transformation, gerade bei der Finanzierung des Mittelstandes. Es wird in Zukunft entscheidend sein, die begrenzten Mittel zielgenau und mit den richtigen Anreizen zur Unterstützung von Bürgern, Unternehmen und Kommunen einzusetzen.

Die Herausforderungen sind zweifellos groß, aber die KfW hat beste Voraussetzungen, mit nachhaltigen Förderungen und Finanzierungslösungen die Transformation erfolgreich zu gestalten. Dazu gehören als elementare Bestandteile der Schutz der biologischen Vielfalt und die Wiederherstellung der Natur. Jetzt ist es an der Zeit zu zeigen, dass wir in der Lage sind, die Grundlagen unseres Lebens und Wirtschaftens auch in Zukunft zu sichern. Für die Vielfalt und die Schönheit der Natur, für uns und kommende Generationen.

KLIMA & UMWELT

Das entscheidende Zehnmilliardstel

Gedanken über unsere Biosphäre

von Christoph Heinrich

Christoph Heinrich, Jahrgang 1965, ist geschäftsführender Vorstand des WWF Deutschland. Für den WWF arbeitete er seit 2004, wo er die meiste Zeit als Vorstand Naturschutz die Naturschutzarbeit des WWF für den Erhalt der biologischen Vielfalt verantwortete. Anfang 2022 übernahm er seine jetzige Funktion. Nach den Studien der Rechtswissenschaften und Geografie in Gießen begann Christoph Heinrich 1997 seine berufliche Laufbahn beim NABU, für den er auf Bundesebene bis 2004 den Fachbereich Naturschutz und Umweltpolitik leitete. Der Diplom-Geograf ist als Mitglied zahlreicher Naturschutzorganisationen seit seiner Jugend ehrenamtlich im Naturschutz tätig.

Kann es sein, dass wir den größten Schatz auf unserem Planeten nicht als solchen erkennen? Obwohl wir ihn täglich vor Augen haben? Ich spreche von der Vielfalt aller Lebensformen, die als Tiere, Pflanzen, Pilze und Mikroben, organisiert in Ökosystemen, jenen Schatz bilden: die biologische Vielfalt. Mensch inbegriffen.

Mit der biologischen Vielfalt sind wir, weit mehr als uns bewusst ist, schicksalshaft verwoben. Sie produziert den Sauerstoff, den wir atmen. Sie bildet aus verwitterten Gesteinsmehlen fruchtbare Böden. Sie bringt rund 50.000 Nutztierarten, Nahrungs- und Medizinalpflanzen hervor, die wir für unsere Ernährung und Gesundheit nutzen. Biologische

Vielfalt speichert in großem Umfang Kohlenstoff, verdunstet Wasser und erzeugt Niederschlag, sie beschattet und kühlt, sie mindert Wind und bindet Stäube. Ihre Ökosysteme malen Landschaften, die uns Heimat und Erholungsorte sind. Sie kreiert Schönheit und gibt uns Inspiration und Seelenheil. Biologische Vielfalt ist nicht nur schön. Um bestehen zu können, muss sie ungeheuer funktional und effektiv sein. Aus geringen Mengen Sonnenenergie, Wasser, Kohlendioxid und wenigen Nährmineralien formt sie hochkomplexe Moleküle, die zu Selbstorganisation und Reproduktion fähig sind – lebende Organismen. Die Organismen stehen in einem stetigen Wettbewerb um die wenigen Ressourcen. Die an die jeweiligen Standortbedingungen am besten angepassten Organismen bilden in ihrem Zusammenwirken Ökosysteme. Und die Gesamtheit aller Ökosysteme mitsamt ihren Bewohnern bilden die Biosphäre.

In der Biosphäre sind wir Menschen zu Hause, einen anderen Ort zum Leben gibt es nicht. Die hauchdünne Schicht der Biosphäre macht lediglich ein Zehnmilliardstel der Erdmasse aus. Wäre die Erde so groß wie ein gewöhnlicher Schreibtischglobus, könnte man mit bloßen Augen keine Spur der Biosphäre entdecken. Und doch hat sich in diesem winzigen Film alles Leben in einer Milliarden Jahre währenden Evolution aufgefächert. Dieser dünne Film bietet die Grundlage für die menschliche Existenz, für unsere Kulturen und Volkswirtschaften.

Die biologische Vielfalt ist der ausschlaggebende Unterschied zwischen der Ödnis eines Mars oder Mondes im Vergleich zu unserer Erde. Sind wir intelligent genug, dies zu verstehen?

Wie viel biologische Vielfalt gibt es?

Eine genaue Taxierung des biologischen Schatzes unserer Erde gibt es bis heute nicht. Der Grund dafür liegt in der schieren Fülle der Tiere, Pflanzen, Pilze und einzelligen Organismen. Als Naturforscher vom Schlage eines Alexander von Humboldt, Charles Darwin oder Alfred Russel Wallace im frühen 19. Jahrhundert darangingen, die Artenvielfalt tropischer Ökosysteme zu beschreiben, flog ihnen diese förmlich um die Ohren, vor allem in Form zahlloser Insektenarten. Wo sie anfangs mit wenigen hundert Arten rechneten, fanden sie tausende. Ein Forscherleben, das merkten sie schnell, würde nicht reichen, sie alle zu sammeln, geschweige denn wissenschaftlich zu beschreiben. Heutige Schätzungen – und mehr als Schätzungen gibt es nicht – gehen von rund zehn Millionen Arten aus. Davon leben zwei Drittel an Land und ein Drittel in den Ozeanen. Die Zahl der einzelligen Organismen ist dabei nicht mitgeschätzt und verbleibt weithin unbekannt.

Jede dieser Arten ist Träger genetischer Information. Diese kann von wenigen tausend Genen in einzelligen Organismen bis zu mehrere hunderttausend Genen in Pflanzen reichen. Multipliziert man die Anzahl der Gene mit zehn Millionen Arten, errechnet sich ein riesiger Schatz an biogenetischer Information. Auf dieser „Festplatte des Lebens" ist Information gespeichert, deren Nutzungsmöglichkeiten und Wert wir heute ahnen können, aber noch lange nicht kennen. Möglichkeiten in der Medizin, in der Nahrungsproduktion, Materialkunde und sehr vielem mehr.

Wäre diese Information auf einem Computer gespeichert, so würden wir ganz sicher äußerst sorgsam mit ihm umgehen. Der Schatz der biologischen Vielfalt ist hingegen in der Biosphäre gespeichert, und wir behandeln ihn nicht gut.

Drei Viertel der natürlichen Land- und Süßwasserökosysteme und etwa zwei Drittel der Meeresökosysteme sind

KLIMA & UMWELT

durch menschliche Tätigkeit erheblich beeinträchtigt oder zerstört. Die globale Waldfläche, die 50 bis 90 Prozent aller terrestrischen Organismenformen beherbergt, wurde durch Abholzung um 40 Prozent reduziert. Weitere 40 Prozent wurden durch Übernutzung, Brand und durch Dezimierung der Bestände großer Tierarten (Defaunierung) so degradiert, dass die waldtypischen Lebensgemeinschaften nur noch in verarmter Form vorkommen.

Der Weltbiodiversitätsrat IPBES hat 2019 dargelegt, dass die aktuelle Aussterberate von Tier- und Pflanzenarten um mehrere zehn Mal bis mehrere hundert Mal über der aus Fossilbelegen bekannten Aussterberate der vergangenen zehn Millionen Jahre läge. Derzeit sei damit zu rechnen, dass rund eine Million Tier- und Pflanzenarten innerhalb der nächsten Jahrzehnte aussterben werden, mehr als je zuvor in der Geschichte der Menschheit.

So sehr wir uns bei der Feststellung von Artenzahlen und deren Aussterberaten auf Schätzungen und Hochrechnungen verlassen müssen, so präzise lassen sich andere Sachverhalte messen. Und diese bestätigen das düstere Bild. Der vom WWF und der Zoological Society of London herausgegebene Living Planet Report 2022 belegt anhand von 30.000 repräsentativen Stichproben von 5.200 Arten, dass die Anzahl von Säugetieren, Vögeln, Amphibien, Reptilien und Fischen seit 1970 weltweit um 69 Prozent zurückgegangen ist. Diese Zahlen beschreiben den zahlenmäßigen Verlust von Tieren in wildlebenden Populationen. Die untersuchten Tierarten existieren zumeist noch, jedoch in stark reduzierten Restbeständen.

In Deutschland hat die Insektenbiomasse seit den frühen 1990er Jahren um 75 Prozent abgenommen. Hierbei kann man jedoch davon ausgehen, dass vergleichbare, wenn nicht noch größere Rückgänge in den Populationen bereits vor 1990 stattgefunden haben. Der konkret im 20. Jahrhundert nachgewiesene Rückgang erfolgte also schon von einer geringen Ausgangsbasis aus.

KLIMA & UMWELT

Den ursprünglichen Reichtum der Natur können wir heute nur noch schlaglichtartig anhand historischer Aufzeichnungen verstehen. In Deutschland hat Theodor Fontane der schier überquellenden Natur des Oderbruchs vor dessen „Urbarmachung" ein literarisches und naturkundliches Denkmal gesetzt. Seine Schilderungen über die „alte Oder" sind vom Staunen durchzogen, dass aus überreichen Tierbeständen vormals mit der bloßen Hand geschöpft werden konnte: Hechte, Schildkröten und Krebse, die zu Tausenden mit einfachen Handnetzen aus der Oder gezogen wurden und als volle Kahnladungen nach Berlin transportiert wurden. Aus den Savannen Afrikas und Nordamerikas berichten frühe Pioniere von der Allgegenwärtigkeit von Tieren. Von Herden, die mit Millionen Tieren tagelang an ihren Beobachtern vorbeizogen. Diesen Berichten aus der Mitte des 19. Jahrhunderts ist gemein, dass sie den Verlust immenser Naturvielfalt zu einer Zeit betrauern, die wir aus unserer heutigen Rückbetrachtung noch als paradiesisch ansehen. Unsere Ansprüche an Natur werden von Jahrzehnt zu Jahrzehnt geringer, weil die Vergleichswerte aus der Erinnerung an eine reichere Vergangenheit immer geringer werden. Wir erinnern uns heute im frühen 21. Jahrhundert immerhin noch an die toten Insekten auf den Windschutzscheiben unserer Autos. Nachfolgende Generationen werden auch diese Erinnerung nur noch aus der Literatur schöpfen.

Was sind die Ursachen für den Rückgang der biologischen Vielfalt?

Die Ursachen für die Zerstörung und Verarmung der Natur sind wenig subtil. Sie bestehen zuvorderst in der direkten physischen Zerstörung von Ökosystemen etwa durch Rodung oder Trockenlegung. Und in der naturfernen intensiven

KLIMA & UMWELT

Art, wie wir Wälder roden oder als Monokulturplantagen bewirtschaften, Äcker überdüngen und mit Pestiziden behandeln oder Fischbestände bis zu ihrem Erlöschen überfischen. Das größte Drama spielte sich dabei in den vergangenen Jahrzehnten in den Tropen ab, den zugleich artenreichsten Regionen der Erde. Hier vollzog sich, was Europa schon Jahrhunderte zuvor seiner ausgedehnten Wälder und Feuchtgebiete beraubt hatte. Die Umwandlung von Naturökosystemen in landwirtschaftliche Äcker, Weiden oder Plantagen treibt den Verlust biologischer Vielfalt mehr als jeder andere Faktor. Aufstrebende Schwellenländer wie Brasilien, Malaysia oder Indonesien begründen ihre Volkswirtschaft zu einem großen Teil auf der Produktion ertragreicher Agrarprodukte wie Soja, Palmöl oder Fleisch. Abnehmermärkte finden sich überall auf der Erde, vor allem aber in den Industriestaaten mit ihrer lebensmittelverarbeitenden Industrie.

Eine wichtige Rolle beim Rückgang von Tier- und Pflanzenbeständen spielt auch die gezielte Jagd oder Übernutzung von einzelnen Tier- und Pflanzenarten. Besonders betroffen sind hiervon Arten, die wegen ihres Elfenbeins, Horns oder als Haustiere einen hohen Wert erzielen, sowie Medizinalpflanzen oder wertvolle Hölzer.

Der Klimawandel wirkt in Form von Dürren, Waldbränden, Überflutungen und Stürmen zunehmend stärker belastend und zerstörend auf Ökosysteme und gewinnt als Treiber des Artenrückgangs an Bedeutung. Perspektivisch ist seine Bedeutung gar nicht zu überschätzen. Liegt doch in der Wechselwirkung zwischen Entwaldung, Freisetzung von Kohlendioxid, zunehmender Erhitzung mit der Folge von vermehrten Bränden, die wiederum mehr Kohlendioxid ausstoßen, ein wahrer Teufelskreislauf. In den großen Tropenwaldregionen Amazoniens und Zentralafrikas hängt die Existenz der regenfeuchten Wälder an Niederschlägen, die diese Wälder selbst durch Verdunstung erzeugen. Sinkt die Fläche der verdunstenden Bäume unter eine kritische Marke, dann kollabieren die Waldökosysteme unter dem Mangel an Niederschlag. Ein katastrophales Szenario für den gesamten Planeten. Der Verlust an biologischer Vielfalt wäre sicher einzigartig in der menschlichen Geschichte und die Mengen an freigesetztem Kohlendioxid würden alle Bemühungen um eine Stabilisierung der Treibhausgasmengen in der Atmosphäre obsolet machen.

Gibt es Lösungen?

Es gibt auch gute Nachrichten. Die Lösungen zum Erhalt und zur Wiederherstellung von biologischer Vielfalt sind gut bekannt. Sie sind nicht allzu kompliziert und bedürfen keiner bahnbrechenden technologischen Innovationen. Sie sind noch nicht einmal sonderlich teuer und sie stellen ein wahrhaft gutes Investment dar.

Im Dezember 2022 haben sich 195 Staaten und die Europäische Union auf der Weltnaturkonferenz CBD COP15 in Montreal auf Ziele geeinigt, die einen wirkungsvollen Weg in die Zukunft beschreiben. Ich will hier nur drei der insgesamt 23 Ziele des Kunming-Montreal Global Biodiversity Framework herausgreifen, die das Herzstück einer jeden Schutzstrategie für biologische Vielfalt darstellen:
- Die Zerstörung von Ökosystemen stoppen durch Landnutzungsplanung: Den Verlust von Ökosystemen mit hoher Bedeutung für die biologische Vielfalt bis 2030 auf null reduzieren, durch eine partizipative und die biologische Vielfalt einbeziehende Raumplanung sowie wirksame Managementprozesse zur Bewältigung von Land- und Meeresnutzungsänderungen, unter Wahrung der Rechte indigener Völker und lokaler Gemeinschaften.

KLIMA & UMWELT

- Degradierte Ökosysteme renaturieren: Sicherstellen, dass bis 2030 mindestens 30 Prozent der Flächen mit geschädigten Land-, Binnengewässer-, Meeres- und Küstenökosystemen effektiv wiederhergestellt werden, um deren biologische Vielfalt, Ökosystemleistungen und den Verbund untereinander zu verbessern.

- 30 Prozent der Erde wirksam schützen: Sicherstellen und ermöglichen, dass bis 2030 mindestens 30 Prozent der Land- und Binnengewässer sowie der Meeres- und Küstengebiete effektiv geschützt und verwaltet werden; durch repräsentative, gut vernetzte und gut verwaltete Schutzgebiete und andere wirksame Erhaltungsmaßnahmen, unter Anerkennung indigener und traditioneller Territorien.

Weitere sehr wichtige Ziele des Global Biodiversity Framework beziehen sich auf gezielte Maßnahmen zum Schutz vom Aussterben bedrohter Arten, auf die nachhaltige Nutzung von Arten, auf die Vermeidung und Minderung von Umweltverschmutzung, Pestiziden und Plastik sowie auf die Vermeidung des Klimawandels, vor allem auch durch naturbasierte Lösungen.

Ob die Regierungen, die das Global Biodiversity Framework gezeichnet haben, in der Lage sind, dessen anspruchsvolle Ziele aufzugreifen und in Umsetzung zu bringen, wird von ihrem politischen Willen abhängen und von einer ausreichenden Finanzierung. Die bedeutendsten Vorkommen an biologischer Vielfalt liegen fast durchweg in Entwicklungs- oder Schwellenländern im Tropengürtel. Zu ihrem eigenen Wohle müssen die wohlhabenden Staaten des Nordens erkennen, dass die Länder des Globalen Südens ihre Hilfe verdienen, um den ungeheuren Schatz der tropischen Ökosysteme für alle Zeit zu erhalten.

Die Rechnung für diese Aufgabe liegt seit der Weltnaturkonferenz CBD COP15 im Dezember 2022 auf dem Tisch.

KLIMA & UMWELT

Aktuell beträgt die Finanzierungslücke für biologische Vielfalt weltweit 200 Milliarden US-Dollar pro Jahr. Diese Summe wird als zusätzliches Investment aus staatlichen und privaten Quellen benötigt. In Ergänzung dazu müssten naturschädliche Subventionen von 500 Milliarden US-Dollar pro Jahr abgebaut werden.

Die Bundesregierung hat im vergangenen Jahr angekündigt, ihren jährlichen Beitrag für internationale Vorhaben zum Schutz der biologischen Vielfalt auf 1,5 Milliarden Euro zu verdoppeln. Ein starkes Statement, das auf einer guten Tradition aufbaut. Seit der berühmten Rio-Konferenz 1992 gehört Deutschland zu den führenden Finanzierern von biologischer Vielfalt weltweit. Hierbei kam der KfW als Entwicklungsbank eine tragende Rolle zu. So blickt die KfW im 75. Jahr ihres Bestehens nicht nur auf einen gelungenen Wiederaufbau unseres Landes zurück, sondern auch auf zahlreiche Leuchtturmvorhaben zur nachhaltigen Finanzierung von Schutzgebieten, zur nachhaltigen Nutzung von Naturressourcen und zum Artenschutz, darunter der Legacy Landscape Fund, der Blue Action Fund, die Tigerschutzfazilität, die regionalen Schutzgebiets-Trustfunds für den Kaukasus, den Trinationale de la Sangha, Madagaskar und viele mehr.

Besonders herausgehoben war die deutsche Rolle der Bundesregierung und ihrer KfW im Falle der historischen Sicherung von riesigen Teilen des brasilianischen Amazonasbeckens. Das Amazon Region Protected Areas Programme ARPA, mit 60 Millionen Hektar das größte Schutzgebietsnetz der Erde, wurde in den frühen 2000er Jahren geplant und eingerichtet und konnte 2014 dank einer umfassenden Unterstützergemeinschaft (ARPA for Life) unter maßgeblicher Beteiligung der KfW aus Bundesmitteln nachhaltig finanziert werden. Die ARPA-Schutzgebiete haben auch unter der waldfeindlichen Regierung des Präsidenten Bolsonaro ihre Bewährungsprobe bestanden. Umso mehr traf es Waldgebiete außerhalb des ARPA-Netzes. Wie lange nicht mehr brannten während der vier Bolsonaro-Jahre die Rodungsfeuer und drangen illegale Goldsucher auch tief in die Territorien indigener Gemeinschaften ein, rodeten Wald und vergifteten die Flüsse mit Quecksilber.

Nun, unter neuer Regierung, nimmt Brasilien einen neuen Anlauf, die Entwaldung in Amazonien zu unterbinden. Das Netz der Schutzgebiete soll dafür noch einmal deutlich vergrößert werden, wobei dieses Mal auch ein Schutzgebietsnetz außerhalb Amazoniens in den artenreichen Savannen und Feuchtgebieten des Cerrados und Pantanals errichtet werden soll.

Wenige Vorhaben können eine größere Bedeutung für unsere Planeten haben, wenige Ziele haben mehr Unterstützung verdient. Noch ist alles Planung, noch steht die Finanzierungsallianz aus unterstützenden Staaten und privaten Geldgebern, die jetzt noch einmal gebraucht werden, nicht. Bundesregierung und KfW haben dennoch erste Signale gesetzt, dass sie wieder bereitstehen. Es wird sicher auch wieder auf sie ankommen.

Einer der weltweit großen Finanzierer von biologischer Vielfalt zu sein, gehört heute im Jahr 75 zum Profil der Bank KfW und sie kann stolz darauf sein. Sie darf ihre Leistungen für viele der wichtigsten Naturräume der Erde als gute Investments betrachten. Der Schutz der biologischen Vielfalt hat seinen Preis. Der Preis des Nichtstuns wäre unendlich viel größer.

KLIMA & UMWELT

Die Vielfalt des Lebens

Wie wir die Biodiversität retten können

von Klement Tockner

Prof. Dr. Klement Tockner ist ein international führender Gewässerökologe und Wissenschaftsmanager und seit 2021 Generaldirektor der Senckenberg Gesellschaft für Naturforschung sowie Professor für Ökosystemwissenschaften an der Goethe-Universität Frankfurt. Sein Forschungsinteresse gilt der Dynamik, Biodiversität und dem nachhaltigen Management von Gewässern. Klement Tockner hat rund 300 wissenschaftliche Arbeiten veröffentlicht, erfolgreich große inter- und transdisziplinäre Projekte wie das von der Europäischen Kommission geförderte Projekt „BioFresh" geleitet und berät Forschungseinrichtungen weltweit.
Er ist gewähltes Mitglied der Österreichischen Akademie der Wissenschaften, der Deutschen Akademie der Naturforscher Leopoldina e. V. – Nationale Akademie der Wissenschaften sowie der Mainzer Akademie der Wissenschaften und der Literatur. Für seinen Einsatz für eine unabhängige und offene Wissenschaft wurde der Österreichische Wissenschaftsfonds FWF, den er geleitet hat, mit dem Wikimedia-Preis für Freies Wissen ausgezeichnet.

Die biologische Vielfalt, kurz Biodiversität, umfasst Ökosysteme, Arten und Genvariationen. In dieser Vielfalt sind die Informationen und das Wissen von mehr als 3,5 Milliarden Jahren natürlicher Evolution gespeichert. Und es sind essenzielle Informationen: Die Biodiversität sichert unsere Lebensgrundlage, unsere Ernährung, sie fördert den natürlichen

Klimaschutz und liefert Naturstoffe, aus denen wir beispielsweise medizinische Wirkstoffe gewinnen.

Bislang sind weltweit etwa zwei Millionen Artennamen beschrieben – Tiere, Pflanzen und Pilze. Die tatsächliche Artenzahl liegt jedoch verlässlichen Schätzungen zufolge um das bis zu Zehnfache höher. Pro Jahr kommen zwischen 5.000 und 10.000 neu beschriebene Arten hinzu. Auch für Deutschland – hier sind gut 70.000 Arten erfasst – geht man davon aus, dass noch 30.000 Arten auf ihre Entdeckung warten. Insbesondere das Grundwasser, der Boden oder der Kronenbereich der Wälder halten noch viele Überraschungen bereit – und das in einem der am besten erforschten Länder auf der Erde.

Eine intakte Natur und deren Vielfalt sichern unseren Wohlstand und unser langfristiges Wohlergehen. Beinahe die Hälfte der gesamten globalen Wirtschaftsleistung hängt unmittelbar von der biologischen Vielfalt ab. Darunter fallen auch sauberes Trinkwasser, die Bestäubung von Nutzpflanzen, der globale Fischfang und der Schutz vor Pandemien. Weiter stammen über 80 Prozent der registrierten Medikamente aus der Natur oder sind durch diese inspiriert. Hinzu kommen unschätzbare ästhetische, spirituelle und kulturelle Werte.

Fallen diese Ökosystemleistungen weg, kommt es zu ideellen und ökonomischen Verlusten. Aktuellen Berechnungen zufolge schlagen die Auswirkungen des Artensterbens mit rund vier Billionen US-Dollar jährlich zu Buche. Allein die Schäden durch invasive Arten sind etwa so groß wie jene durch Erdbeben oder Sturmereignisse. Trotz der immensen Bedeutung und Bedrohung mangelt es noch immer an Problembewusstsein und einer wirkmächtigen Umsetzung durch Politik, Wirtschaft und Gesellschaft.

Wir übernutzen unseren Planeten ...

Derzeit geht es uns, zumindest im Globalen Norden, so gut wie nie zuvor in der Menschheitsgeschichte. Gleichzeitig war der Zustand der Natur nie beklagenswerter. Das hängt damit zusammen, dass wir unseren Wohlstand aus der Übernutzung der Natur beziehen. Wir dürfen unseren Planeten nicht länger ausbeuten, ihn nicht länger als vermeintlich unendliche Ressourcen bereithaltende Lagerstätte und als Müllhalde missbrauchen.

Hierzu ein Beispiel: Die Erde hat 100 Millionen Jahre gebraucht, um die fossilen Kohlenstoffreserven aufzubauen – und wir Menschen haben es „geschafft", in nur zehn Generationen den Großteil davon im wahrsten Wortsinne zu verheizen. Und es wird wiederum Millionen Jahre dauern, um diesen Rohstoff neu zu bilden. Ähnliches gilt im globalen Maßstab für das Grundwasser, die Wälder oder die Küstengebiete. Jedenfalls werden die Auswirkungen unseres jetzigen Handelns in Hunderten, in Tausenden, ja in vielen Fällen sogar in Millionen von Jahren noch nachzuweisen sein. Eine traurige Bilanz.

... und sind für den Verlust der biologischen Vielfalt verantwortlich

Wir verursachen derzeit eine massive und zunehmendo Erosion der biologischen (und auch der kulturellen) Vielfalt. Pro Tag (!) verlieren wir circa 150 Arten und die damit verbundenen Informationen – und zwar unwiederbringlich. Der Rückgang der Biodiversität schreitet derzeit hundertmal schneller voran als jemals zuvor in den letzten 65 Millionen Jahren. Jede achte Art ist gefährdet, was sich nach derzeitigem Wissensstand zu einem Aussterben von mehr als einer Million Arten in den kommenden Jahrzehnten aufsummieren kann. Wir sprechen deshalb bereits heute vom sechsten großen Massensterben. Das Neue ist aber: Im Gegensatz zu den vorhergehenden Aussterbeereignissen ist die Situation nur einer Art anzulasten – Homo sapiens. Aus erdgeschichtlichen Rekonstruktionen wissen wir, dass es nach solchen Massensterben einige Millionen Jahre braucht, bis sich die biologische Vielfalt ganz erholt. Die Erde wird dann aber eine andere sein mit einer kaum vorstellbaren Lebenswelt.

Besonders dramatisch ist der Rückgang der Biodiversität in den Gewässern. Hier ist jede dritte Art gefährdet, was in dem Konflikt zwischen der Nutzung der Ressource Wasser durch den Menschen und dem Schutz der Gewässer als wertvolle Lebensräume für Tier- und Pflanzenarten begründet liegt. Störe zum Beispiel gibt es seit mehr als 100 Millionen Jahren. Sie haben alle Warm- und Kaltzeiten und sogar das letzte große Massensterben vor 65 Millionen Jahren überlebt. Wir Menschen hingegen haben innerhalb weniger Jahrzehnte 24 der weltweit 26 Arten dieser charismatischen Megafische an den Rand des Aussterbens gebracht – für einige Arten wie den Löffelstör oder den Jangtse-Stör ist es bereits zu spät, sie sind für immer verschwunden.

Ohne zu übertreiben, ist der Rückgang der biologischen Vielfalt die größte Herausforderung, vor der die Menschheit steht. Einmal verloren ist zumeist für immer verloren, und wir können derzeit nicht abschätzen, was es für die Natur und uns Menschen bedeutet, wenn wir zehn, 20 oder gar 30 Prozent dieser Vielfalt einbüßen. Und wenn wir die Konsequenzen nicht kennen, müssen wir unter allen Umständen besonders vorsichtig sein.

KLIMA & UMWELT

Es mangelt nicht an großen Zielen, aber es fehlt der Mut zu handeln

Ohne schnelle, tiefgreifende und großflächige Maßnahmen laufen wir Gefahr, in den nächsten Jahrzehnten einen Teil unserer Erde durch den Verlust von möglicherweise einer Million Arten und einen Anstieg der globalen Durchschnittstemperatur um knapp drei Grad unbewohnbar zu machen. Der Verlust der Biodiversität und die Erderwärmung sind dabei eng verwobene Menschheitskrisen und lassen sich nur gemeinsam bewältigen. Um unsere eigene Zukunft zu sichern, benötigen wir ambitionierte Maßnahmen zum Schutz und aktiven Management der Natur. Die wissenschaftlichen Fakten liegen auf dem Tisch. Sie sind eindeutig.

Es liegt in der Verantwortung der Politik, diesen Missstand zu beseitigen und Vorsorge für die Menschen heute wie auch für künftige Generationen zu treffen. Diesem Grundauftrag kommen die Entscheidungsträger derzeit nicht nach. Das ist nicht weiter hinnehmbar. Freiwilligkeit und das Abschieben der Verantwortung auf das Handeln des Einzelnen sind keine Lösung. Es braucht weit mehr politische Anstrengungen, als derzeit an den Tag gelegt werden. Wir benötigen nicht nur ambitionierte Ziele, es erfordert Mut zum Handeln.

Im Rahmen des Kunming-Montreal Global Biodiversity Framework 2022 und der europäischen Biodiversitätsstrategie hat sich Deutschland daher verpflichtet, bis zum Jahr 2030 30 Prozent der Landes- und Meeresflächen unter effektiven Schutz zu stellen. Zudem soll ein Drittel dieser Flächen als Wildnisgebiete ausgewiesen werden, was zehn Prozent der Gesamtfläche entspricht. Derzeit sind es gerade einmal 0,6 Prozent.

Schutz bedeutet aber nicht gleich Schutz. Viele Gebiete sind zu klein, andere bestehen nur auf dem Papier und die Schutzmaßnahmen kommen nicht zum Tragen. Wie ist es beispielsweise möglich, dass die Biomasse an Fluginsekten in Schutzgebieten von drei Bundesländern über einen Zeitraum von 27 Jahren um mehr als 75 Prozent zurückgegangen ist? Weltweit sind bis zum Jahr 2021 insgesamt fast 280 Millionen Hektar Schutzgebiete abgewertet, verkleinert oder gar aufgegeben worden. Dabei sind die Stärkung und Ausweitung derzeitiger Schutzgebiete die effektivsten Maßnahmen, um den Rückgang der biologischen Vielfalt zu stoppen.[1]

Dahingehend hat auch Deutschland massiv nachzubessern. Die wesentliche Herausforderung ist es, die Qualität des Schutzes in den bereits bestehenden Gebieten zu verbessern. Insbesondere hinsichtlich des Zieles, zehn Prozent der Flächen als Wildnis auszuweisen, besteht großer Handlungsbedarf – etwa durch die Schaffung weiterer Nationalparks und Naturschutzgebiete.

Im Jahr 2022 hat die EU-Kommission sich zudem zum Ziel gesetzt, 20 Prozent der derzeit degradierten Flächen zu renaturieren – zusätzlich zu den 30 Prozent, die unter Schutz gestellt werden sollen. Die Nutzen-Kosten-Rechnung dieser Wiederherstellungsmaßnahmen beträgt 13 : 1.[2] Jeder Euro, der in Revitalisierung investiert wird, schafft somit einen direkt messbaren Nutzen von 13 Euro für uns Menschen. Um die Natur auf zehn Prozent der Fläche wiederherzustellen, sind europaweit geschätzte 150 Milliarden Euro erforderlich, sollten wir nicht handeln, werden die Kosten hingegen 1,7 Billionen Euro betragen. Wie können wir diese Maßnahmen finanzieren? Einerseits durch eine Umwidmung derzeit umweltschädigender Subventionen, andererseits durch eine konsequente Internalisierung externer Kosten. Biodiversitätsschutz lohnt sich, für die Gesellschaft wie auch für die Wirtschaft.

Als Gewässerökologe möchte ich noch ein Beispiel aus meinem Forschungsfeld anführen: die Renaturierung von Flüssen und Seen. Es ist unser lange erklärtes Ziel – manifestiert in der Europäischen Wasserrahmenrichtlinie (EU-WRL) –, bis zum Jahr 2027 (!) alle Gewässer in einen „guten ökologischen Zustand" zu überführen. Wir liegen derzeit bei neun Prozent,[3] was in etwa dem Stand vor 22 Jahren entspricht, als die EU-WRL implementiert wurde. Es geht einfach nichts voran. Dabei muss es oberste Priorität sein, wenigstens die letzten naturnahen Flüsse zu erhalten. Wenn wir in Europa nicht in der Lage sind, die wenigen noch vorhandenen Wildflusslandschaften und frei fließenden Flüsse zu retten, dann sind wir als Vorbild für andere Länder und Regionen nicht glaubwürdig. Diese wertvollen Ökosysteme dienen uns auch als Referenzsysteme. Wir können von ihnen lernen, wie ein natürlicher Fluss funktioniert, und anhand dessen Renaturierungsmaßnahmen erfolgreich planen und umsetzen. Zwei europäische Erfolgsbeispiele sind der Fluss Vjosa in Albanien – nach zehnjährigen gemeinsamen Anstrengungen kürzlich zum Nationalpark erklärt – und der Vindelälven in Schweden, der unverbaut bleibt. Erfreuliche Erfolge, die aber bei Weitem nicht genügen. Dabei sind naturnahe Flüsse integrale Bestandteile eines effektiven Hochwasserschutzes. Überschwemmungen zählen zu den häufigsten und größten aller Naturgefahren, Tendenz steigend. Weltweit beziffert sich der direkte Schaden auf 104 Milliarden US-Dollar. Zwischen 1994 und 2013 machten Hochwässer 43 Prozent der registrierten Naturkatastrophen aus und zogen fast 2,5 Milliarden Menschen in Mitleidenschaft. Diese Zahlen unterstreichen die Schwächen eines noch immer vorwiegend technischen – und dabei häufig auch umweltschädlichen – Hochwasserschutzes. Durch den globalen Klimawandel werden sich die Häufigkeit und Intensität von Starkniederschlägen verstärken. Die Folge: noch mehr Hochwasserereignisse und Überschwemmungen.

KLIMA & UMWELT

Die Lösung ist einfach: Mehr Natur wagen!

Die Natur hat für die meisten Probleme eine Lösung parat, sie besitzt die Fähigkeit zur Selbstregulation. Die Zauberformel lautet deshalb: Naturbasierte Lösungen anstreben! Richtig geplant und konsequent umgesetzt, sind die daraus abgeleiteten Maßnahmen kosteneffizient und bieten vielfältige Vorteile für Natur *und* Mensch. Dazu gehören – wie oben bereits erwähnt – die Ausweitung von Naturschutzgebieten und die Wiederherstellung von Mooren und Flussauen. Das kommt auch dem Klimaschutz zugute. Indem wir natürliche Kohlenstoffspeicher stärken, ließen sich weltweit etwa ein Drittel der Kohlenstoffemissionen einsparen – und die Pariser Klimaziele bis 2030 möglicherweise doch noch erreichen.[4] Denn ohne den Schutz primärer natürlicher Ökosysteme und die Renaturierung degradierter Lebensräume wird es uns nicht gelingen, die globale Erderwärmung unter zwei Grad zu halten. Jedoch können naturbasierte Lösungen nur dann ihre volle Wirkung entfalten, wenn wir es schaffen, zugleich die Emissionen aus fossilen Energieträgern drastisch zu reduzieren. Die Messlatte muss das 1,5-Grad-Ziel bleiben.

Die Gesellschaft hat inzwischen dazugelernt. Derzeit findet ein Paradigmenwechsel in der Bewirtschaftung und Wiederherstellung natürlicher oder veränderter Ökosysteme statt, die dem menschlichen Wohlergehen *und* der biologischen Vielfalt zugutekommen, insbesondere beim Hochwasserschutz. Ziel des nachhaltigen Hochwasserschutzes ist es, einen möglichst großen Anteil des Niederschlages in der Landschaft zurückzuhalten und nicht so rasch wie möglich abzuleiten.[5] Ein Quadratmeter Mischwald vermag 200 Liter Wasser zu speichern, eine Monokultur nur zwischen 60 und 75 Liter. Mischwälder sind zudem effektive Kohlenstoffspeicher, sie bieten Lebensraum für viele Arten, haben einen höheren Erholungswert und sind widerstandsfähiger gegen

Stürme, Trockenheit und Schädlinge. Das gilt auch für naturnahe Flussauen, die zu den wertvollsten Lebensräumen weltweit zählen, da sie Hochwasserwellen abmildern, das Wasser filtern und die Landschaft kühlen. Auch naturnahe Moore, Wiesen und Küstenbereiche kommen der Gesellschaft auf vielfältige Weise zugute.

Verantwortung und Chance für Deutschland

Deutschland trägt eine große Verpflichtung und hat das Potenzial, im Kampf gegen die globale Erwärmung und den Biodiversitätsverlust Entscheidendes zu leisten, ja, eine Vorreiterrolle einzunehmen. Es gibt nur wenige Länder, die in vergleichbarem Umfang wissenschaftliche Erkenntnisse zur biologischen Vielfalt hervorbringen und über ähnlich solide flächendeckende Biodiversitätsdaten verfügen. Dieses Wissen muss nun endlich in die Tat umgesetzt werden.

In diesem Zusammenhang riefen führende Institutionen mit der Frankfurter Erklärung vom November 2022 zum Schulterschluss von Wissenschaft, Politik, Wirtschaft und Zivilgesellschaft auf. Ziel der Initiative ist es, die Voraussetzungen zu schaffen, damit sich naturpositives, das heißt ressourcen- und naturschonendes, unternehmerisches Handeln lohnt. Das gemeinsame Positionspapier enthält sechs Forderungen an die Politik.[6] Diesen stehen wiederum sechs Angebote vonseiten der Wissenschaft gegenüber, um auf dem Weg zu den ernannten Zielen Hilfestellungen zu leisten. Der Wirtschaftssektor nimmt hier eine Schlüsselfunktion ein. Die Trendwende kann nur gelingen, wenn Unternehmen umweltschädliches Verhalten einstellen und auf der Basis neuer Geschäftsmodelle und innovativer Technologien die globale Biodiversität nachhaltig für sich nutzen – und schützen! Dazu ist es unabdingbar, Verursachern die gesellschaftlichen Kosten der Natur- und Ressourcennutzung aufzuerlegen. Dies bedeutet, die Kosten zu internalisieren, die bislang die Allgemeinheit oder künftige Generationen tragen müssen. Es gilt, faire Rahmenbedingungen zu schaffen, den Unternehmen Planungssicherheit zu geben, sinnvolle Anreize anzubieten und Greenwashing effektiv zu unterbinden. Das ist eine der Kernforderungen der Frankfurter Erklärung. Dabei dürfen wir die Verantwortung nicht auf Dritte abwälzen. Biodiversitäts- und Klimaschutz geht uns alle an. Um die Krise abzuwenden, müssen Wissenschaft, Wirtschaft, Gesellschaft und Politik international, national und regional deutlich enger zusammenarbeiten als bisher und an einem Strang ziehen. Die Rezepte liegen vor. Wir müssen jetzt einfach „kochen"!

Anmerkungen

1. Yiwen Zeng u. a., Gaps And Weaknesses in the Global Protected Area Network for Safeguarding At-Risk Species, in: Science Advances 9 (2023), Nr. 22, https://www.science.org/doi/10.1126/sciadv.adg0288 (alle Links zuletzt abgerufen am 1.7.2023).
2. Bernardo B. N. Strassburg u. a., Global Priority Areas for Ecosystem Restoration, in: Nature (2020), Nr. 586, S. 724–729, https://www.nature.com/articles/s41586-020-2784-9.
3. Jeanette Völker u. a., Die Wasserrahmenrichtlinie. Gewässer in Deutschland 2021 – Fortschritte und Herausforderungen (Umweltbundesamt, Oktober 2022), https://www.umweltbundesamt.de/en/publikationen/water-framework-directive-the-status-of-german.
4. Nathalie Seddon u. a., Understanding the Value and Limits of Nature-Based Solutions to Climate Change and Other Global Challenges, in: Philosophical Transactions of the Royal Society B 375 (2020), https://royalsocietypublishing.org/doi/full/10.1098/rstb.2019.0120.
5. Phillip J. Haubrock u. a., Naturbasierte Lösungen verbessern Hochwasserschutz und Biodiversität (Senckenberg Gesellschaft für Naturforschung, Policy Brief 06/2022), https://www.senckenberg.de/wp-content/uploads/2022/06/220527-SGN-PolicyBrief-RZ-Online.pdf.
6. Frankfurter Erklärung zum Weltnaturgipfel 2022, https://frankfurter-erklaerung.eu.

Grüner Kapitalmarkt

KLIMA & UMWELT

Nicht nur fürs Klima gut

Wie Kapitalmärkte helfen, drei Jahrhundertaufgaben zu lösen

von Theodor Weimer

Dr. Theodor Weimer ist seit Januar 2018 Vorsitzender des Vorstands der Deutsche Börse AG. Seit Mitte 2020 ist er zudem Mitglied im Aufsichtsrat der Deutsche Bank AG und der Knorr Bremse AG. Nach dem Studium der Volks- und Betriebswirtschaftslehre in Tübingen und einem Aufenthalt an der Hochschule St. Gallen arbeitete er als wissenschaftlicher Assistent an der Universität Bonn. Nach seiner Promotion wurde Herr Dr. Weimer 1988 Unternehmensberater bei McKinsey & Company. 1995 wechselte er zu Bain & Company, wo er als Seniorpartner Mitglied des Global Management Committee war. 2001 startete er bei Goldman Sachs, wo er 2004 Partner wurde. Mitte 2007 ging er als Co-Head des Investment Bankings zur UniCredit Group. Von Anfang 2009 bis Ende 2017 war er Vorstandssprecher der HypoVereinsbank. Seit 2013 war Dr. Weimer zusätzlich Mitglied im Global Executive Committee der UniCredit Group.

Die Debatte über den Klimawandel hat eine neue Brisanz gewonnen. Bilder von trockenen Flüssen, von brennenden Wäldern, von verheerenden Fluten führen uns seine zerstörerischen Folgen täglich vor Augen – nicht nur in den Medien, nicht nur in Reportagen aus fernen Ländern der Welt, sondern zunehmend auch in unserem europäischen Alltag. Die Wissenschaft bestätigt diese zunächst nur anekdotische Evidenz.

KLIMA & UMWELT

Zuletzt fasste der Weltklimarat der Vereinten Nationen in seinem Bericht vom März 2023 den Stand der weltweiten Forschung in vier nüchternen Feststellungen zusammen: Erstens, die Durchschnittstemperatur an der Erdoberfläche lag bereits im letzten Jahrzehnt um 1,1 Grad Celsius über dem Niveau in der zweiten Hälfte des vorletzten Jahrhunderts. Zweitens, zu den Folgen der Erwärmung gehören sogenannte „extreme Wetterereignisse" – Dürren auf der einen, Starkregen auf der anderen Seite. Drittens, diese Erwärmung verursacht haben die Verbrennung fossiler Rohstoffe und ein nicht nachhaltiger Energie- und Flächenverbrauch. Viertens, wir müssen, um die weitere Erhitzung des Planeten auf 1,5 Grad Celsius zu begrenzen, die klimarelevanten Emissionen noch innerhalb dieses Jahrzehnts halbieren. Das sind vier Aussagen und Ansagen, die uns alle angehen – die Politik ebenso wie die Wirtschaft und damit auch den Finanzsektor.

Die drei Ds: Dekarbonisierung, demografischer Wandel, Digitalisierung

Der Klimawandel bedroht nicht nur unseren Wohlstand. In Teilen der Welt stellt er bereits jetzt das blanke Überleben infrage. Stück für Stück führt er die Menschheit auf einen Pfad, der die Erde für künftige Generationen unbewohnbar macht. „Klimabewegte" behaupten, wir seien davor, einen Kipppunkt zu erreichen, von dem an die Überhitzung der Erde eine nicht mehr aufzuhaltende Eigendynamik entwickelt. Diese Behauptung ist zwar umstritten, doch ihre politische Stoßrichtung ist klar: Wir haben, so scheint es, keine Zeit mehr für Diskussionen. Das Gebot der Stunde scheint zu lauten: Wir brauchen die Energie-, die Verkehrs-, die Ernährungswende. Jetzt und am besten alle auf einmal – koste es, was es wolle.

So überstrahlt die öffentliche Debatte, die wir zum Klimawandel führen, alle anderen Probleme. Wirtschaftswachstum, technologischer Fortschritt, selbst der gesellschaftliche Zusammenhalt: Angesichts der Klimakrise erscheinen sie nachrangig – Relikte einer glücklicheren, aber auch naiveren Zeit, deren optimistische Grundannahmen sich angeblich nicht nur als falsch, sondern sogar als selbstzerstörerisch herausgestellt haben. Ich meine: Dieser Schein trügt. Der Klimawandel betrifft nur *eine* von drei Jahrhundertaufgaben. Und wenn wir ihn nicht gemeinsam mit den beiden anderen angehen, werden wir ihn nicht bewältigen.

Was sind diese Jahrhundertaufgaben? Es sind die berühmten drei Ds, und das sind neben der Dekarbonisierung der demografische Wandel und die Digitalisierung. Was haben sie miteinander zu tun? Mehr, als es den Anschein hat. Ich will im Folgenden drei aufeinander aufbauende Thesen begründen: Erstens, dass diese drei Aufgaben in engem Zusammenhang stehen. Zweitens, dass wir sie nur mit hohen dreistelligen Milliardeninvestitionen in den Griff bekommen, die den Finanzspielraum der öffentlichen Haushalte überfordern. Drittens, dass wir für diese Investitionen deshalb auch einen starken, besseren, einheitlicheren Kapitalmarkt brauchen – ganz besonders in Europa. Mit anderen Worten: Wir müssen die europäische Kapitalmarktunion vollenden.

Eine ganzheitliche Betrachtungsweise der Jahrhundertaufgaben

Zum ersten Punkt: Wir können die Dekarbonisierung, den demografischen Wandel und die Digitalisierung nicht isoliert, sondern nur ganzheitlich in Angriff nehmen. Man könnte einwenden, dass die Aufgabe dadurch so groß wird, dass sie uns aus Angst vor der eigenen Courage entmutigt. Ich glaube, dass das nicht stimmt. Denn aus der ganzheitlichen Sicht ergeben sich neue Chancen, jede einzelne von ihnen umso effektiver zu bewältigen.

Zunächst zum demografischen Wandel und der Digitalisierung. Innerhalb der nächsten Jahre geht die Generation der Babyboomer in Rente. Im deutschen System der Rentenversorgung müssen die nachfolgenden Generationen, die noch im Arbeitsleben stehen, die dadurch entstehende Finanzlast schultern. Doch das ist längst nicht alles: Bereits jetzt bekommt unsere Wirtschaft schmerzlich zu spüren, dass ihr die Fachkräfte ausgehen. Dieses Problem wird sich von Jahr zu Jahr verschärfen. Und mit ihm wird nicht nur die Finanzierung der Renten immer schwieriger; vielmehr werden die Grundlagen unseres Wohlstands infrage gestellt, nämlich das Wissen und die Erfahrung der Menschen, die ihn Tag für Tag erarbeiten – und das nicht nur in Deutschland, sondern in den meisten Industrieländern.

Hier kann das zweite D, die Digitalisierung, helfen. Zunächst einmal sei festgestellt, dass wenn wir lernen, die neuen digitalen Möglichkeiten zu nutzen, wir zugleich die Produktivität unserer Arbeit erhöhen – ein klassischer Leverage-Effekt, wie wir ihn aus der Finanzwirtschaft beim Kapitaleinsatz kennen. Sollen also Roboter, soll Künstliche Intelligenz die menschliche Arbeitskraft ersetzen? Zum Teil sicher auch, und dies seit den spektakulären Erfolgen neuer KI-basierter Sprachmodelle nicht mehr allein bei Routinetätigkeiten. Doch das bedeutet nicht automatisch, dass „der Arbeitsgesellschaft die Arbeit ausgeht", wie dies so gern von marktskeptischer Seite behauptet wird. Zunächst einmal schaffen wir dadurch neues Potenzial, um nachhaltig Wohlstand zu erwirtschaften. Zudem senken wir die Zugangsschwelle zu Aufgaben, die früher einigen wenigen vorbehalten waren. Denn die Digitalisierung demokratisiert den Zugang zu Wissen. Dadurch können wir sogar neue Arbeitskräfte aktivieren. Natürlich müssen wir dafür alte Gewohnheiten ablegen, Ängste vor Veränderung überwinden und neue Arbeitsformen erproben.

Doch nicht allein zur Verbesserung der Arbeit, auch zur Dekarbonisierung der Wirtschaft kann die Digitalisierung beitragen. Sie muss es sogar. Denn mit dem Übergang zu erneuerbaren Energien wird die Erzeugung von Strom von einem zentralen auf ein dezentrales System umgestellt. Dadurch entstehen neue Anforderungen an die Netze zur Stromverteilung. Um sie zu steuern, ist digitale Technologie unverzichtbar. Weitere Effekte kommen hinzu: In unserem privaten Konsum gibt digitale Technologie uns Auskunft darüber, wo wir Wasser oder Wärme verbrauchen, die wir gar nicht benötigen; so können wir Ressourcen sparen, ohne Verzicht zu leisten. Im Arbeitsleben brauchen wir dank digitaler Technologie weniger zu reisen, um uns abzustimmen und auszutauschen; so verkleinern wir unseren ökologischen Fußabdruck. Und in der Industrie macht digitale Technologie industrielle Prozesse transparenter und zugleich effizienter; so verringert sie den Bedarf an Rohstoffen und Vorprodukten, die am Anfang dieser Prozesse stehen. Mit ihrer Hilfe werden außerdem alle Schritte in der Lieferkette transparent; so können wir Verstöße gegen ein nachhaltiges Wirtschaften bereits im Vorfeld der Weiterverarbeitung und Veredelung leichter identifizieren und Abhilfe schaffen.

Generell setzen wir beim Abbau der Emissionslasten in der Energieerzeugung und im Energieverbrauch am besten auf digitale Märkte. Dort können wir Zertifikate für Strom, Gas und CO_2 handeln. Die zur Gruppe Deutsche Börse gehörende European Energy Exchange liefert dafür die Probe aufs Exempel. Und das ist noch nicht alles: Tokens – digitale Abbilder von Werten – können den Handel mit Emissionszertifikaten ergänzen und ihn so noch effizienter machen, als er es bereits ist. Ein Problem beim Handel mit diesen Zertifikaten ist, dass sich ihre Herkunft nicht immer eindeutig bestimmen lässt; Tokens dagegen erlauben über die Blockchain-Technologie die

KLIMA & UMWELT

Zuordnung zu einer digitalen Identität. Damit schaffen wir zeitig Anreize für private Initiativen, um unsere Produktion und unseren Konsum umzustellen, ohne dafür auf Verbote setzen zu müssen. Denn Verbote entmutigen – Anreize ermutigen. Nur mit marktnahen Lösungen werden wir die Energie-, die Verkehrs-, die Ernährungswende auf Dauer für Unternehmen und Verbraucher finanzierbar und damit auch gesellschaftlich akzeptabel machen.

Was hat schließlich die Dekarbonisierung mit der Demografie zu tun? Die Dekarbonisierung erfordert hohe, langfristige Investitionen, die eine vergleichsweise sichere Rendite bieten. Sie eignen sich damit auch für Kapitalanlagen von privaten Investoren, die Rücklagen für die Alterssicherung bilden wollen. Dazu braucht es aber Institutionen, die den Zugang zu diesen Kapitalanlagen ermöglichen.

Richtig investieren

Das führt zu meinem zweiten Punkt: Der Aufwand, diese drei Herausforderungen zu meistern, erfordert gigantische Investitionen – Investitionen, die den Finanzspielraum von Staaten schnell überschreiten. Gegen den Staat als alleinigen Planer des Wandels sprechen schon ordnungspolitische Überlegungen. Selbst wenn der Staat die finanziellen Mittel hätte, um die drei Jahrhundertaufgaben zu bewältigen, müsste er sich dafür in die Rolle eines allwissenden Planers aufschwingen. Doch die Erfahrung zeigt. Big Government funktioniert nicht. Die drei Jahrhundertaufgaben sind schlicht zu komplex, als dass auch die kompetenteste und fleißigste Superbehörde dieser Welt sie im Alleingang angehen könnte. Hinzu kommen finanzielle Engpässe: Allein für die EU schätzen Experten die nötigen Investitionen zum Erreichen der Klimaneutralität auf 250 Milliarden Euro – pro Jahr! Dabei mangelt es nicht an privatem Vermögen; es muss nur für Investitionen mobilisiert und über Märkte in die richtige Richtung gelenkt werden. Und wer verstünde mehr davon als die Marktteilnehmer selbst?

Bessere Kapitalmärkte

Das bringt mich zu meinem letzten Punkt: Auch wenn der Staat gesetzliche Rahmenbedingungen setzen kann, so bleibt er doch gerade bei umfassenden Transformationsprozessen auf funktionierende Kapitalmärkte angewiesen. Sie allein sind zu der dreifachen Leistung in der Lage, die hier gefragt ist: erstens, die passenden Ideen in einem Prozess von Versuch und Irrtum zu identifizieren, gesteuert durch Marktpreise; zweitens, das nötige Kapital zu mobilisieren; und drittens, die Risiken auf viele (auch private) Schultern zu verteilen.

Damit Kapitalmärkte diese Leistung aber auch tatsächlich erbringen können, müssen sie gut organisiert sein. Dazu gehören funktionierende Public-Equity-Märkte, starke Private-Equity-Märkte und lebendige Venture-Capital-Märkte. Hinzu kommen robuste Versicherungsunternehmen sowie Vermögensverwalter mit internationaler Reichweite. Und nicht zuletzt brauchen wir starke Privat- und Förderbanken, denen die Regulierung mehr als nur die Luft zum Atmen lässt.

Hier gilt es sorgfältig abzuwägen: Einerseits sind ausreichende Eigenkapitalquoten wichtig zur Sicherung der Resilienz von Banken, gerade auch angesichts der jüngsten Turbulenzen in den Finanzsystemen Europas und der USA. Die Regulatoren meinen, ein antizyklischer Kapitalpuffer könne dem Rechnung tragen; er soll Kreditklemmen verhindern, indem er den Banken vorschreibt, in Zeiten starken Kreditwachstums zusätzliche Kapitalreserven zu bilden. Doch wir müssen uns klarmachen: Sicherheit ist nicht umsonst zu haben. Ein Plus von zehn Milliarden Euro an Eigenkapitalanforderungen für die

KLIMA & UMWELT

Banken bedeutet, dass der Volkswirtschaft rund 100 Milliarden Euro weniger an Finanzierung zur Verfügung stehen. Das sind 40 Prozent der genannten jährlichen Investitionen, die in der EU pro Jahr für die Klimaneutralität aufzuwenden sind. Hier zu einer angemessenen Entscheidung zu kommen, ist nicht allein eine regulatorische, sondern auch eine politische Frage.

Was müssen wir also tun, um die Kapitalmärkte Europas in einer Weise zur organisieren, dass sie zur Bewältigung der drei großen Jahrhundertaufgaben beitragen können? Große Herausforderungen erfordern nicht immer große Lösungen. Oft genügt es, wenn das Spielfeld, auf dem wir auf die Suche nach Lösungen gehen, groß genug ist. Für Europa bedeutet das: Zusätzlich zur heute schon bestehenden Kapitalverkehrsfreiheit müssen wir den europäischen Binnenmarkt für Kapital vollenden – die europäische Kapitalmarktunion.

Sie allein stellt dreierlei sicher: zum einen, dass Unternehmen auf dem Weg ihrer Transformation ausreichend ergiebige Finanzierungsquellen erschließen; zum anderen, dass Innovationsführer die Ressourcen erhalten, die sie brauchen, um sich im globalen Wettbewerb zu behaupten; darüber hinaus erhalten private Sparer in der EU dadurch Zugang zu den Innovationsführern. Im Ergebnis steigt auch die Attraktivität des europäischen Kapitalmarkts für ausländische Investoren. Denn auf einem größeren Markt können diese Anleger ihre Investitionen leichter skalieren.

Es geht also nicht darum, das Problem der Klimakrise kleinzureden. Doch wir dürfen nicht zulassen, dass dadurch andere Aufgaben aus dem Blick geraten – und ein nachhaltiges Wirtschaften so erst recht auf der Strecke bleibt. Die drei Jahrhundertaufgaben, die vor uns liegen, sind neben der Dekarbonisierung die Digitalisierung und der demografische Wandel. Wir können sie nur ganzheitlich lösen. Und um dazu imstande zu sein, müssen wir auf einen starken Kapitalmarkt setzen: auch und ganz besonders in Europa.

KLIMA & UMWELT

Mehr Mut zu Europa

Warum wir eine grüne Investitionsoffensive brauchen

von Werner Hoyer

Dr. Werner Hoyer ist der Präsident der Europäischen Investitionsbank. Er trat sein Amt am 1. Januar 2012 an. Seine zweite sechsjährige Amtszeit hat er am 1. Januar 2018 begonnen. Nach dem Abitur wurde Hoyer Ökonom, lehrte an der Universität zu Köln und schrieb gemeinsam mit Rolf Rettig das Grundlagenlehrbuch „Mikroökonomische Theorie". Seit 1972 ist Hoyer Mitglied der FDP, wurde ab 1987 Bundestagsabgeordneter, später ihr Generalsekretär, diente zwei CDU-FDP-Bundesregierungen unter Kanzler Kohl und Kanzlerin Merkel als Staatsminister im Auswärtigen Amt. Dazwischen war er Obmann im Haushaltsausschuss und im Auswärtigen Ausschuss des Deutschen Bundestages.
Unter Hoyers Führung hat die EIB ihre Stellung als weltweit führender Geldgeber für den Klimaschutz gefestigt. 2019 gab die EIB bekannt, dass sie bis Ende 2021 ihre Finanzierungen für Projekte mit fossilen Energieträgern einstellen und bis 2030 Investitionen von einer Billion Euro in Klimaschutz und ökologische Nachhaltigkeit fördern wird.

Europa steht angesichts von Klimakrise, Krieg und Energieunsicherheit vor tiefgreifenden Veränderungen seiner Wirtschaft. Stark von Öl und Gas abhängige Branchen werden künftig einen schweren Stand haben. Aber auch grüne und technologisch innovative Branchen, die vor Beginn des Ukrainekrieges wie sichere Gewinner der europäischen Klimapolitik aussahen, sind jüngst unter Druck geraten.

KLIMA & UMWELT

Zum einen aus unerwarteter Richtung: den USA, die mit einem großen Subventionspaket für Batteriehersteller und erneuerbare Energien gegen den Klimawandel vorgehen. Zum anderen, weil hohe Energiepreise, Inflation, steigende Zinsen und Lieferengpässe bei wichtigen Rohstoffen wie Lithium den Bau von Windkrafträdern und Solarpanels in Europa deutlich verteuern. Die Kluft zwischen Produktionskosten in Europa im Vergleich zu den USA, China und anderen Teilen Asiens hat sich allein durch langfristig hohe Energiekosten spürbar vergrößert.

Viele europäische Unternehmen haben sich vor diesem Hintergrund auf die Suche nach günstigeren Standorten für Neuinvestitionen begeben, und sie werden fündig, dank hoher Subventionen oft in den USA. Es droht unserem Kontinent eine Abwanderung gerade jener innovativen Unternehmen, die im Zentrum der EU-Klimastrategie stehen.

Die EU kann resilient sein – und bleiben

Die Europäische Union darf nun nicht in Schreckstarre verfallen. Wenn die richtigen Entscheidungen jetzt getroffen werden, können wir die Energiekrise als historische Chance nutzen, um die grüne Energiewende massiv zu beschleunigen. Wie notwendig sie ist, haben einmal mehr die jüngsten Analysen des Weltklimarates gezeigt, nach denen der Menschheit nur noch dieses Jahrzehnt, die 2020er Jahre, zum Umsteuern bleibt. Besonders Deutschland steht vor der Schwierigkeit, dass man mit dem Verzicht auf russisches Gas zunächst den Anteil klimaschädlicher Kohle im Strommix erhöht statt gesenkt hat.

Daher kommt es bei der Energiewende nicht nur auf kürzere Genehmigungsprozesse und größere Entwicklungs- und Planungskapazitäten an, sondern auch auf das notwendige

Kapital – gerade vor dem Hintergrund, dass die gestiegenen Energiekosten den Investitionsspielraum vieler Unternehmen und Staaten massiv eingeschränkt haben.

Dies sollte uns nicht entmutigen, im Gegenteil. Bisher hat die EU noch jede Krise klug genutzt, so wie es einst der EU-Vordenker Jean Monnet formulierte: Europas Einheit wird „in Krisen geschmiedet, und Europa wird sein wie die Lösungen, die wir für diese Krisen finden". Mit Blick auf die vergangenen eineinhalb Jahrzehnte kann man ihm nur Recht geben. Die Europäische Währungsunion hat die Euro-Schuldenkrise – entgegen den Prognosen vieler kluger Ökonomen – überlebt und steht dank des neu geschaffenen Europäischen Stabilitätsmechanismus (ESM) solide da. Mithilfe des Juncker-Plans hat die EU die europäische Wirtschaft nach der Euro-Schuldenkrise wieder in Schwung gebracht. Selbst der Brexit hat die EU nicht gesprengt, sondern sie im Gegenteil enger zusammenrücken lassen.

Auch in der Coronapandemie hat sich die EU bewährt – nicht nur, weil die herausragenden Forscherinnen und Forscher von BioNTech in Rekordzeit einen weltweit führenden Impfstoff entwickelt haben. Nach ersten Rückfällen in nationale Alleingänge hat der gemeinsame Einkauf eine gerechte Verteilung von Impfstoffen ermöglicht. Gleichzeitig helfen der Europäische Aufbauplan und der Europäische Garantiefonds bis heute wirtschaftlich schwächeren Staaten und Regionen, die Folgen der Pandemie zu bewältigen – und auch besser mit den ökonomischen Folgen des Ukrainekrieges zurechtzukommen.

Die EU hat also seit der Jahrtausendwende wiederholt eindrucksvoll bewiesen, dass sie handlungsfähig und solidarisch ist. Um es mit Jean Monnet zu sagen: Sie ist an ihren Krisen gewachsen.

KLIMA & UMWELT

Wir müssen den Europäischen Binnenmarkt vollenden – jetzt

Doch die ständige Suche nach schnellen Lösungen für akute Krisen hat auch große Nachteile: Die Klimapolitik kam erst mit dem Abebben der Pandemie richtig in Schwung – sprich: endlich in die Phase der Umsetzung.

Und: Die Vollendung des 1993 gegründeten Europäischen Binnenmarktes ist in den Hintergrund der politischen Agenda getreten, und sie spielt in der öffentlichen Diskussion auch heute kaum eine Rolle. Dabei wäre ein gestärkter Binnenmarkt von entscheidender Bedeutung in einer Zeit, in der Europa im wirtschaftlichen Wettbewerb mit den USA und China immer stärker unter Druck gerät.

Das Problem ist nicht, dass es an Voraussetzungen mangelt, vielmehr nutzt Europa sein Potenzial nicht aus. Wir haben in der EU zwar einen Binnenmarkt für Waren, aber keinen vollständig funktionsfähigen Markt für Dienstleistungen. Das trifft vor allem die boomende Digitalwirtschaft. Wenn ein Start-up im Silicon Valley ein gutes Produkt entwickelt, findet es sofort einen riesigen Heimatmarkt vor – und kann dort so weit wachsen, dass es danach global bestehen kann. In Europa dagegen müsste dasselbe Start-up schon in einer frühen Phase so viele Juristen beschäftigen, die sich mit ausländischem Steuer- oder Verbraucherrecht auskennen, dass eine Internationalisierung sich kaum lohnt oder zumindest viel, viel langsamer verläuft.

Es fehlen zudem eine Kapitalmarktunion und eine echte Bankenunion mit einer gemeinschaftlichen Einlagensicherung. Noch immer existieren zwischen den einzelnen EU-Ländern erhebliche Unterschiede bei den rechtlichen Rahmenbedingungen. Deshalb scheuen Aktionäre und Käufer von Unternehmensanleihen vor Investitionen jenseits ihrer eigenen Landesgrenzen zurück – und verpassen so mögliche

KLIMA & UMWELT

attraktivere Anlagemöglichkeiten. Die Vollendung der Bankenunion, die eine einheitliche Bankenaufsicht, einen Banken-Abwicklungsmechanismus und eine gemeinschaftliche Einlagensicherung vorsieht, ist vor diesem Hintergrund ein notwendiger Schritt.

Auch die Skepsis gegenüber Verbriefungen, ein zentraler Bestandteil der Kapitalmarktunion, sollten Europas Regierungen überwinden: Ja, gebündelte Kredite waren Auslöser der Finanzkrise – weil niemand ein wachsames Auge darauf hatte. Sie könnten aber heute, besser kontrolliert und reguliert, für Banken ein gutes Instrument sein, um zusätzliches Kapital für neue Unternehmenskredite freizumachen und Investitionen in grüne Technologien zu finanzieren.

Die Europäische Kommission hat gut daran getan, eine ambitionierte Strategie zur grünen und digitalen Transformation der europäischen Wirtschaft aufzulegen. Damit hat sie auch global ein wichtiges Zeichen gesetzt. Nun muss Europa seine Versprechen einhalten. Das Fehlen eines wettbewerbsfähigen Kapitalmarkts droht jedoch, die ambitionierten Klimaziele zu gefährden. Denn in diesem Jahrzehnt werden gewaltige Investitionen nötig, um den Energie- und Verkehrssektor, große Teile der Industrie und Millionen von Immobilien umzubauen sowie die Menschen in Europa vor den Folgen des Klimawandels zu schützen, die sie angesichts von Fluten im Ahrtal und Dürresommern nicht nur in Brandenburg bereits drastisch gespürt haben.

Das wird nur gehen, wenn Regierungen mit öffentlichen und privaten Banken zusammenarbeiten und private Anleger grenzüberschreitend mit an Bord holen. Im Kampf gegen den Klimawandel muss Europa eine zusätzliche Finanzierungslücke von 350 Milliarden Euro füllen – und zwar pro Jahr über mindestens zehn Jahre.

Wir haben uns zu sehr daran gewöhnt, dass Staaten und Zentralbanken die Wirtschaft mit gewaltigen Summen unterstützen – und wir spüren jetzt vor dem Hintergrund der Inflation, dass dies nicht beliebig so weitergehen kann. Die Zinsen steigen, die Staatsverschuldung stößt an Grenzen, und über höhere Steuern lässt sich eine solche Jahrhunderttransformation auch nicht finanzieren. Europa hat aber den bereits erwähnten Trumpf in der Hand, den es endlich ausspielen sollte: Die Vollendung des Binnenmarkts würde einen tiefen, leistungsfähigen Kapitalmarkt entstehen lassen.

Was eine echte Kapitalmarktunion bewirken kann

Was gemeinsame Regeln bewirken können, zeigt sich bei nachhaltigen Finanzierungen: Die Europäische Investitionsbank (EIB) hat 2007 mit der Begebung der ersten grünen Anleihe einen wichtigen Impuls für den Markt mit Green Bonds und später Sustainability Bonds gesetzt. Daraus hat sich ein einheitliches Marktverständnis entwickelt, was eine grüne oder nachhaltige Anleihe ausmacht. Mit der EU-Taxonomie sind erste transparente Kriterien geschaffen worden, welche Wirtschaftsaktivitäten heute schon als grün gelten dürfen oder sich dorthin entwickeln können. Bei nachhaltigen Finanzierungen haben Investoren damit ein Regelwerk an der Hand, an dem sie sich orientieren können. Diese Transparenzinitiative auf EU-Ebene ist eine wichtige Leitplanke für den Markt grüner und nachhaltiger Bonds, der mittlerweile drei Billionen Euro schwer ist.

Auf dieser Erfahrung gilt es aufzubauen und auch in anderen Bereichen gemeinsame Standards zu entwickeln, vorrangig für den Bereich des sozialverträglichen Wirtschaftens. Denn nur, wenn es gelingt, bei der klimagerechten Transformation der Wirtschaft niemanden zurückzulassen, wird sie erfolgreich sein. Die Tatsache, dass nicht jeder Braunkohlearbeiter in kürzester Zeit auf Digitalunternehmer umschulen kann, gilt es sehr ernst zu nehmen.

KLIMA & UMWELT

Wir, die EU-Klimabank, haben unsere Finanzierungen für saubere Energien zuletzt deutlich ausgeweitet. Allein 2022 hat die EIB diesen Bereich mit 19 Milliarden Euro unterstützt, das ist fast doppelt so viel wie in den Vorjahren. Um dabei zu helfen, dass die EU baldmöglich auf russisches Öl und Gas verzichten kann, haben wir 45 Milliarden Euro für den Ausbau erneuerbarer Energien mobilisiert – zusätzlich zu den 60 Milliarden, die wir für denselben Zeitraum bereits vorgesehen hatten. Wir sind heute der größte Klimafinanzierer weltweit, und wir wollen in diesem Jahrzehnt insgesamt eine Billion Euro Klimainvestitionen fördern.

Aber solange Europa weiter an unterschiedlichen Insolvenz-, Wertpapier- und Verbraucherregeln für 27 nationale Teilmärkte festhält, bleibt es bei Investitionen unter seinem Potenzial. Wie sehr Europa hier bereits zurückgefallen ist, zeigt eine Zahl der EIB-Volkswirte: Seit der Finanzkrise sind die produktiven Investitionen in der EU hinter denen der USA zurückgeblieben – in jedem Jahr seit 2009 um zwei Prozent des Bruttoinlandsprodukts.

Auf der Basis einer echten Kapitalmarktunion aber könnte die Gemeinschaftswährung Euro zu einer echten Konkurrenz für den Dollar aufsteigen. Im EU-Inneren wiederum würde sie die Finanzierungsmöglichkeiten für Unternehmen erweitern und Vermögen aus aller Welt anziehen. Bis heute sind Europas Firmen zu sehr auf Kredite angewiesen: Private Banken stellen in Europa 80 Prozent der Unternehmensfinanzierung zur Verfügung. Banken leisten selbstverständlich bereits jetzt und auch in Zukunft einen entscheidenden Beitrag zur grünen und digitalen Transformation in der Privatwirtschaft, doch sie können den enormen Finanzierungsbedarf bei Weitem nicht allein stemmen.

In den USA finanzieren sich die Unternehmen zu 60 Prozent am Kapitalmarkt, in der EU nur zu 20 Prozent. Wenn sich die Europäer hier annäherten, würde das gewaltige Summen für Investitionen freisetzen. Europäische Start-ups müssten

KLIMA & UMWELT

für ihre Wachstumsphase nicht nach US-Investoren suchen. Und ein europäischer Shooting-Star wie BioNTech müsste, nach Anschubfinanzierung durch die EIB, nicht mehr an die US-Technologiebörse Nasdaq gehen, wenn sein Finanzbedarf für Investitionen in den dreistelligen Millionenbereich steigt.

Wenn Jean Monnet Recht damit behält, dass die Europäische Union die Summe der Lösungen ist, die sie für Krisen findet, dann dürfte die Klimakrise den nächsten Integrationsschub bringen. Mehr Mut für mehr Europa wäre dafür dringend nötig. Denn die grüne und digitale Transformation Europas kann nur gelingen, wenn sie mit der Vollendung des Binnenmarktes einhergeht.

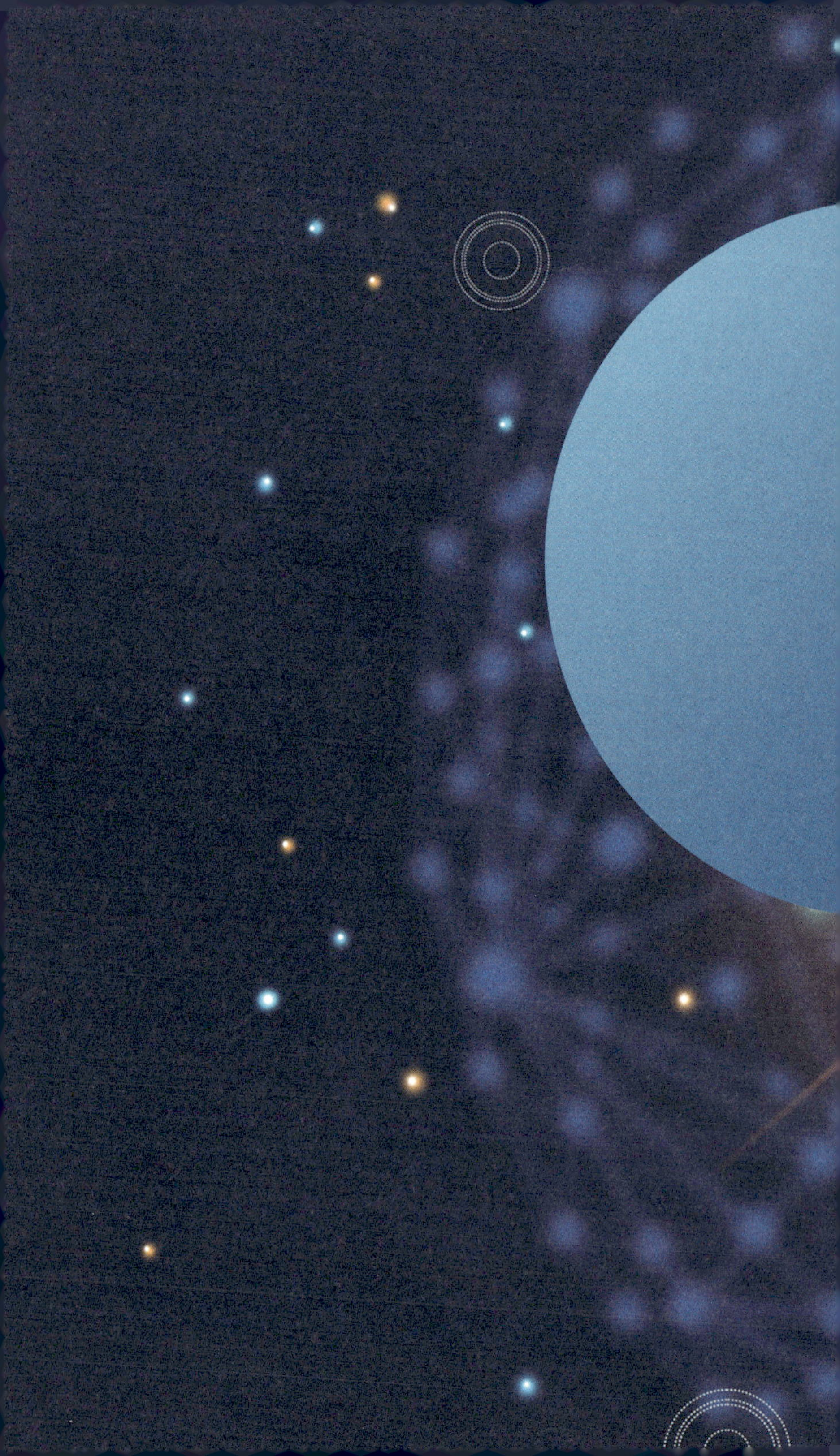

DIGITALISIERUNG UND INNOVATION

Die Herausforderung

DIGITALISIERUNG & INNOVATION

Alles überall auf einmal

Digitale Schlüsseltechnologien für eine nachhaltige Transformation

von Anja Haslinger

Als Leiterin des Fraunhofer Think Tank führt Dr. Anja Haslinger ein interdisziplinäres Team, das für die Identifizierung, Validierung und Kommunikation von Themen verantwortlich ist, die für die Fraunhofer-Gesellschaft von wissenschaftlicher, wirtschaftlicher und strategischer Bedeutung sind. Der Think Tank hat u. a. die Fraunhofer Strategischen Forschungsfelder geprägt, die den Kern des Forschungsportfolios bilden, indem sie die Bedürfnisse und Märkte adressieren, die unsere Zukunft bestimmen werden. Komplementär dazu engagiert sich Dr. Haslinger als Corporate Responsibility Leader für eine nachhaltige Gestaltung der Unternehmensstrategie. Dr. Haslinger hat einen akademischen Hintergrund in molekularer Neurowissenschaft und wurde am Max-Planck-Institut für Hirnforschung und an der Johannes Gutenberg-Universität in Mainz promoviert. Vor ihrer Tätigkeit für den Fraunhofer Think Tank war sie in leitenden Positionen am Helmholtz Zentrum München und in der Fraunhofer-Zukunftsstiftung tätig.

Deutschland steht vor großen strukturellen Herausforderungen. Unsere Gesellschaft sieht sich mit zeitgleich auftretenden multiplen Krisen konfrontiert: dem Klimawandel, den Folgen der Coronapandemie, dem Angriffskrieg Russlands auf die Ukraine und der damit einhergehenden Energiekrise. Nicht zuletzt führen diese Krisen vor Augen, wie fragil das globale Handelssystem ist, und

DIGITALISIERUNG & INNOVATION

signalisieren Tendenzen zur Deglobalisierung. Zusätzlich werden Wirtschaft, Gesellschaft und Staat mit Digitalisierung, Dekarbonisierung und demografischem Wandel konfrontiert, die zu großen Veränderungen führen werden.[1] Trotz – oder vielleicht auch wegen – der zahlreichen Herausforderungen bietet dies jedoch die Chance für eine echte Transformation hin zu einer resilienteren Gesellschaft. Bislang kann sich Deutschland im Vergleich mit anderen Staaten noch unter den Top Ten der innovativsten Länder behaupten – im Global Innovation Index belegt es immerhin Platz 8.[2] Jedoch zeigt dieser Index auch, dass andere Nationen, vor allem China, in vielen Innovationsdimensionen auf der Überholspur sind.[3] Anders als Deutschland haben zum Beispiel Südkorea, die USA und China ihre Ausgaben für Forschung und Entwicklung in den letzten Jahren signifikant gesteigert.[4] Im Kontext der Wettbewerbsfähigkeit und Stärkung seiner technologischen Souveränität muss Deutschland seine Anstrengungen insbesondere im Bereich der Digitalisierung deutlich verbessern. Dies betrifft sowohl den Ausbau der digitalen Infrastruktur und digitaler Geschäftsmodelle als auch die eigene Produktion von Digitaltechnologien. Bislang liegt Deutschland im europäischen Index für die digitale Gesellschaft nur auf Platz 13 von aktuell 27 EU-Staaten. Insbesondere in den Dimensionen „Kompetenzen und Fachkräfte" (Platz 16), „digitale Durchdringung von Unternehmen" (Platz 16) und „digitale öffentliche Dienste" (Platz 18) zeigen sich noch sichtbare Defizite.[5] Die Ausgangslage macht deutlich, wie groß die Anstrengungen für den digitalen Aufbruch sein müssen.

Die große wirtschaftliche Bedeutung von Digitalisierung und Künstlicher Intelligenz (KI) wird vielfach konstatiert. So schätzt das IFO-Institut, dass Branchen im Bereich der Informations- und Kommunikationstechnologie (IKT) im OECD-Durchschnitt einen Beitrag von sechs Prozent zur gesamten Wertschöpfung und von 3,7 Prozent zur Gesamtbeschäftigung

DIGITALISIERUNG & INNOVATION

leisten.[6] Einer immer noch viel zitierten Studie von PWC zufolge wurde bereits 2018 geschätzt, dass das deutsche Bruttoinlandsprodukt (BIP) durch KI und Automatisierung bis 2030 um 11,4 Prozent wachsen könnte.[7] Der Wert wird gegebenenfalls sogar noch größer in Anbetracht einer aktuellen Schätzung von Goldman Sachs, die eine globale BIP-Steigerung um sieben Prozent allein durch KI-getriebene Sprachtechnologien innerhalb der nächsten zehn Jahre prognostiziert.[8]

Zum Ausbau der digitalen Souveränität, also der Selbstbestimmung, kommt diversen Schlüsseltechnologien, die auch verstärkt politische Aufmerksamkeit erhalten, eine herausgehobene Rolle zu. Angesichts der hohen Innovationsdynamik und des verschärften internationalen Wettbewerbs in allen Bereichen der Digitalisierung besteht die Empfehlung für Deutschland, sich prioritär auf gezielte Technologieschwerpunkte mit besonderer Relevanz für Wettbewerbsfähigkeit, Wohlstand und Nachhaltigkeit zu konzentrieren.[9] Diese möchte ich im Folgenden vorstellen.

Digitale Zukunftstechnologien

1. Datentechnologien, Künstliche Intelligenz und Maschinelles Lernen

Datentechnologien, KI und Maschinelles Lernen (ML) bilden das Fundament der Digitalisierung – deren Weiterentwicklung im Fokus des scharfen internationalen Wettbewerbs steht. KI befasst sich mit der Nachbildung von Dimensionen natürlicher Intelligenz in Maschinen. ML ist ein Teilbereich der KI, bei der Maschinen auf Basis von Daten Muster und Gesetzmäßigkeiten erkennen und daraus eigenständig künstliches Wissen und Lösungen generieren.[10] Datenverfügbarkeit und Datenverarbeitung bedingen sich dabei gegenseitig. Einerseits sind Daten der Treibstoff für die Entwicklung moderner

KI- und ML-Technologien, andererseits sind KI- und ML-Lösungen notwendig, um aus den inzwischen unüberschaubaren Datenmengen einen wertschöpfenden Mehrwert in Form von Analysen, Vorhersagen oder neuen Geschäftsmodellen zu gewinnen. In Deutschland sind KI-Anwendungen vor allem für das produzierende Gewerbe von großer Bedeutung: Sie helfen beispielsweise bei der Effizienzsteigerung und sind ein zentraler Bestandteil der Industrie 4.0, der intelligenten Vernetzung von Maschinen und Abläufen.

Sowohl die Fortschritte als auch die Herausforderungen von KI zeigen sich in Anwendungen wie ChatGPT. Die KI-Methoden hinter diesem Chatbot-Dialogsystem werden inzwischen beispielsweise für Modellierungen in der Proteinforschung erprobt.[11] Hier wird der Mehrwert von Transdisziplinarität deutlich, da die Ähnlichkeiten von linguistischen und chemischen Strukturen erkannt und innovativ genutzt werden. Jedoch hat ChatGPT auch gravierende Defizite bei der Nachvollziehbarkeit, Qualität und Korrektheit KI-generierter Inhalte sowie beim Energieverbrauch und Urheberrechtsschutz aufgezeigt. Während mit diesen Technologien in Zukunft einerseits neue Medikamente und nachhaltigere Materialien entwickelt werden könnten, besteht andererseits die Gefahr, dass dadurch Fälschungen und „Fake News" immer schwerer zu identifizieren sind. Deshalb ist für den zukünftigen Erfolg KI-basierter Anwendungen die Gewährleistung ihrer Vertrauenswürdigkeit, Nachvollziehbarkeit und Ergebnisqualität von zentraler Bedeutung.

2. Digitale Zwillinge und das Metaversum
Sogenannte Digitale Zwillinge sind inzwischen eines der Schlüsselkonzepte für die Industrie 4.0. Als umfassendes virtuelles Abbild eines realen physischen Objekts oder Systems in Aktion bieten sie die Möglichkeit, Produkte, Prozesse und Wirkungszusammenhänge über den gesamten Lebenszyklus unter unterschiedlichen Bedingungen realitätsgetreu

zu simulieren. Somit können beispielsweise Prozessoptimierungen eines Maschinenparks oder die Funktionalität einer neuen Windkraftanlage bei ungünstiger Witterung erprobt werden, ohne in laufende Prozesse einzugreifen oder das reale Asset zu gefährden. Mit Digitalen Zwillingen können nicht nur technische Gegenstände modelliert werden, sondern beispielsweise auch Patienten und Patientinnen, um die jeweils individuell beste Therapie zu finden.

Auch hier spielt die Datenverfügbarkeit eine zentrale Rolle. Dies erfordert wiederum Infrastrukturen und Regelwerke, die einen vertrauensvollen und fairen Datenaustausch zwischen unterschiedlichen Akteuren ermöglichen. Dies wurde auch von Politik und Wirtschaft erkannt, was sich im Ausbau von Projekten wie den International Data Spaces widerspiegelt. Hiermit soll ein Ökosystem geschaffen werden, in dem unterschiedliche Akteure ihre Daten souverän und vertrauensvoll teilen und nutzen können, um eine Win-win-Situation für alle Beteiligten zu schaffen und datenbasierte Innovationen voranzutreiben.[12] Technologien der Erweiterten Realität wie beispielsweise Augmented Reality (AR) und Virtual Reality (VR) ermöglichen eine immersive Verschmelzung der physischen Realität mit der virtuellen Welt der Digitalen Zwillinge. Dies ist die Grundlage für das Konzept des Metaversums, einer durchgängig interoperablen Umgebung, in der die reale Welt und virtuelle Realitäten miteinander verknüpft sind. Die Schaffung einer solchen künstlichen Domäne erfordert neben technologischen Innovationen auch neuartige rechtliche, ökonomische und gesellschaftliche Regelwerke, beispielsweise im Hinblick auf Eigentumsrechte an virtuellen Assets oder die Rechtsverbindlichkeit von im Metaversum abgeschlossenen Verträgen.

3. Quantentechnologien

In Anbetracht immer komplexerer Aufgabenstellungen, beispielsweise in der Klima- oder Pharmaforschung, stoßen selbst Supercomputer an ihre Geschwindigkeitsgrenzen. Quantencomputer sind bereits Realität und in der Lage, hier einen Paradigmenwechsel einzuleiten. Im Gegensatz zu einem Bit, der kleinsten Informationseinheit eines klassischen Computers, kann ein Qubit im Quantencomputer nicht nur die Zustände |0> und |1> kodieren, sondern auch jegliche Linearkombinationen hieraus: Quantencomputer können somit Berechnungen in einer einzigen Abfrage durchführen, für die ein klassischer Computer mehrere Berechnungen nacheinander ausführen muss. Dies könnte in Zukunft beispielsweise zur schnelleren Entwicklung neuer Materialien oder Medikamente führen. Damit Quantencomputer jedoch ihr theoretisches Potenzial in der Praxis nutzbar machen können, müssen etliche Herausforderungen – vor allem bei der Fehlerkorrektur, Qubit-Kopplung, Skalierbarkeit und Anbindung an klassische Computer – gelöst werden.

Aber auch die Datensicherheit kann mit Quantentechnologien inhärent revolutioniert werden. Da die Gesetze der Quantenphysik keine Messungen erlauben, ohne dass ein Quantenzustand beeinflusst wird, kann dieses Prinzip dazu verwendet werden, Informationsübertragungen sicher zu halten. Ein Lauschangriff käme hiermit einer Messung gleich und würde sofort entdeckt werden. 2021 wurde im Rahmen der vom Bundesministerium für Bildung und Forschung (BMBF) geförderten QuNET-Initiative die erste quantengesicherte Videokonferenz zwischen zwei deutschen Bundesbehörden durchgeführt.[13]

4. Twin Transition

Deutschland hat sich das ambitionierte Ziel gesetzt, bis 2045 eine vollständige Treibhausgasneutralität zu erreichen. Bereits bis 2030 sollen die Treibhausgasemissionen um 65 Prozent gegenüber 1990 sinken.[14] Während auf der einen Seite geschätzt vier Prozent des weltweiten CO_2-Fußabdrucks auf Informations- und Kommunikationstechnologie (IKT) zurückzuführen sind,[15] könnten auf der anderen Seite mithilfe der Digitalisierung die weltweiten CO_2-Emissionen bis 2030 um 20 Prozent gesenkt werden.[16] In sieben untersuchten Bereichen könnten 2030 die Emissionen in Deutschland durch den gezielten Einsatz digitaler Lösungen um 152 Megatonnen CO_2-Äquivalent reduziert werden. Das entspricht 41 Prozent dessen, was Deutschland noch einsparen muss, um seine selbst gesteckten Klimaziele zu erreichen.[17] Um dieses Potenzial gänzlich auszuschöpfen, ist die Entwicklung von energieeffizienter IKT und KI gleichermaßen essenziell.

Hier setzt die Twin Transition (auf Deutsch: doppelte Transformation) als Verzahnung von Digitaltechnologien und Nachhaltigkeit an, mit dem Ziel einer gleichzeitigen Beschleunigung der grünen und digitalen Wende.[18] Richtig eingesetzt, wirkt die Digitalisierung demnach als innovativer Werkzeugkasten zur Erreichung der Nachhaltigkeitsziele. Zum Beispiel werden Prozesse und Systeme schneller, günstiger, agiler und in Echtzeit steuerbar; Liefer- und Wertschöpfungsketten können optimiert und dadurch Ressourcen und Energie eingespart werden; die Erfassung, Verknüpfung und intelligente Auswertung von Daten erlaubt ein systematisches Umweltmonitoring; und die Entwicklung neuer, nachhaltigerer Materialien (beispielsweise für Kunststoffe, Solarzellen und Katalysatoren) kann beschleunigt werden.

Die Digitalisierung ist somit ein wichtiger Ansatzpunkt für den umwelt- und klimagerechten Umbau von Industrie und Wirtschaft. Bundeskanzler Scholz erklärte 2021 in seiner Regierungserklärung, dass Deutschland „in den 2020er Jahren den Aufbruch hin zu einer klimaneutralen und digitalisierten Gesellschaft vollziehen" muss und wird.[19] Ziel ist es, eine moderne, ressourceneffiziente und wettbewerbsfähige Wirtschaft zu schaffen. Dies spiegelt sich auch in der im August 2022 veröffentlichen Digitalstrategie der Bundesregierung wider, welche den digitalen Aufbruch markieren soll.[20]

DIGITALISIERUNG & INNOVATION

Dabei dürfen aber die positiven ökologischen Effekte der Digitalisierung nicht durch energieintensive KI-Anwendungen und Rebound-Effekte konterkariert werden. Ferner muss in Zukunft, basierend auf der Verschränkung von Digitalisierung und ökologischer Nachhaltigkeit, auch das Zusammenspiel von Digitalisierung und sozialer Nachhaltigkeit stärker in den Fokus rücken, um durch Digitalisierung die Nachhaltigkeit ganzheitlich zu fördern.[21]

Transformationschancen durch angewandte Forschung

Digitalisierung bietet viele Möglichkeiten, um die multiplen Transformationsbereiche zu beschleunigen, Prozesse effizienter zu gestalten und Ressourcen optimal zu nutzen. Innovationen, die aus der Forschung hervorgehen, können dabei helfen, Nachhaltigkeit als Wirtschaftsfaktor zu etablieren und neue Märkte zu schaffen. Zur Etablierung einer nachhaltigen Gesellschaft ist die verstärkte Zusammenarbeit von Wissenschaft und Industrie unerlässlich. Die Wissenschaft liefert dabei wichtige Impulse und neue Technologien, während die Industrie diese in den Markt bringt und Skaleneffekte erzielt. Dies erfordert massive Investitionen in Forschung und Entwicklung.

Die digitale Transformation ist eine Querschnittsaufgabe und kann nur mit den richtigen Rahmenbedingungen zur optimalen Gestaltung komplexer ökologischer und gesellschaftlicher Systeme beitragen. Hierfür muss die Forschungsförderung wichtige Anreize in der interdisziplinären und anwendungsorientierten Forschung setzen. Mit dem Forschungs- und Entwicklungsvorhaben Digital GreenTech des BMBF soll zum Beispiel eine verstärkte Verknüpfung zwischen Digitalisierung und Umwelttechnologien innovative, nachhaltige Produkte, Verfahren und Dienstleistungen hervorbringen.[22] Diese Transformation ist jedoch langfristig ausgelegt und geht über jeweilige Legislaturperioden hinaus, weshalb es wichtig ist, die Förderzeitlinien und Antragszeiträume entsprechend auszugestalten. Planbarkeit und Sicherheit zur Umsetzung müssen auch über längere Laufzeiten hinweg unbürokratisch gewährleistet werden. Dies gilt sowohl für die Forschung als auch für Unternehmen, da sich deren Investitionsmaßnahmen nicht immer unmittelbar nach der Implementierung amortisieren.

Vernetzung und Wissenstransfer – die Voraussetzung für Innovationskraft – können im Cyberspace potenziert werden. Digitalisierung kann somit einen direkten und fundamentalen Beitrag zur Bewältigung der anstehenden gesellschaftlichen und wirtschaftlichen Transformation leisten.

Anmerkungen

1 Demary, Vera et al. (Hrsg.), Gleichzeitig. Wie vier Disruptionen die deutsche Wirtschaft verändern. Herausforderungen und Lösungen, IW-Studie, Köln, 2021, https://www.iwkoeln.de/studien/wie-vier-disruptionen-die-deutsche-wirtschaft-veraendern-herausforderungen-und-loesungen.html (alle Links zuletzt abgerufen am 20.6.2023).
2 WIPO, Global Innovation Index 2022. What is the Future of Innovation Driven Growth?, https://www.wipo.int/edocs/pubdocs/en/wipo-pub-2000-2022-en-main-report-global-innovation-index-2022-15th-edition.pdf.
3 WIPO, GII – Economic Trend Analysis. Economic Review 2022, https://www.globalinnovationindex.org/analysis-comparison.
4 BMBF, Daten und Fakten zum deutschen Forschungs- und Innovationssystem. Bundesbericht Forschung und Innovation 2022, https://www.bundesbericht-forschung-innovation.de/files/BMBF_BuFI-2022_Datenband.pdf.
5 EU-Kommission, Index für die digitale Wirtschaft und Gesellschaft (DESI), 2022, https://digital-strategy.ec.europa.eu/de/library/digital-economy-and-society-index-desi-2022.

DIGITALISIERUNG & INNOVATION

6   IFO-Institut, Digitale Transformation. Wie kann Deutschland zu den führenden Nationen aufschließen?, ifo-Schnelldienst 2/2022, https://www.ifo.de/DocDL/sd-2022-02-digitale-transformation.pdf.

7   PWC, PwC-Studie beziffert Potenzial künstlicher Intelligenz auf 430 Milliarden Euro, 6.6.2018, https://www.pwc.de/de/pressemitteilungen/2018/pwc-studie-beziffert-potenzial-kuenstlicher-intelligenz-auf-430-milliarden-euro.html.

8   Goldmann Sachs, Generative AI Could Raise Global GDP by 7%, 5.4.2023, https://www.goldmansachs.com/intelligence/pages/generative-ai-could-raise-global-gdp-by-7-percent.html?chl=em&plt=briefings&cid=407&plc=body?chl=em&plt=briefings&cid=407&plc=body.

9   Bitkom, Kriterien zur Identifikation von digitalen Schlüsseltechnologien, Positionspapier, 11.2.2022, 202221602-Bitkom-Kriterienkatalog-Digitale-Schlüsseltechnologien.pdf.

10 Fraunhofer-Gesellschaft, Maschinelles Lernen. Kompetenzen, Forschung, Anwendung, 2018, https://www.bigdata-ai.fraunhofer.de/de/publikationen/ml-studie.html.

11 Zeming Lin u. a., Evolutionary-Scale Prediction of Atomic-Level Protein Structure With a Language Model, in: Science 379, 1123–1130 (2023), DOI:10.1126/science.ade2574.

12 Fraunhofer-Gesellschaft, White Paper. Industrial Data Space – Digital Sovereignity over Data, 2016, https://www.fraunhofer.de/content/dam/zv/en/fields-of-research/industrial-data-space/whitepaper-industrial-data-space-eng.pdf.

13 Fraunhofer IOF, Erste quantengesicherte Videokonferenz zwischen zwei Bundesbehörden, Pressemitteilung, 10.8.2021, https://www.iof.fraunhofer.de/de/presse-medien/pressemitteilungen/2021/erste-quantengesicherte-videokonferenz.html.

14 Bundesregierung, Generationenvertrag für das Klima, 7.11.2022, https://www.bundesregierung.de/breg-de/themen/klimaschutz/klimaschutzgesetz-2021-1913672.

15 European Commission, Green Digital Sector, https://digital-strategy.ec.europa.eu/en/policies/green-digital.

16 Digital Europe, Digital Contribution to Delivering Long-Term Climate Goals, 5.2.2020, https://www.digitaleurope.org/resources/digital-contribution-to-delivering-long-term-climate-goals/.

17 Bitkom, Klimaeffekte der Digitalisierung. Studie zur Abschätzung des Beitrags digitaler Technologien zum Klimaschutz, 2021, https://www.bitkom.org/sites/main/files/2021-10/20211010_bitkom_studie_klimaeffekte_der_digitalisierung.pdf.

18 Stephan Muench u. a., Towards a Green and Digital Future. Key Requirements for Successful Twin Transitions in the European Union, Publications Office of the European Union, 2022, DOI:10.2760/54, JRC129319.
19 Regierungserklärung Bundeskanzler Olaf Scholz vor dem Deutschen Bundestag in Berlin, 15.12.2021, https://www.bundesregierung.de/breg-de/service/bulletin/regierungserklaerung-von-bundeskanzler-olaf-scholz-1992008.
20 Bundesregierung, Strategie für einen digitalen Aufbruch, 31.8.2022, https://www.bundesregierung.de/breg-de/themen/digitaler-aufbruch/digitalstrategie-2072884.
21 Acatech, Digitainability – Digitale Schlüsseltechnologien für ökologisch nachhaltiges Wirtschaften. Marktpotenziale und strategische Implikationen, 6.4.2023, https://www.acatech.de/publikation/digitainability-digitale-schluesseltechnologien-fuer-oekologisch-nachhaltiges-wirtschaften-marktpotenziale-und-strategische-implikationen/.
22 BMBF, Förderung von Forschungs- und Entwicklungsvorhaben zum Thema Digital GreenTech. Umwelttechnik trifft Digitalisierung, 2.2.2020, https://www.bmbf.de/bmbf/shareddocs/bekanntmachungen/de/2020/03/2879_bekanntmachung.html.

Innovativer und digitaler Mittelstand für Zukunftstechnologien

DIGITALISIERUNG & INNOVATION

Die Elektrifizierung der Welt

Halbleiter für eine nachhaltige Wirtschaft

von Felix J. Grawert

Dr. Felix J. Grawert ist Vorsitzender des Vorstands der Aixtron SE, einem führenden Unternehmen der Halbleiterindustrie. In dieser Funktion verantwortet er unter anderem das gesamte Geschäft mit Anlagen für Verbindungs-, darunter Wide-Bandgap-Halbleiter, sowie 2D-Nano-Materialien und die Geschäftsentwicklung darüber hinaus. Grawert machte 2001 seinen Abschluss als Diplom-Ingenieur in Elektrotechnik an der Universität Karlsruhe (TH). Dem war ein Master of Science in Electrical and Computer Engineering am Georgia Institute of Technology in Atlanta (USA) vorausgegangen. 2005 folgte die Promotion in Electrical Engineering and Computer Science am Massachusetts Institute of Technology (MIT) in Cambridge (USA). Anschließend arbeitete er von 2005 bis 2013 bei McKinsey & Company mit Fokus auf die Bereiche High Tech und Halbleiterindustrie. Von 2013 bis 2017 war er bei der Infineon Technologies AG für das Geschäftssegment Leistungshalbleiter tätig.

Das Pariser Klimaabkommen wurde 2015 erstmals auf den Weg gebracht, um dem weltweiten Temperaturanstieg Einhalt zu gebieten. Europa will bis 2050 komplett klimaneutral sein. Doch wie kann dieses Vorhaben gelingen? Letztlich kann das Ziel, die weltweiten CO_2-Emissionen zu reduzieren, nur erreicht werden, wenn alle an einem Strang ziehen. Voraussetzung dafür sind dabei aber nicht zwingend Verzicht und Enthaltsamkeit. Technische Innovationen sind ein ent-

DIGITALISIERUNG & INNOVATION

scheidendes Element – in Deutschland unter anderem stark angetrieben von mittelständischen Unternehmen: Einen großen Beitrag kann hier die effiziente Energiewandlung, etwa bei der Leistungselektronik, leisten. Technologisch stehen wir vor einer Zeitenwende, hin zur Elektrifizierung der gesamten Welt.

Warum ist das ein entscheidender Schritt? Seit deutlich mehr als 100 Jahren beruht unsere Industriegesellschaft auf dem Verbrennen von fossilen Brennstoffen wie Kohle, Öl und Gas. Aktuell setzt sich die Elektromobilität weltweit immer mehr durch. Ein entscheidender Faktor dabei ist Stromerzeugung beziehungsweise die Abkehr von fossilen Quellen hin zu erneuerbaren Energien. Energie muss allerdings nicht nur erzeugt, sondern auch verteilt werden. Bei dem Transport kommt es jedoch zur Wandlung, und ein nicht unerheblicher Teil der Energie geht verloren.

Was Halbleiter damit zu tun haben

Durch den Einsatz sogenannter Wide-Bandgap-Halbleiter – etwa von Verbindungshalbleitern auf Basis von Siliziumkarbid (SiC) oder Galliumnitrid (GaN) – lassen sich diese Wandlungsverluste um bis zu 50 Prozent reduzieren. Diese Materialklassen, die immense Vorteile für eine nachhaltigere Welt bieten, sind relativ neu. Erste signifikante Investitionen der Industrie in das Material SiC finden erst seit wenigen Jahren statt.

> Halbleiter mit großer elektronischer Bandlücke, sogenannte *Wide-Bandgap-Halbleiter (WBG)*, sind eine einzigartige Familie von Halbleitern. Im Gegensatz zu herkömmlichen Halbleitern wie Silizium besitzen sie eine größere Bandlücke, weshalb sie höhere Spannungen und Temperaturen aushalten können und eine höhere Leistungsdichte verarbeiten. Sie ermöglichen schnellere Schaltgeschwindigkeiten und reduzieren Wandlungsverluste. Das führt zu einer deutlich besseren Energieeffizienz und CO_2-Bilanz. Zu den bekanntesten WBG-Halbleitern gehören Galliumnitrid (GaN) und Silizium-

> karbid (SiC). Diese Materialien ermöglichen es zum Beispiel in der Leistungselektronik, effizientere und leistungsfähigere Geräte zu entwickeln. Zum Einsatz kommen diese Halbleiter zum Beispiel in der Elektromobilität, bei Anwendungen im Bereich der erneuerbaren Energien wie Solar, bei Daten- und Rechenzentren und auch in der Luft- und Raumfahrt.

Im Jahr 2023 werden Anlagen für SiC mit Abstand die umsatzstärksten Produkte bei Aixtron sein. Aixtron ist ein führender Anbieter für Depositionsanlagen für die Halbleiterindustrie und hat seinen Sitz in Herzogenrath bei Aachen sowie Niederlassungen und Repräsentanzen in Asien, den USA und in Europa. Die Technologielösungen des Unternehmens werden weltweit von einem breiten Kundenkreis zur Herstellung von leistungsstarken Bauelementen für elektronische und optoelektronische Anwendungen auf Basis von Verbindungshalbleitern.

Die Nutzung von SiC und GaN ist im Bereich der elektronischen Leistungsbauelemente ein entscheidender Innovationstreiber. Die Herausforderung ist nicht geringer, als das etablierte Material Silizium in den jeweiligen Kernanwendungen zu einem großen Teil zu ersetzen. Darüber hinaus, und getragen vom Megatrend der Elektrifizierung unserer Welt, wird mit diesen Materialien ein Markt adressiert, der künftig die Größe des heutigen Marktes der Silizium-Leistungselektronik deutlich übersteigen wird.

Führende Unternehmen der Halbleiterindustrie sind aktuell bereits dabei, enorme Produktionskapazitäten in diesem Bereich aufzubauen, um die Energiewende, Elektromobilität und Steigerung der Energieeffizienz Wirklichkeit werden zu lassen. Aber nur weil etwas technologisch möglich ist, heißt es nicht, dass es kommerziell breit benutzt wird. Denn die neuen Materialien sind teurer als herkömmliche Halbleiter auf Basis von Silizium. Dieser Kostendruck entfällt jedoch mit Blick auf eine bessere Epitaxie bzw. Materialabscheidung und mit einer Produktion im industriellen Maßstab. Die Rolle von Aixtron dabei ist, mit hochinnovativen Anlagen zur metallorganischen chemischen Gasphasenabscheidung (MOCVD) eine robuste Volumenproduktion zu ermöglichen und die Herstellung dieser Verbindungshalbleiter kommerziell tragfähig zu machen.

Der Beitrag von Aixtron – ebenso wie vieler anderer mittelständischer Unternehmen – ist bei solchen Entwicklungen nicht zu unterschätzen. Sie schaffen es mit ihrem Innovationsgeist, Technologien auf den Markt zu bringen, die wiederum ein entscheidender Schlüssel sind: Mit diesen Lösungen können Prozesse größerer, internationaler Unternehmen optimiert und skaliert und die Produktion bestimmter Produkte ins Volumen gebracht werden.

> *Metal Organic Chemical Vapor Deposition (MOCVD)* – auf Deutsch: metallorganische chemische Gasphasenabscheidung – ist ein hochkomplexes Verfahren zum Wachstum von kristallinen Schichten auf einem Halbleiter-Wafer. MOCVD kommt etwa in der Produktion von LEDs, Lasern, Transistoren, Solarzellen oder anderen elektronischen und opto-elektronischen Bauteilen zum Einsatz und ist die Schlüsseltechnologie für Zukunftsmärkte mit hohem Wachstumspotenzial. MOCVD ist das bedeutendste Herstellungsverfahren für III-V-Verbindungshalbleiter.

Im Bereich von SiC und GaN ist heute bereits klar, dass sie die Leistungselektronik von Grund auf revolutionieren werden. Mit ihren herausragenden Materialeigenschaften und der Anwendung sowohl im Bereich der Niedrigspannung wie bei GaN oder der Hochspannung bei SiC haben sie das Potenzial, die komplette Bandbreite der Leistungselektronik abzudecken und vollständig zu besetzen. Das Spektrum reicht von Elektromobilität über Anwendungen im Bereich der erneuerbaren Energien bis zur schnellen Datenübertragung. Sie werden in diesen stark wachsenden Segmenten dazu beitragen, den globalen CO_2-Fußabdruck signifikant zu verringern. Damit ist die effiziente Leistungselektronik auf Basis dieser Verbindungshalbleiter ein Schlüsselelement für das nichtfossile Zeitalter und hin zu einer nachhaltigeren Gesellschaft.

DIGITALISIERUNG & INNOVATION

Herausforderungen des innovativen deutschen Mittelstands

Der Mittelstand ist bei all dem entsprechend von großer Bedeutung: Er ist nicht nur Motor der deutschen Wirtschaft, sondern auch Innovationstreiber, der den Weg in Richtung Nachhaltigkeit ebnet. Dieses technologische Potenzial bildet die Grundlage, um neue Anwendungen kommerziell tragfähig zu machen. Technisches Know-how allein reicht dabei allerdings nicht mehr. Wer international am Markt bestehen und einen nachhaltigen Mehrwert für die Gesellschaft schaffen möchte, muss sich global mit anderen messen können. Wichtig ist dabei, die eigenen Strukturen und Abläufe kritisch zu hinterfragen und falls nötig auf die möglicherweise veränderten Bedürfnisse des Marktes anzupassen.

Aixtron ist hier ein sehr gutes Beispiel: Im Rahmen einer umfassenden Transformation wurde die gesamte Organisation inklusive aller Prozesse analysiert, wo nötig verändert und damit der industrielle Reifegrad insgesamt erhöht. Die Hauptfragestellungen dabei waren „Was können wir?", „Was braucht es dafür?" und „Wie kann das erreicht werden?". Denn die Innovation allein ist nicht mehr ausreichend, entscheidend sind der Reifegrad und die Reproduzierbarkeit.

Darüber hinaus bedarf es schneller Verwaltungsabläufe. Denn im internationalen Wettbewerb kommt es auf Schnelligkeit an, auch innerhalb anderer Staatensysteme. Denn wer erfolgreich sein und an der Weltspitze stehen möchte, muss überall präsent sein. Das setzt allerdings einen fairen und offenen Wettkampf unter zumindest ähnlichen Bedingungen in den unterschiedlichen Absatzmärkten und auf verschiedenen Kontinenten voraus. Dies muss langfristig sichergestellt werden.

DIGITALISIERUNG & INNOVATION

Vergleichbare Rahmenbedingungen schaffen

Die Politik spielt bei all dem eine entscheidende Rolle, denn sie schafft bestimmte Voraussetzungen und beeinflusst damit sehr stark, wie wettbewerbsfähig die Firmen des eigenen Landes in anderen Märkten operieren können. Ein Beispiel hierfür ist etwa die Geschwindigkeit von Genehmigungsverfahren sowie die Gewährleistung staatlicher Anreize zur Ansiedlung. Das gilt umso mehr für die Halbleiterindustrie, die sehr kapitalintensiv ist. Diese Branche wurde in den vergangenen Jahrzehnten weltweit sehr stark von staatlichen Anreizen geprägt, um die Ansiedlung von Unternehmen zu forcieren. Erste positive Anzeichen sind dazu auch hierzulande zu erkennen, aber es braucht einen langen Atem: Verlässliche Rahmenbedingungen müssen über Jahrzehnte hinweg geschaffen werden. Nur auf diese Weise lässt sich langfristig Halbleiterindustrie ansiedeln – und zwar in einem mit dem globalen Bruttoinlandsprodukt vergleichbaren Maßstab.

Ein weiterer wichtiger Aspekt dabei ist die universitäre Forschung und Anwendungsentwicklung in Europa. Hier entsteht hervorragende Spitzentechnologie, ein stetiger Motor und entscheidend für den technologischen Fortschritt. Die Forschungsergebnisse wandern dann jedoch oft ab und werden zu gerne von Unternehmen in anderen Weltregionen verwendet. Mit mehr eigener industrieller Präsenz vor Ort könnten diese wichtigen Ergebnisse auch regional direkt in die industrielle Arbeit einfließen. Attraktive Beschäftigungsangebote vor Ort würden darüber hinaus helfen, die gut ausgebildeten Talente im eigenen Land zu behalten. Sie wiederum können vor Ort einen aktiven Beitrag dazu leisten, damit die Elektrifizierung der Welt weiter erfolgreich voranschreitet.

DIGITALISIERUNG & INNOVATION

Der Klimawandel und die Notwendigkeit der Dekarbonisierung der Stromerzeugung

Innovationen im Mittelstand

von Guido van Tartwijk und Stefan Kube

Guido van Tartwijk ist ein Senior Global Executive mit mehr als 20 Jahren Erfahrung in den Bereichen Start-up und Turnaround in Europa, China und den USA. Er verfügt über langjährige Erfahrung in der LED-Beleuchtungs- und Optoelektronik-Industrie. Seine Karriere führte ihn in verschiedene Top-Management-Funktionen, unter anderem für Philips Lighting, wo er den Aufbau des globalen Philips-LED-Lighting-Hub in Shanghai verantwortete, sowie als Senior Vice President und General Manager von Philips LED Electronics. Guido van Tartwijk hat eine beeindruckende Erfolgsbilanz bei der Einführung von Innovationen in Rekordzeit vorzuweisen, für nachhaltiges und profitables Wachstum in globalen Märkten.

Stephan Kubo, Senior Marketing Professional, verfügt über 10+ Jahre Erfahrung im internationalen B2B-Marketing. Sein Schwerpunkt liegt auf der Solarenergie und dem Investitionsgüterbereich. Nach Stationen in München und Tokyo kehrte er 2019 in seine Heimat Dresden zurück und leitet bei Heliatek, einem innovativen und nachhaltigen Solarunternehmen, die Marketingabteilung. Mit seinen strategischen und operativen Marketingpositionen bedient er sich sämtlicher moderner Marketinginstrumente, sei es online oder offline.

DIGITALISIERUNG & INNOVATION

Der Klimawandel ist eines der drängendsten Probleme unserer Zeit. Steigende Temperaturen und zunehmende Wetterextreme, schmelzende Gletscher und steigende Meeresspiegel sind nur einige der bereits spürbaren Auswirkungen. Um diesen Trend umzukehren und die Auswirkungen des Klimawandels zu begrenzen, müssen wir die Art und Weise ändern, wie wir den steigenden Energiebedarf der mehr als acht Milliarden Menschen auf unserem Planeten decken. Die Erzeugung sauberer Energie ist eine der wichtigsten Aufgaben unserer Zeit. Fossile Brennstoffe wie Kohle und Öl haben einen erheblichen Einfluss auf den Klimawandel und müssen daher durch alternative Energiequellen ersetzt werden. Eine entscheidende Rolle spielt dabei die Solarenergie, da die Sonne mehr Energie liefert, als wir alle benötigen, und neue Technologien verfügbar werden, um die unendliche Energie der Sonne mit minimalen negativen Auswirkungen zu nutzen. Die Solarstromerzeugung hat sich als eine der effektivsten Energiequellen erwiesen und kann dazu beitragen, die Abhängigkeit von fossilen Brennstoffen zu verringern. Herkömmliche (auf Silizium basierende) Solarenergie wird immer erschwinglicher und leistet heute schon einen wichtigen Beitrag zur Dekarbonisierung der Stromerzeugung. Dies spiegelt sich in einem rasanten Anstieg der Solarkapazitäten weltweit wider. Mehr als ein Terawatt Solarstrom sind bereits installiert – Tendenz steigend. Doch die Solarenergie steht auch vor Herausforderungen: zum einen die Verfügbarkeit wichtiger Materialien in den Modulen, zum anderen die umfassende und nachhaltige Verwertung der Solarmodule am Ende ihrer Lebensdauer. Um diese Probleme zu lösen und einen vollständigen Wandel hin zu erneuerbaren Energien voranzutreiben, sind neue Solartechnologien erforderlich.

DIGITALISIERUNG & INNOVATION

Ungenutztes Flächenpotenzial auf Gebäuden

Trotz des starken Wachstums an Solarinstallation macht die Stromerzeugung aus Solar weltweit immer noch weniger als vier Prozent aus. Die Energiewende kann nur dann gelingen, wenn der weltweite Anteil an Stromerzeugung aus erneuerbaren Energien und Solarstrom in den kommenden Jahren schneller zunimmt. Dafür müssen neben den gesellschaftlichen und politischen Rahmenbedingungen zur Förderung der Solarenergie auch neue innovative Lösungen herangezogen werden. Ein Ansatz dabei ist es, Flächen zu nutzen, die bis heute noch nicht für die Solarstromerzeugung genutzt werden. Flächen, die dort existieren, wo die Menschen leben und arbeiten und Energie verbrauchen. Es geht um die Gebäude dieser Erde, die ein großer Stromverbraucher sind, jedoch noch nicht aktiv zur Stromerzeugung und Dekarbonisierung genutzt werden. Stand heute werden Solarmodule hauptsächlich auf Dächern installiert, trotzdem werden erst gut zwei Prozent aller weltweiten Dachflächen für Solarstromerzeugung genutzt. Doch was ist mit allen anderen Flächen eines Gebäudes wie die Fassaden? Auch hier liegt ein riesiges Potenzial, das heute noch nahezu ungenutzt ist.

Eine ultra-leichte und flexible Solarlösung

Wie wäre es also, wenn es eine Technologie gäbe, die nicht nur auf Dächern, sondern auch auf Fassaden einfach zu installieren wäre, die unabhängig von unterschiedlichen Gebäudematerialien wäre und somit nahezu überall installiert werden könnte? Die zudem noch den saubersten Strom aller Solartechnologien erzeugte? Genau dieser Gedanke steht hinter den Solarfolien der Firma Heliatek, HeliaSol. Die Solar-

DIGITALISIERUNG & INNOVATION

folien sind die ersten kommerziellen Produkte auf Basis der organischen Solartechnologie (OPV), die auf organischen „kleinen Molekülen" als Halbleitermaterialien aufbaut. Hier ist Heliatek mit mehr als 450 Patenten weltweit anerkannter Technologieführer. Die Technologie ermöglicht es, ultraleichte, flexible und ultra-dünne Solarmodule mit einem überaus niedrigen CO_2-Fußabdruck herzustellen. Dabei verzichtet die Technologie auf den Einsatz giftiger Schwermetalle wie Cadmium oder Blei und jeder Art begrenzter Rohstoffe oder Seltener Erden. Die Solarfolien können mittels eines integrierten Rückseitenklebers auf eine Vielzahl an Gebäudematerialien geklebt werden, egal ob Beton, Glas, Metall, Bitumen oder sogar Membranen. Somit kann auf spezielle Unterkonstruktionen verzichtet werden. Die Folien legen sich wie eine zweite Haut auf die Gebäudeflächen und erzeugen sauberen Solarstrom. Noch nie war es so einfach, eine bestehende Fläche in einen Solarstromerzeuger zu verwandeln.

Damit sind die Folien perfekt geeignet für alle Fälle, in denen konventionelle Solarmodule aufgrund von Gewichts- oder Untergrundbeschränkungen an ihre Grenzen stoßen. Denke man dabei nur an den Gebäudebestand alter Produktions- und Logistikgebäude, deren Dachstatik keine schwere Solarinstallation tragen kann. Oder alle Fassadenflächen, bei denen die Installation konventioneller Solarmodule technisch anspruchsvoll und teuer ist oder baurechtlich nicht zulässig, zum Beispiel in Ländern mit erhöhter Taifungefahr. Auch architektonische Flächen, die nicht gerade sind, oder Gebäudematerialien, die für eine Unterkonstruktion nicht durchdrungen werden dürfen, sind mit den Solarfolien plötzlich zugänglich, da sie sich nahtlos in bestehende Strukturen integrieren, sich ihrer Form anpassen und keine zusätzlich relevante Last auf die Trägerstrukturen bringen.

DIGITALISIERUNG & INNOVATION

Die Vielfältigkeit der Anwendungsmöglichkeiten zeigt ein Beispiel aus Barcelona.

Wirklich grüne Solarenergie

Ein wichtiger Vorteil der Technologie gewinnt zunehmend an Bedeutung – die Frage, wie nachhaltig die Technologien zur Solarstromerzeugung selbst sind. Allgemein ist für die Solarenergie bekannt, dass sie über viele Jahre sauberen Sonnenstrom erzeugt. Doch wie nachhaltig eine Technologie ist, lässt sich nur dann beurteilen, wenn der gesamte Produktlebenszyklus betrachtet wird, also von den Rohstoffen über die Herstellung zur Nutzungsphase bis hin zur Verwertung am Lebensende. Mit der sogenannten Life-Cycle-Assessment-(LCA-)Methode lässt sich für jedes Produkt oder jede Dienstleistung ein sogenannter Carbon-Footprint-Wert ermitteln, der Auskunft darüber gibt, wie grün ein Produkt ist.

Für die Solarfolien ergab die LCA durch den TÜV Rheinland einen Carbon Footprint von knapp 15 Kilogramm CO_2e pro Quadratmeter Solarfolie. Dass dies ein sehr geringer Wert ist, lässt sich im Vergleich mit anderen Produkten und Dienstleistungen des täglichen Lebens erkennen. So hat zum Beispiel ein deutscher Durchschnittsbürger im Jahr einen Carbon Footprint von gut neun Tonnen, ein Flug von Hamburg nach München entspricht gut 300 Kilogramm CO_2e und ein Kilo Rindfleisch hat einen Carbon Footprint von immerhin 24 Kilogramm.

Viel wichtiger ist aber noch der Vergleich mit anderen Energiequellen, um festzustellen, wie sauber und nachhaltig eine Energiequelle ist. Hier zeigt sich, dass die Solarfolien eine der saubersten Stromerzeugungstechnologien sind, die es aktuell überhaupt gibt.

Während eine Kilowattstunde Strom aus Braunkohleerzeugung bis zu ein Kilogramm CO_2e erzeugt, eine Kilowattstunde aus Gas um die 400 Gramm CO_2e und eine Kilowattstunde aus Strommix Deutschlands knapp 500 Gramm CO_2e emittiert, haben die Solarfolien an den meisten Standorten weltweit einen äußerst niedrigen CO_2-Fußabdruck von weniger als zehn Gramm CO_2e. Dies macht sie zur saubersten Solartechnologie und einer der saubersten Stromerzeugungstechnologien überhaupt.

Der Grund dafür liegt in der Technologie selbst. Ein sehr geringer Materialeinsatz und der Verzicht auf toxische Schwermetalle wie Blei und Cadmium und begrenzte Rohstoffe sorgen in Verbindung mit einem effizienten Herstellungsverfahren für diesen führenden Wert.

DIGITALISIERUNG & INNOVATION

Einzigartiges Herstellungsverfahren, patentierte Technologie

So einfach die Folien auch aussehen und anzuwenden sind, so komplex ist hingegen ihre Fertigung. In den Folien steckt jahrelange Forschung und viel Know-how. Die Herstellung der Folien erfolgt mittels eines eigens entwickelten Rolle-zu-Rolle-Herstellungsverfahren, bei dem Rollen mit einer Breite von bis zu 1,3 Metern und mehreren Kilometern Länge verarbeitet werden und erst zum Schluss in die einzelnen Solarfolien geschnitten werden. Kern dieses Herstellungsverfahrens ist die Verdampfung der organischen Halbleitermaterialien unter Vakuum auf eine Kunststoffträgerfolie in Nanometer dünnen Schichten. Um die Solarfolien zu schützen und widerstandsfähig zu machen, werden sie mehrfach verkapselt, also mit Schutzschichten ummantelt. Mit dem speziellen Klebefilm auf der Rückseite und der Anschlussdose wird die Folie so zu einem fertigen Solarmodul, das direkt eingesetzt werden kann. Dahinter stehen viele Prozessschritte auf Maschinen, die es so kein zweites Mal auf der Welt gibt. Dieses Know-how in den Maschinen, Prozessen und Materialien sorgt neben einem umfassenden Patentschutz dafür, dass Wissen und Wertschöpfung geschützt werden können, um so den Technologievorsprung zu erhalten.

Technologie mit Zukunftspotenzial

Die organische Photovoltaik ist eine Technologie mit großem Entwicklungspotenzial für die solare Zukunft. So ist es möglich, die Solarfolien in unterschiedlichen Größen herzustellen bis zu einer Länge von weit über zehn Metern. Darüber hinaus gibt es die Möglichkeit, die Farbe der Folien in Nuancen zu

DIGITALISIERUNG & INNOVATION

verändern. Selbst transparente Solarzellen sind technologisch umsetzbar. In Zukunft wird es möglich sein, den dünnen Solarfilm zum Beispiel in Fenstergläser zu integrieren und so die Glasfenster dieser Welt mit einer Solarfunktion zu versehen. Der Markt dafür wäre ebenfalls nahezu grenzenlos vergleichbar mit den Gebäudeflächen dieser Erde.

Die organische Photovoltaik ist eine noch junge, jedoch sehr vielversprechende Technologie. Sie erschließt vollkommen neue Solarlösungen und neue Anwendungsmöglichkeiten, die mit konventionellen Solarmodulen nicht denkbar gewesen sind. Als erste wirklich grüne Solartechnologie mit einem Carbon Footprint von weniger als zehn Gramm CO_2e/kWh stellt die OPV-Technologie die Weichen für eine wirklich nachhaltige Solarstromerzeugung, die ultra-grünen Strom erzeugt und wie keine andere Technologie dazu geeignet ist, aktiv zu einer Dekarbonisierung der Stromerzeugung beizutragen und dabei die Ressourcen unserer Erde zu schonen.

Digitale Aus- und Weiterbildung

DIGITALISIERUNG & INNOVATION

Groß denken, Tempo machen

Chancen für Innovationen in der digitalen Bildung

von Bettina Stark-Watzinger

Bettina Stark-Watzinger ist seit Dezember 2021 Bundesministerin für Bildung und Forschung. Dem Deutschen Bundestag gehört sie seit 2017 an und vertritt den Wahlkreis 181 Main-Taunus. Sie ist Vorsitzende der hessischen FDP und Mitglied des Bundespräsidiums und -vorstands der Freien Demokraten. Bettina Stark-Watzinger wurde in Frankfurt am Main geboren und lebt in Bad Soden/Taunus.

Kaum ein Feuilleton, kaum ein Newsportal, in dem derzeit nicht von ChatGPT die Rede ist. Auch als Gradmesser für die digitale Bildung in Deutschland lässt sich der Bot perfekt heranziehen: Während ein Gymnasium testet, ob ChatGPT die Abiturprüfungen wohl bestehen würde, wäre die Grundschule im Nachbarkiez schon dankbar, Tablets für alle zu haben. Das Aufholen in Sachen Digitalisierung bleibt für viele aktuell, und dabei geht es um weit mehr als „nur" zeitgemäße Lernmethoden, es geht um Chancen in allen Lebensbereichen. Eltern wünschen sich, dass ihre Kinder schon in der Schule Leitplanken für den Umgang mit digitalen Medien erhalten. Arbeitgeber suchen Fachkräfte, die digitale Kompetenzen mitbringen. Und die allermeisten Menschen in unserem Land können sich einen Alltag, eine Zukunft ohne eine digitale Dimension nicht mehr vorstellen. Verständlich. Ob Energiewende, Klimaschutz oder Daseinsvorsorge – keine dieser großen Aufgaben wäre analog noch zu bewältigen.

Eine Zeitenwende für die digitale Bildung

Der Bund unterstützt die Länder im Rahmen seiner gesetzlichen Möglichkeiten, um den Digitalisierungsgrad an den Schulen flächendeckend zu erhöhen. Beispielsweise haben wir jüngst unsere neuen Kompetenzzentren für digitalen Unterricht auf den Weg gebracht. Besonders wichtig ist es mir, ganz gezielt die Lehrenden zu adressieren, damit sie sich in der digitalen Welt genauso souverän wie in ihrer fachlichen Welt bewegen können. Wir brauchen Pädagoginnen und Pädagogen, die die Chancen des digitalen Lernens umfassend ausschöpfen. Es gilt also „Train the Trainer", und zwar für alle Schulformen, für alle Schülergruppen und dabei ganz besonders für die bildungsfernen und -benachteiligten. Herkunft oder Handicap dürfen nicht länger Bremsen für den Bildungserfolg sein. Digitale Kompetenzen sind kein Nice-to-have, sie sind ein Muss für Chancengerechtigkeit schon in jungen Jahren. Wir wissen, wie sehr sich Kinder und Jugendliche für virtuelle Räume begeistern und auf sie einlassen. Unser größtes Versäumnis wäre, sie sich auf die digitale Teilhabe nicht genügend vorzubereiten und die Dinge einfach laufen zu lassen.

Deshalb investieren wir als Bundesministerium für Bildung und Forschung bis zu 205 Millionen Euro in die Lehrkräftefortbildung, genauer in den Kompetenzverbund lernen:digital mit einer bundesweiten Transferstelle und vier thematischen digitalen Kompetenzzentren. Unser Schwerpunkt ist die enge Zusammenarbeit zwischen der Wissenschaft und der Lehrkräftebildung in den Ländern. Unser Ziel ist dabei klar: hochwertige Fortbildungsangebote und echter Mehrwert für alle

DIGITALISIERUNG & INNOVATION

Beteiligten. Eines der Kompetenzzentren konzentriert sich beispielsweise auf die MINT-Fächer Mathematik, Informatik, Naturwissenschaften und Technik und damit auf ein Feld, das wir mit unserem MINT-Aktionsplan 2.0 massiv fördern – von der Stiftung Kinder forschen bis zu den Exzellenzuniversitäten. Aber natürlich profitieren auch andere Bereiche von digitalen Methoden, wie etwa der Fremdsprachenunterricht. Zukunftsthemen wie Künstliche Intelligenz (KI) oder Virtual beziehungsweise Extended Reality behalten wir mit begleitender Forschung im Blick.

Es geht uns um mehr Qualität in der Bildung, aber auch um die nötige Quantität. Wo Lehrkräfte fehlen, können klug konzipierte, digitale Angebote die Personalplanung entlasten. Ich setze mich für einen digitalen Bildungsraum ein: Wenn Menschen allen Alters sich digital weiterbilden wollen, sollen sie jederzeit Angebote finden. Ganz gleich, ob von kommunaler, Landes- oder Bundesebene. Wir haben bereits viele hervorragende Ansätze in Deutschland, die aber nicht immer im nötigen Umfang ihre Zielgruppen erreichen. Das sind verschenkte Ressourcen in einer Zeit, die auch für unsere Bildung eine Zeitenwende bedeuten muss. Wir wollen die vorhandenen Angebote daher gezielt verknüpfen und Lernenden bundesweit ermöglichen, sich selbst zu vernetzen. Dafür fördern wir zum Beispiel die sogenannte Nationale Bildungsplattform. Diese digitale Vernetzungsinfrastruktur soll eine bruchlose Bildungsreise über die komplette Bildungsbiografie ermöglichen. Dafür nehmen wir rund 500 Millionen Euro in die Hand.

Think new

Die größte Herausforderung ist allerdings nicht mit Geld zu bewältigen, sie gelingt nur als mentale, gesellschaftliche Kraftanstrengung: Wir brauchen ein neues Mindset, ein neu-

DIGITALISIERUNG & INNOVATION

es Bild davon, wie wir lernen und arbeiten. Dazu gehört ein sachlicher und werteorientierter Umgang mit Innovationen. KI-Systeme beispielsweise sind in der Forschung und in der Anwendung schon seit Jahrzehnten ein Thema, werden seit dem Start von ChatGPT nun aber in der breiten Öffentlichkeit oft sehr aufgeregt debattiert. Hilfreicher wäre der Mittelweg: eine Diskussion, die auf Verstehen basiert und alle Chancen auslotet, ohne die Risiken aus dem Blick zu verlieren.

Es ist natürlich richtig, dass problematische Aspekte von Künstlicher Intelligenz jetzt intensiv besprochen werden: Hierzu zählen etwa Fragen zur Urheberschaft, zu halluzinierten Texten oder technisch antrainierten Vorurteilen. Menschen suchen nach Wahrheit, Künstliche Intelligenz errechnet Wahrscheinlichkeiten. Auch der mögliche Missbrauch für Überwachung oder Fakes aller Art – nicht zuletzt in der Wissenschaft – muss uns wachsam bleiben lassen. Allerdings sollten wir uns zugleich die riesigen Entwicklungspotenziale von KI-Systemen vor Augen halten, nicht nur für die Bildung, sondern auch für optimierte industrielle Prozesse, für Verkehr und Logistik, für Landwirtschaft und Umweltschutz, für Medizin und Pflege. Richtig programmiert kann uns Künstliche Intelligenz Freiheiten für die Konzentration auf das uns Eigene und Wesentliche schaffen, kann Wohlstand und Lebensqualität sichern. Umso dringender ist es deshalb, dass wir die Zukunftsmärkte und ihre Standards nicht anderen überlassen, sondern selbst aktiv werden – im eigenen Land und auf europäischer Ebene. In den Abstimmungen dafür müssen wir deutlich schneller werden, sonst bleibt uns im internationalen Wettbewerb nur die Rolle als Zaungast. Es stimmt mich zuversichtlich, dass von deutschen Unternehmen klare ‚Jetzt-erst-recht-Signale kommen und auch das Echo der Hannover-Messe 2023 keinen Zweifel lässt: Wir bleiben dran.

Als Verbündete erlebe ich in diesen Debatten auch die Hochschulen und außeruniversitären Forschungsinstitute: dank unserer nachhaltig finanzierten KI-Kompetenzzentren,

DIGITALISIERUNG & INNOVATION

dank KI-Servicezentren mit großer Rechenleistung, Expertise für Wissenschaft wie Wirtschaft und dank neuer KI-Anwendungshubs, die beispielsweise die Kreisläufe von Kunststoffverpackungen optimieren. Hinzu kommt die Entschlossenheit insbesondere junger Menschen, die sagen: „Entweder wir gestalten diese Zukunft mit oder sie findet ohne uns statt." So viele unter ihnen träumen von Start-ups, fühlen sich von überbordender Bürokratie aber ausgebremst.

Wenn wir digitale Bildung und Innovationen konsequent zu Ende denken, ist es absolut naheliegend, das geistige Eigentum unserer Studierenden, Promovierenden und Post-Docs für Ausgründungen zu öffnen. Denn gerade sie haben das Know-how und die Kraft für Neuanfänge. Naheliegend, aber bekanntlich keine Kleinigkeit, deswegen beschleunigen wir diese Art von Wandel. Unsere Agentur für Sprunginnovationen, die SPRIND, hat kürzlich eine Initiative gestartet, um neue Impulse für den Transfer von geistigem Eigentum in wissensbasierte Ausgründungen zu setzen. Auch hier geht es um mehr als Strukturfragen, es geht um ein Umdenken.

Think big

Nicht zuletzt werbe ich auch in der digitalen Bildung für eine indikatorenbasierte Erfolgskontrolle. Ergebnisse messen und evaluieren, den Return on Investment in wirtschaftlichen wie sozialen Kategorien erfassen: Das ist in Deutschland längst noch nicht überall Goldstandard, sollte es aber werden, wenn wir mit unseren endlichen Ressourcen die beste Bildung für alle erreichen wollen – lebenslang. Zugegeben, das ist ein ehrgeiziges Ziel, aber auch ein wichtiges Signal nach Jahrzehnten der gefühlten Trippelschritte. Wenn ich mir die Förderprojekte unseres Hauses anschaue, dann sehe ich, wie viel schon heute möglich ist. Zum Beispiel eine virtuelle

DIGITALISIERUNG & INNOVATION

Lackierwerkstatt, in der Auszubildende per Virtual Reality potenziell gefährliche und teure Verfahren einüben. Oder ein multimediales Schulbuch, das per Eyetracker in Echtzeit analysiert, welche passgenaue Hilfe den Nutzenden angeboten werden kann – eine Worterklärung für besseres Textverständnis vielleicht, ein Videotutorial oder eine vertiefende Statistik. Lehrmaterial wird damit „automatisch" fast so individuell wie die Lernenden. Die Technische Universität Kaiserslautern hat dafür schon den richtigen Namen gefunden: HyperMind.

„Think big" – genau diese Haltung brauchen wir. Digitale Bildung muss uns alle Anstrengungen wert sein, damit jede und jeder Einzelne genauso große Chancen auf Fortschritt hat wie unsere Volkswirtschaft als Ganzes. Wer Ambitionen nährt, der nährt ein Land.

DIGITALISIERUNG & INNOVATION

Künstliche Intelligenz – 2023 als Schlüsselmoment für die Zukunft

Chance und Aufgabe für die Entwicklungszusammenarbeit

von Thorsten Schäfer-Gümbel

Thorsten Schäfer-Gümbel ist seit Oktober 2019 Arbeitsdirektor und Mitglied des Vorstands der Deutschen Gesellschaft für Internationale Zusammenarbeit (GIZ) GmbH. Seit November 2022 ist er Vorstandssprecher der GIZ GmbH.
Nach dem Studium der Politikwissenschaften arbeitete Thorsten Schäfer-Gümbel zunächst als wissenschaftlicher Mitarbeiter am politikwissenschaftlichen Institut der Justus-Liebig-Universität Gießen und ab 1998 als Referent im Dezernat für Soziales, Schulen und Jugend der Stadt Gießen. Von 2003 an war er Mitglied des Hessischen Landtags, seit 2009 Vorsitzender der SPD-Landtagsfraktion und des SPD-Landesverbandes Hessen. Schäfer-Gümbel wurde 2013 zu einem der stellvertretenden Bundesvorsitzenden der SPD gewählt. Im Parteivorstand war er u. a. für die Themen Steuern und Finanzen zuständig sowie für die Beziehungen zu den Ländern Asiens, insbesondere China. Von Anfang Juni 2019 bis Ende September 2019 führte er die SPD als einer von drei kommissarischen Bundesvorsitzenden.

DIGITALISIERUNG & INNOVATION

Vieles spricht dafür, dass das Jahr 2023 in die Geschichtsbücher eingehen wird als der Beginn des KI-Zeitalters oder, wie Historiker Yuval Noah Harari es gar formuliert, als das Ende des allein vom Menschen dominierten Teils der Geschichte.[1] Während Befürworter:innen die neuen Möglichkeiten preisen, warnen Skeptiker:innen vor den unabsehbaren, potenziell gefährlichen Folgen einer Form der Intelligenz, die der menschlichen deutlich überlegen sein könnte. Angesichts der rasanten Entwicklungen bleibt viel Spekulation. Doch inmitten der Uneinigkeit stimmen alle wohl in einem Punkt überein: Aufgrund der neuen Generation der Künstlichen Intelligenz wird nach dem Jahr 2023 nichts mehr so sein, wie es war. Dies betrifft alle Bereiche der Gesellschaft wie Bildung, Klimaschutz oder Wissenschaft – und somit auch alle Sustainable Development Goals (SDGs), die Ziele der Vereinten Nationen, die weltweit der Sicherung einer nachhaltigen Entwicklung dienen sollen. Diese Breitenwirksamkeit ist Herausforderung und Chance zugleich. Dank ihrer bisherigen Arbeit ist die deutsche Entwicklungszusammenarbeit in diesem Umbruch einmal mehr Schlüsselakteurin für eine gerechtere und nachhaltigere Zukunft.

Was als zweimonatiges Forschungsprojekt einer kleinen Gruppe von Wissenschaftler:innen im Sommer 1956 in den USA begann, ist nun schon viele Jahre fester Bestandteil unseres Alltags: Künstliche Intelligenz personalisiert unsere Werbung, filtert unsere E-Mails und entsperrt unser Telefon. Doch erst die neueste Generation von KI-basierten Anwendungen wie der textgenerierende Chatbot ChatGPT führen der breiten Öffentlichkeit seit dem Jahreswechsel 2022/2023 eindrücklich vor Augen, wozu intelligente Technologien imstande sind. Aufgaben, für die einst menschliche Fertigkeiten notwendig waren, können nun mühelos von ChatGPT und Co in kürzester Zeit erledigt werden. Gefüttert mit Millionen von Texten, Bildern, Sprach- und Videodateien sind sie in der Lage, selbstständig ganze Webseiten zu erstellen, Texte zu verfassen oder Musik zu komponieren – das passende Musikvideo liefert die Künstliche Intelligenz gleich mit.

Chancen und Herausforderungen der KI für die Entwicklungszusammenarbeit

Teilweise bereits sichtbar, teilweise absehbar sind schon jetzt Auswirkungen dieser Entwicklung auf Menschen, Gesellschaften und Politik – auch im Globalen Süden. In der Landwirtschaft können Pflanzenkrankheiten KI-basiert frühzeitig erkannt und bekämpft werden, was zu höheren Ernteerträgen führen kann. Satellitendaten können automatisiert ausgewertet werden, um den Anbau von Nahrungsmitteln im ländlichen Raum zu optimieren. Auch in der Gesundheitsversorgung können KI-Technologien eine wichtige Rolle spielen, indem sie schnellere und genauere Diagnosen ermöglichen und somit die Behandlung verbessern. Dies ist besonders eine Chance für abgelegene Gebiete mit hohem Ärztemangel – weit verbreitet in den Partnerländern der deutschen Entwicklungszusammenarbeit. Auch in der Katastrophenhilfe kann KI dazu beitragen, schneller und effektiver auf extreme Wetterereignisse und andere Notfälle zu reagieren. Unzählige weitere Einsatzmöglichkeiten sind denkbar.

Die möglichen negativen Auswirkungen sind mindestens ebenso zahlreich wie die Chancen, und auch diese betreffen zahlreiche SDGs. Dabei sind die Herausforderungen nicht neu, haben sich nun aber durch die massenhaft gestiegene KI-Nutzung vervielfacht. In einer langen Liste scheinen vier Themenfelder besonders relevant.

Erstens demokratische Prozesse: Schon heute gibt es groß angelegte Kampagnen zur Verbreitung von Desinformation, um Wahlen zu beeinflussen, demokratische Institutionen zu beschädigen und Menschen gegeneinander aufzubringen.

Mithilfe von einfach zu bedienenden Chatbots sowie Bild- und Videogeneratoren besteht jedoch die reale Gefahr, dass wir dabei in ganz neue Dimensionen vorstoßen. Gestützt von generativen KI-Modellen lassen sich Fake News umfassender, schneller und kostengünstiger erzeugen und verbreiten. Das kann den gesellschaftlichen Zusammenhalt gefährden und demokratische Strukturen untergraben.

Zweitens Diskriminierung und mangelnde Inklusivität: Durch nichtrepräsentative Trainingsdaten, die aufgrund historischer Ungleichheiten oder struktureller Diskriminierung bestimmte Gruppen ausschließen oder unterrepräsentieren, und mangelnde Transparenz vieler KI-Systeme, die es schwierig macht, solche Verzerrungen aufzudecken, sind Diskriminierungen bestimmter Personengruppen oder Minderheiten im wahrsten Sinne vorprogrammiert. Auch basieren die Ergebnisse zumeist auf Werten und Normen derjenigen, die das Wissen, das die KI nutzt, produziert haben – und schreiben somit Ungleichheiten fort. Dazu passt die beunruhigende Tatsache, dass sich die Erforschung, Entwicklung und Nutzung vor allem im Globalen Norden konzentriert.

Drittens Arbeit: Anforderungen, Kompetenzprofile und Bildungswege werden sich radikal ändern. Je mehr KI-Systeme Einzug in den Arbeitsalltag finden, indem sie zum Beispiel für Sachbearbeiter:innen Dokumente schreiben, für Regisseur:innen das Filmskript und den Film direkt dazu erstellen und Richter:innen beim Schreiben von Urteilen zur Hand gehen, desto mehr wird sich die Frage nach dem richtigen Umgang mit diesen Technologien und dem Zusammenspiel von Mensch und Maschine stellen. Ganze Wirtschaftszweige müssen sich neu aufstellen. Ein bereits jetzt absehbarer Ausschnitt sind die teilweise sehr schlechten Arbeitsbedingungen von Arbeitnehmer:innen in unseren Partnerländern, die Daten sichten, strukturieren und mit Labels versehen, um KI-Modelle zu trainieren. Manche sprechen gar von neuen digitalen Sweatshops in Afrika zur Bespielung von KI.

Viertens Klima: Der Klimafußabdruck der KI-Systeme durch das Verarbeiten von Unmengen an Trainingsdaten ist enorm. Große Mengen an Rechenleistung sowie Speicherplatz sind notwendig, um die komplexen Modelle zu trainieren und umfangreiche Datenmengen zu verarbeiten, was zu einem beträchtlichen Energiebedarf und damit verbundenem Ausstoß von Treibhausgasen (THG) führt. Der Einfluss des Energieverbrauchs und der damit einhergehende THG-Ausstoß von KI-Systemen auf den Klimawandel ist somit ein bedeutsames Thema, das weiterer Aufmerksamkeit bedarf. Besonders ungerecht dabei: Die am meisten vom Klimawandel betroffenen Menschen – nämlich in den Entwicklungsländern – werden voraussichtlich aufgrund von fehlendem Zugang, fehlenden Kapazitäten oder fehlenden Anwendungsmöglichkeiten am wenigsten von KI profitieren.

Entwicklungszusammenarbeit in einer Welt der KI

Die Entwicklungszusammenarbeit ist mit ihrem Fokus auf die SDGs und deren Prinzipien „Do No Harm" und „Leave No One Behind" prädestiniert, um die Chancen für mehr Nachhaltigkeit zu nutzen und die Risiken zu minimieren. Bereits in der Vergangenheit hat Deutschland das Thema Künstliche Intelligenz in der Entwicklungszusammenarbeit aufgegriffen. Die im November 2018 verabschiedete und im Dezember 2020 aktualisierte nationale KI-Strategie Deutschlands bekräftigt die „Rolle der internationalen Vernetzung mit Entwicklungs- und Schwellenländern [...], um diesen Ländern eine Teilhabe an der Nutzung von KI-Technologien und Entwicklung von KI-Anwendungen für nachhaltige wirtschaftliche, ökologische und soziale Entwicklung zu ermöglichen".[2] KI-Leuchtturm-Vorhaben ist hierbei das vom Bundesminis-

DIGITALISIERUNG & INNOVATION

terium für Wirtschaftliche Zusammenarbeit und Entwicklung (BMZ) finanzierte und von der Gesellschaft für Internationale Zusammenarbeit (GIZ) GmbH umgesetzte Vorhaben FAIR Forward. Das Programm baut mit der Mozilla Stiftung und Partner:innen in Ruanda, Uganda und Kenia offene KI-Trainingsdatensätze in den Sprachen Kinyarwanda, Kiswahili und Luganda auf, entwickelt KI-Innovationen für Klimaschutz und Ernährungssicherheit in Afrika und Asien und unterstützt internationale Allianzen für verantwortungsvolle KI.

Mit ihrem Data Lab hat die GIZ schon vor Jahren eine reaktionsstarke Grundlage für die Nutzung von Daten für nachhaltige Entwicklung gelegt. Es liest beispielsweise englischsprachige Klimadokumente aus afrikanischen Ländern mithilfe von KI-Modellen automatisiert aus, um Lücken und Empfehlungen hinsichtlich der besonderen Bedürfnisse von Kindern und Jugendlichen zu identifizieren. Das Data Service Center unterstützt seit letztem Jahr die breite Umsetzung der neuesten Technologien in den Projekten der GIZ weltweit.

Handlungsmöglichkeiten

All diese Erfahrungen werden wir nutzen, wenn es jetzt gilt, die Ansätze an die neuen Gegebenheiten anzupassen und neue Leistungen zu entwickeln. Betrachten wir dazu exemplarisch drei Themenfelder: gleichberechtigter Zugang, Regulierung und *Capacity Development*.

Erstens: Der gleichberechtigte Zugang zu Trainingsdaten, Modellen und leistungsfähigen Computersystemen ist seit Langem ein großes Hindernis für die Entwicklung eigener KI-Systeme und Anwendungen in den Ländern des Globalen Südens. Auch wenn einige Open-Source-Modelle schon ähnlich leistungsfähig sind wie nichtoffene Modelle und auch für Wissenschaftler:innen und Unternehmen im Globalen Süden zugänglich, so sind Trainingsdaten weiterhin notwendig, um die Technologie für konkrete Anwendungen zu schulen. Hier kann die Entwicklungszusammenarbeit mit Projekten wie FAIR Forward einen grundlegenden Beitrag leisten.

Zweitens: Die größte Herausforderung des KI-Zeitalters steckt in der Gestaltung der politischen Rahmenbedingungen und insbesondere in der Frage der Regulierung für eine verantwortungsvolle Nutzung von KI. Es herrscht weitgehend Einigkeit darin, dass eine Form der Regulierung notwendig ist, und zwar – in Anbetracht der rasanten technologischen Entwicklungen – so schnell wie möglich. Wie genau ein Rahmen aussehen könnte, der sowohl staatliche Gefahrenminimierung und ethische Grenzen einerseits und Innovation und Nutzung von KI andererseits ermöglicht, ist noch unklar. Wie einst die Datenschutz-Grundverordnung (DSGVO) aus Deutschland als wichtige Grundlage für internationale Datenschutzverträge diente, sollten wir in Kooperation mit unseren internationalen Partner:innen an einer nachhaltigen und menschenzentrierten KI-Regulierung arbeiten.

Die EU entwickelt mit dem AI Act einen umfassenden und vorausschauenden rechtlichen Rahmen, der weltweit zu einem Vorbild werden könnte.[3] Vermehrt wird die internationale Zusammenarbeit zu Fragen der Regulierung von KI auch in regionalen und internationalen Foren erfolgen. Deutschland und die EU müssen dabei eine Vorreiterrolle einnehmen und auch jene Länder einbeziehen, die in der KI-Erforschung und Entwicklung Aufholbedarf haben. Auch mit den Forderungen von Expert:innen nach einer internationalen Agentur für KI, ähnlich der Internationalen Atomenergie-Organisation oder der Internationalen Zivilluftfahrtorganisation, sollten wir uns intensiv beschäftigen.

Drittens: Neben dem Zugang braucht es vor allem den gezielten Aufbau von Wissen, Kompetenzen und technischem Know-how. Um KI zu demokratisieren, reicht es nicht aus, die vor allem in den USA, Europa und China entwickelten Technologien zugänglich zu machen. Es braucht vor Ort Universitäten, zivilgesellschaftliche Organisationen und Unternehmen, die wissen, wie man eigene KI entwickelt, erforscht und kritisch hinterfragt. Die deutsche Entwicklungszusammenarbeit kann hier mit ihren langjährigen Partnerschaften und dem Wirken auf der Mikro-, Meso- und Makroebene über „capacity development" und die Unterstützung der Teilhabe aller Bevölkerungsgruppen auf ihren bewährten Ansätzen aufbauen – muss aber gleichzeitig Inhalte anpassen, neue Kooperationen eingehen und die Innovationsgeschwindigkeit erhöhen.

Fazit

Angesichts der großen Herausforderungen, denen die Weltgemeinschaft und insbesondere die Entwicklungsländer gegenüberstehen, ist es an der Zeit, die Chancen und Herausforderungen von KI als Instrument für nachhaltige Entwicklung, soziale Gerechtigkeit und ökologische Nachhaltigkeit stärker zu erforschen und gleichzeitig Antworten zu geben. Die Zusammenarbeit mit dem Globalen Süden muss dabei im Mittelpunkt stehen – und das in Kokreation.

2023 ist ein entscheidendes Jahr. Unser Handeln heute hat dauerhafte Folgen für uns und zukünftige Generationen. Deutschland sollte internationaler Schlüsselakteur bei der werteorientierten Regulierung, der inklusiv gestalteten Entwicklung und der verantwortungsvollen Nutzung von KI werden.

DIGITALISIERUNG & INNOVATION

Anmerkungen

1. Yuval Noah Harari argues that AI has hacked the operating system of human civilisation, in: The Economist, 28.4.2023, https://www.economist.com/by-invitation/2023/04/28/yuval-noah-harari-argues-that-ai-has-hacked-the-operating-system-of-human-civilisation (alle Links zuletzt abgerufen am 20.6.2023).
2. Die Bundesregierung, Strategie Künstliche Intelligenz der Bundesregierung. Fortschreibung 2020, Dezember 2020, S. 10, https://www.ki-strategie-deutschland.de/files/downloads/201201_Fortschreibung_KI-Strategie.pdf.
3. European Commission, The AI Act, https://artificialintelligenceact.eu/the-act/.

DIGITALISIERUNG & INNOVATION

Eine andere Form des Lernens

Innovative und digitale Aus- und Weiterbildung für Führungskräfte

von Paulin Conrad, Harald Hungenberg und Jörg Rocholl

Paulin Conrad ist Managerin des DEEP – Institute for Deep Tech Innovation and der ESMT Berlin und verantwortet den Aufbau und die Umsetzung der Entrepreneurship Academy des Instituts. Sie arbeitete zuvor in unterschiedlichen Funktionen innerhalb des Programmbereichs der ESMT.

Prof. Dr. Harald Hungenberg ist Dean of Programs der ESMT Berlin. Er lehrt in Managementprogrammen führender Unternehmen und berät diese in den Bereichen Strategie, Innovation und Change-Management. Zuvor arbeitete er für Duke Corporate Education und war Lehrstuhlinhaber und Leiter des Managements-Instituts an der Friedrich-Alexander-Universität Erlangen-Nürnberg. Er war Prodekan und Leiter des Lehrstuhls für Strategisches Management an der Handelshochschule Leipzig und als Unternehmensberater für McKinsey and Company, Inc. tätig.

Prof. Jörg Rocholl ist Präsident der ESMT Berlin und Deutsche Bank Professor in Sustainable Finance. Er ist Vorsitzender des Wissenschaftlichen Beirats beim Bundesministerium der Finanzen und Vorsitzender des Steering Committee des Global Network for Advanced Management (GNAM). Darüber hinaus ist er Research Fellow am Centre for Economic Policy Research (CEPR) und Research Member des European Corporate Governance Institute (ECGI). Jörg Rocholl hat seinen PhD in Finance and Economics an der Columbia Business School erworben.

DIGITALISIERUNG & INNOVATION

Der Veränderungsprozess in der Aus- und Weiterbildung hat in den letzten Jahren deutlich an Geschwindigkeit gewonnen. Ganze Wirtschaftszweige erleben eine fundamentale Transformation; Megatrends wie Digitalisierung, Technologisierung und Nachhaltigkeit führen zu neuen Anforderungen und Möglichkeiten in nahezu allen Bereichen des Lebens und Wirtschaftens. Führungskräfte sind daher gefordert, umzudenken und neue Kompetenzen zu entwickeln; und die Aus- und Weiterbildung muss hierfür Antworten bieten.

Auch die Wettbewerbslandschaft der Aus- und Weiterbildung ist eine andere als vor zehn bis 15 Jahren. Früher prägten einige wenige Akteure das Geschehen. In den letzten Jahren sind neue Wettbewerber in den Markt geströmt: Beratungsunternehmen, EdTech-Start-ups und Lernplattformen sind nur einige, die hier zu nennen sind.

Ebenso weitreichende Implikationen hat die Entwicklung neuer Lehr- und Lerntechnologien. Digitales Lernen ist in der Ausbildung von Führungsnachwuchs, aber auch der Weiterbildung von Führungskräften nicht mehr wegzudenken. Künstliche Intelligenz und Lernen im virtuellen Raum haben ihren festen Platz gefunden und ermöglichen neue Lernerfahrungen.

Aus- und Weiterbildung von Führungskräften

Wir sehen vier Innovationsbedarfe als entscheidend für die Zukunft der Aus- und Weiterbildung von Führungsnachwuchs und Führungskräften an. Erstens: In dem Maße, in dem Wissen zur Commodity wird, hängt der Erfolg einer Führungskraft davon ab, dass sie in der Lage ist, strategisch zu denken, komplexe Probleme zu lösen und Problemlösungen so zu kommunizieren, dass andere Menschen überzeugt werden, diese auch umzusetzen. Der zentrale Faktor für Führungserfolg ist nicht das Wissen, sondern sind die Fähigkeiten einer Führungskraft. Erfahrungslernen und soziales Lernen gewinnen daher an Bedeutung. Man spricht als Oberbegriff für beide auch von „experiential learning". Das Lernen wird zu einem sozialen Prozess: Menschen entwickeln die Fähigkeit, Inhalte in den eigenen Anwendungskontext zu übertragen. In diesem Sinne ermöglicht die Aus- und Weiterbildung Lernprozesse durch aktive Teilhabe am Lernen; bisherige Denkmuster werden um neue Erfahrungen angereichert und in neue Handlungsmöglichkeiten übersetzt.

Zweitens: Menschen lernen auf unterschiedlichen Wegen. Daher sollten vielfältige Lernmethoden genutzt werden, die unterschiedliche Lernpräferenzen von Individuen adressieren. Vor allem in der Weiterbildung muss berücksichtigt werden, dass jede Führungskraft ihre eigenen Anforderungen und persönlichen Entwicklungsbedarfe hat. Relevantes Lernen ist daher individualisiertes Lernen, das neben den persönlichen Lernpräferenzen diese konkreten Entwicklungsbedarfe in den Mittelpunkt stellt. So entstehen im Ergebnis individuelle Lernreisen.

Drittens: Angesichts des kontinuierlichen Wandels der Arbeitswelt ist der Einzelne permanent gefordert, sich an neue Anforderungen und Rollen anzupassen, um beschäftigungsfähig zu bleiben. Technologische Veränderungen, aber auch Internationalisierungs- und Wettbewerbsprozesse haben dazu geführt, dass sich die Art und Weise, wie Unternehmen agieren, immer schneller verändern.

Bildung muss daher in einem Prozess des lebenslangen Lernens aufgehen, weil die in der Ausbildung erworbenen Kompetenzen innerhalb weniger Jahre veralten können.

Sowohl der Führungsnachwuchs als auch erfahrene Führungskräfte kommen nicht umhin, ihr Wissen und ihre Fähigkeiten ständig zu aktualisieren, um mit diesen Veränderungen Schritt zu halten. Bildungsanbieter müssen Aus- und Weiterbildungsangebote für die unterschiedlichsten beruflichen

Entwicklungsphasen anbieten und diese so aufeinander abstimmen, dass sie die berufliche Entwicklung ein Leben lang begleiten können. Dafür eignen sich vernetzte Angebote, die beispielsweise aus Onlinekursen und kurzen Seminarprogrammen bestehen, die auch erfahrenen Führungskräften den Erwerb eines Abschlusses gestatten.

Viertens: Die Zukunft gehört der intelligenten Verknüpfung von Präsenz- und digitalem Lernen. Wir sprechen von „blended learning" als dem neuen Standard für die Weiterbildung von Führungskräften. Gerade in diesem Feld gibt es vielfältige Innovationsmöglichkeiten, auf die wir auch anhand von Beispielen aus unserer praktischen Tätigkeit an der ESMT näher eingehen werden.

Innovation durch Verknüpfung von Präsenz- und digitalem Lernen

Digitales Lernen ist nicht neu. Unter Begriffen wie eLearning wurden schon in den 1970er Jahren Vorläufer des computer- und internetbasierten Lernens diskutiert. Auch MOOCs (Massive Open Online Courses) spielen schon seit Jahren eine Rolle. Digitales Lernen steht also zunächst nur für ein bestimmtes Medium der Vermittlung von Lerninhalten – das Lernen mithilfe von digitalen Medien, was heute in erster Linie online erfolgt. Dabei gibt es Lernmaßnahmen, die in Echtzeit durchgeführt werden („live online"); zum anderen gibt es Formate, in denen die Lernenden vorab erstellte Inhalte selbstgesteuert abrufen („self-paced online").

Gerade in der Aus- und Weiterbildung von Führungskräften sollte digitales Lernen aber mehr sein als nur ein anderes Medium. Es muss vielmehr eine andere Form des Lernens sein. Länge und Format einer Veranstaltung sollten variieren, Austausch und Reflexion der Teilnehmenden sind zu integrieren. Lernende müssen eingebunden sein und Erfahrungslernen praktizieren – aufgrund der räumlichen Distanz in einer anderen Form als bei Präsenzveranstaltungen, aber mit der gleichen Zielsetzung.

Digitale Innovationen machen es heute möglich, die Aus- und Weiterbildung von Führungskräften online auf dem gleichen Niveau durchzuführen, wie man es von Präsenzveranstaltungen gewohnt ist. Hinzu kommt ein entscheidender Vorteil: Onlineformate gestatten eine bis dato nicht gekannte Flexibilität bei Länge und Design von Weiterbildungsveranstaltungen.

Noch größer werden Vielfalt und Flexibilität, wenn man digitales Lernen und Präsenzlernen beim „blended learning" miteinander verknüpft. Gerade für die Weiterbildung von Führungskräften dürfte dies der Königsweg sein: auf digitales Lernen zu setzen, wo dies etwa aus Zeit- und Kostengründen sinnvoll ist, und dazu eine Präsenzveranstaltung zu ergänzen, um den Austausch untereinander zu befruchten und persönliche Kontakte zu etablieren. Wir haben zahlreiche Programme entwickelt, die eine intelligente Mischung von Online- und Präsenzlernen verwirklichen, unterschiedliche Intensitäten abbilden und verschiedene zeitliche Ansprüche an die Teilnehmenden stellen können.

An einem Ende des Kontinuums bieten wir digitale „Lern-Nuggets" an, die in kurzer Zeit (z. B. 60 Minuten) gezielte Impulse zur Erreichung konkreter Lern- und Veränderungsziele geben. Aufgrund ihrer Kompaktheit lassen sie sich einfach in den Tagesablauf einbauen und können dadurch eine größere Kontinuität des Lernens ermöglichen.

DIGITALISIERUNG & INNOVATION

Einzelinter-ventionen	Impulse		Transformation	Lernreisen
Minuten	**Stunden**		**Wochen**	**Monate**
Spezifische **digitale Lerninhalte** als Impuls, um konkrete Lernziele zu erreichen	**Thematisch fokussierte offene und kundenindividuelle Programme**, die spezifische Unternehmensbedarfe und Führungsherausforderungen adressieren		Kundenindividuell gestaltete **Transformations-Programme** mit Präsenz- und Online-Elementen	Offene und kundenindividuelle Programme (gemischte Präsenz- und Online-Formate), die im Rahmen eines **Teilzeitstudiums** zu einem Management-Abschluss führen

Innovative Bildungsangebote der ESMT

Wir entwickeln diese Angebote als Antwort auf aktuelle Herausforderungen von Führungskräften. So bieten wir beispielsweise ein Format an, das eine Cyberattacke simuliert. Die teilnehmenden Führungskräfte arbeiten in virtuellen Teams zusammen und dürfen dabei nur über eine Audiolösung und eine App miteinander kommunizieren, egal von welchem Ort der Erde. Die Lernerfahrung stellt vollständig auf die virtuelle Zusammenarbeit ab: Die Teams müssen kollaborieren, Informationen austauschen und sich gegenseitig unterstützen, während sie gleichzeitig an ihren jeweils eigenen Aufgaben arbeiten – eine Fähigkeit, die für viele Führungskräfte mit (weltweit) verteilten Teams wichtig ist.

Die nächste Stufe umfasst Bildungsangebote, die einige Stunden bis wenige Tage dauern. Sie haben einen thematischen Schwerpunkt, der aus unterschiedlichen Perspektiven beleuchtet wird – oft durch eine Abfolge von Online- und Präsenzveranstaltungen. Für ein großes Familienunternehmen haben wir beispielsweise ein Weiterbildungsprogramm entwickelt, das sich unter der Überschrift „Data-driven company" mit Anwendungsfällen im eigenen Unternehmen befasste. Kern des Programms war ein Präsenzworkshop, in dem Führungskräfte Anwendungsideen für die bessere Nutzung von Daten und Analyseinstrumenten in ihren Verantwortungs-

DIGITALISIERUNG & INNOVATION

bereichen entwickelten. Dieser Workshop wurde durch zwei Onlineelemente vorbereitet: Eine Auftaktveranstaltung, die live stattfand und die Gruppe in die Thematik einführte; anschließend die selbstgesteuerte („self-paced") Bearbeitung eines Onlinekurses in Daten- und Analysetechniken. Komplettiert wurde das Programm durch nachfolgende Onlineveranstaltungen, in denen die Teilnehmenden sich über den Fortschritt bei der Umsetzung ihrer eigenen Anwendungsideen austauschen konnten.

Längere Programme, die mehrere Wochen bis Monate überbrücken, stellen stärker auf einen grundlegenden Transformationsbedarf in Unternehmen ab. Wir entwickeln deshalb solche Programme immer als kundenspezifisches Unikat. Ein solches Programm der (Unternehmens-)Transformation durch Lernen und persönliches Entwickeln führen wir mit einem großen Automobilzulieferer durch. Hier wurde eine internationale Gruppe von Top-Führungskräften in mehrtägigen Präsenzveranstaltungen zusammengerufen, um sich an verschiedenen internationalen Standorten des Unternehmens mit den Führungskräften vor Ort auszutauschen und die internationale Vielfalt des Unternehmens und die Transformationsaufgaben vor Ort kennenzulernen. Damit verbunden war die Erarbeitung einiger Lerninhalte in den Bereichen Strategie und Innovation sowie Leadership und Change. Flankierend fanden Onlineveranstaltungen statt, die der fokussierten Auseinandersetzung mit ausgewählten Themen dienten sowie Coaching- und Peer-Coaching-Elemente beinhalteten.

Abgeschlossen wird das Spektrum an Lernmöglichkeiten durch berufsbegleitende Studiengänge für Teilnehmende in unterschiedlichen Karrierephasen, die zum Beispiel zu 70 Prozent aus Onlineelementen bestehen und zu 30 Prozent aus Präsenzveranstaltungen. Sie führen in meist 24 Monaten zum Erwerb eines universitären Abschlusses und ermöglichen durch den hohen Anteil digitaler Lerninhalte ein sehr flexibles Lernen, das individuell auf die jeweilige Berufstätigkeit der Teilnehmenden ausgerichtet werden kann. Wir bieten solche Studienprogramme sowohl als „offene Angebote" für eine weltweite Zielgruppe an als auch im Rahmen unternehmensspezifischer Programme.

Bereit zum Experimentieren

Auch in der betriebswirtschaftlichen Aus- und Weiterbildung entstehen digitale Innovationen aus der Kombination von Kreativität, technischer Expertise und einem tiefgehenden Verständnis der Kundenbedürfnisse. Um daraus gezielt digitale Innovationen voranzutreiben, haben wir mit dem „Learning Innovation Lab" eine eigene organisatorische Einheit geschaffen. Als Team von Lern- und Mediendesignern sowie Technologieexperten leistet das Lab Pionierarbeit bei digitalen Initiativen, indem es neue Technologien beobachtet und testet (z. B. Metaverse und KI-Anwendungen) und Partnerschaften mit Unternehmen aufbaut, die innovative Lerntechnologien entwickeln und anbieten.

Auf dieser Basis arbeitet das Lab daran, mithilfe technologiebasierter Lösungen innovative Lernerfahrungen für die Aus- und Weiterbildungsangebote der ESMT zu entwickeln. So ist der „Global Online MBA" entstanden, der ein vollständig digitales Studium mit unbegrenzter räumlicher und hoher zeitlicher Flexibilität ermöglicht. Darüber hinaus sind die Erfahrungen des Labs in zahlreiche kundenspezifische Weiterbildungsprogramme eingeflossen.

Ein zweites Tätigkeitsfeld des Labs besteht in der Entwicklung und Umsetzung neuer Bildungsprodukte und -dienstleistungen – wir sprechen hier von unseren „EDUpreneurial Activities". Aktuell werden hier zum Beispiel ein digitales Instrument zur Beurteilung von Führungsqualitäten und Angebote für lebenslanges Lernen entwickelt.

DIGITALISIERUNG & INNOVATION

Wir sind überzeugt, dass eine solche Bereitschaft zum Experimentieren eine unerlässliche Voraussetzung ist, um in der dynamischen Technologie- und Wettbewerbslandschaft der Aus- und Weiterbildung auf Dauer erfolgreich zu bleiben.

Digitale Infrastruktur

DIGITALISIERUNG & INNOVATION

Von der Telefonzelle zum Hologramm

Infrastrukturen für Telefonie und Mobilfunknetz

von Klaus Müller

Klaus Müller studierte Volkswirtschaftslehre in Kiel. Von 2006 bis 2014 leitete er die Verbraucherzentrale Nordrhein-Westfalen. Ab Mai 2014 war er Vorstand des Verbraucherzentrale Bundesverbands (vzbv). Zuvor war er für Bündnis 90/Die Grünen in der Politik tätig: von 2000 bis 2005 als Umwelt- und Landwirtschaftsminister in Schleswig-Holstein, bis 2006 als Mitglied des Schleswig-Holsteinischen Landtags. Von 1998 bis 2000 war Klaus Müller Abgeordneter des Deutschen Bundestages. Seit dem 1. März 2022 ist er Präsident der Bundesnetzagentur.

Digitalisierung ist heute mehr als ein bloßes Schlagwort. Sie hat sich im Laufe der Jahre ihren Weg in all unsere Lebensbereiche gebahnt: Wir arbeiten im Homeoffice, erledigen unseren Einkauf per App und kommunizieren mit unseren Mitmenschen per Messenger. Digitalisierung über gute digitale Infrastrukturen erleichtert aber nicht nur unseren beruflichen und persönlichen Alltag, sondern ist vor allem auch entscheidend für die Zukunftsfähigkeit des Wirtschaftsstandortes Deutschland.

DIGITALISIERUNG & INNOVATION

Die Anfänge der Telefonie

Als die KfW vor 75 Jahren gegründet wurde, war die Infrastruktur noch analog. Festnetzanschlüsse waren selten. Noch viele Jahre lang gingen die meisten Menschen in eine Telefonzelle, um zu telefonieren. Später gab es immerhin Festnetztelefone in fast jedem Haushalt. Ein Großteil der heutigen Nutzer digitaler Infrastrukturen kennt das nur aus Geschichten. Aber die Kupferadern der analogen Festnetztelefone waren die Grundlage für die ersten digitalen Infrastrukturen, deren Entwicklung insbesondere nach der Liberalisierung der Telekommunikation 1998 deutlich an Fahrt aufnahm.

Mit der vollständigen Öffnung des Marktes vor 25 Jahren lag das vormals staatliche Kupfernetz in der Hand der Deutschen Telekom. In dieser Situation wurde die Regulierungsbehörde gegründet, die in diesem Umfeld einen diskriminierungsfreien und fairen Wettbewerb sicherstellen sollte. Die Telekom wurde als marktmächtiges Unternehmen eingestuft und verpflichtet, anderen Unternehmen gegen ein reguliertes Entgelt Zugang zum eigenen Netz zu gewähren. Nach der Marktöffnung ging es in diesem Sinne vorrangig darum, Wettbewerb auf der bereits bestehenden (Kupfer-)Infrastruktur zu schaffen.

Aktuelle Herausforderung Glasfaserausbau

Die aktuelle Situation ist um einiges komplexer. Heute steht der Ausbau einer neuen Infrastruktur durch zahlreiche Unternehmen im Wettbewerb im Fokus. Denn es wird – das ist jetzt schon klar – nicht ein einzelnes Unternehmen geben, das in der gesamten Bundesrepublik Glasfaser verlegen wird. Aktuell investieren viele Unternehmen zumeist mit klarem regionalen Fokus in Glasfaser, wobei sich die Geschäftsmodelle teilweise stark voneinander unterscheiden.

Gemein ist den ausbauenden Unternehmen, dass sie – in der kurzen und mittleren Frist – auf gewisse Unsicherheiten in Bezug auf die Nachfrage nach ihren Glasfaseranschlüssen stoßen. Denn der Glasfaserausbau in Deutschland findet nicht auf der grünen Wiese statt. Der Bedarf vieler Haushalte kann derzeit noch auf Basis der bereits bestehenden Kupfer- und Kabelinfrastrukturen gedeckt werden, sodass sich die Nachfrage nach hochleistungsfähigen Glasfaseranschlüssen erst Schritt für Schritt entwickelt. Ein Förderprogramm der KfW setzt genau hier an und unterstützt die ausbauenden Unternehmen mit Krediten, um die derzeit noch bestehenden Unsicherheiten zu überbrücken.

Die Rolle der Bundesnetzagentur auf dem Weg in die Gigabitgesellschaft

Während die KfW als Förderbank bei der Finanzierung unterstützt, kommt der Bundesnetzagentur auf dem Weg in die Gigabitgesellschaft die Rolle zu, die richtigen regulatorischen Rahmenbedingungen für den privatwirtschaftlichen Ausbau zu schaffen. Ziel muss es sein, den flächendeckenden Glasfaserausbau zu fördern und dabei eine möglichst große Produkt- und Anbieterauswahl zu erschwinglichen Preisen für die Verbraucherinnen und Verbraucher zu erreichen.

Vor diesem Hintergrund hat die Bundesnetzagentur im Bereich der Glasfaserregulierung einen Flexibilisierungskurs eingeschlagen, nach dem die Glasfasernetze der Telekom mit geringerer Intensität reguliert werden als das zu Monopolzeiten errichtete Kupfernetz. Um Investitionen in Glasfasernetze zu erleichtern, werden der Telekom größere Freiheiten bei der Preissetzung gewährt. Dass die Endkundenpreise den wettbewerblichen Rahmen dabei nicht verlassen, wird durch bestehenden Preisdruck seitens der alternativen Infrastrukturen sichergestellt. Zugleich gewährleistet eine Nichtdiskriminierungsverpflichtung, dass Wettbewerber, die auf das Netz der Telekom angewiesen sind, auf Augenhöhe mit ihr konkurrieren können.

Dieser Ansatz orientiert sich an den konkreten Marktgegebenheiten und hat insofern auch im Blick, dass alle Glasfasernetze ausbauenden Unternehmen ein gutes Investitionsumfeld benötigen. Die Flexibilität in der Preissetzung erleichtert nicht nur die Ausbauvorhaben der Telekom, sondern strahlt auch auf das Marktpreisniveau für Netzzugangsleistungen insgesamt aus. An den Preissignalen des Marktes orientierte Amortisationsmöglichkeiten unterstützen insoweit den wettbewerblichen Glasfasernetzausbau als Ganzes.

Für die Zukunft wird es darauf ankommen, dass alle ausbauenden Unternehmen Zugang zu ihren (regionalen) Netzen gewähren. Damit ein solcher „Open Access" zu fairen und angemessenen Bedingungen auch de facto gelebt wird, müssen die aufgrund der vielen Netzbetreiber vergleichsweise hohen Transaktionskosten für alle, die die Netze nutzen, möglichst stark gesenkt werden. Das Gigabitforum der Bundesnetzagentur setzt hier an und bringt Anbieter und Nachfrager an einem Tisch zusammen. So können die Verbraucherinnen und Verbraucher auch zukünftig zwischen verschiedenen Anbietern, die miteinander im Wettbewerb stehen, wählen.

In der Zukunft werden immer mehr Anwendungen eine schnelle und zuverlässige Internetverbindung auch mit hohen Download- und Uploadraten erfordern. Dies zeigen unter anderem die Entwicklungen der zurückliegenden Jahre, in denen das Homeoffice stark an Bedeutung gewonnen hat und sich Clouddienste auf breiter Front durchgesetzt haben. Nicht zuletzt bei paralleler Nutzung mit weiteren populären Diensten wie 4K-Streaming kommen die bisher genutzten Internetanschlüsse schnell an ihre Grenzen. Zukünftig werden Anwendungen wie Smart Cities, Internet of Things, Telemedizin, Virtual Reality oder Augmented Reality die Anforderungen an die Netzinfrastruktur weiter erhöhen. Insofern werden viele Anwendungen in der Zukunft auf Glasfasernetze angewiesen sein, damit die Bandbreite und die Latenzzeit bereitstehen, die für eine schnelle und zuverlässige Übertragung von Daten erforderlich sind. Schließlich sind auch die Mobilfunknetze der Zukunft nur auf Basis dieser Glasfasernetze denkbar.

Die Entwicklung des Mobilfunkmarktes

Ende der 1980er Jahre war das mobile Telefonieren noch ein Privileg bestimmter Berufsgruppen. Handwerker oder Vorstandsvorsitzende telefonierten über Funk mit Autotelefonen, das war es dann auch fast. Mittlerweile gehören Smartphones fast schon mehr als das Portemonnaie quasi zur Grundausstattung. Die Einführung des Smartphones und des 4G-Standards Anfang der 2010er Jahre markierten den technologischen Durchbruch für den mobilen Zugang zum Internet. Verbunden damit stieg der Frequenzbedarf der Netzbetreiber rasant an. Heute erwarten die Menschen, dass sie jederzeit und überall mit anderen Menschen kommunizieren können und mobilen Zugang zum Internet haben. War früher noch die mobile Telefonie oder das Verschicken einer SMS entscheidend, so besteht heute die Erwartung, dass leistungsfähige Internetverbindungen auch mobil zur Vorfügung stehen.

Diese Infrastrukturen und ihre Möglichkeiten haben auch unsere Gesellschaft verändert. Informationen können jederzeit und (fast) überall abgerufen werden. Soziale Medien tragen zur öffentlichen Meinungsbildung bei. Der anfängliche Grundgedanke der Telekommunikation – Menschen mit Menschen zu verbinden – ist so präsent wie noch nie zuvor.

DIGITALISIERUNG & INNOVATION

Mobilfunk als Teil der Daseinsvorsorge

Dies zeigt auch, dass sich die Bedeutung der digitalen Infrastrukturen für die Verbraucherinnen und Verbraucher gewandelt hat: War Mobilfunk früher ein Luxus für wenige, wird er nunmehr von vielen Verbraucherinnen und Verbrauchern als Daseinsvorsorge verstanden. Funklöcher finden keine Akzeptanz, selbst wenn sie Ausdruck des Wettbewerbs unterschiedlicher Infrastrukturen sind, unter denen die Verbraucherinnen und Verbraucher entscheiden können. Auch der Gesetzgeber erkannte diesen Bedeutungswandel und führte ein anspruchsvolles Versorgungsziel in das Telekommunikationsgesetz ein. Nach diesem soll bis Ende 2026 eine unterbrechungsfreie Versorgung für alle Endnutzerinnen und -nutzer entlang der Verkehrswege bestehen. Mit der Versorgung der Verkehrsnetze wird auch eine deutliche Verbesserung der Versorgung in der Fläche einhergehen. Wenn sich aber die Versorgung für alle verbessert, könnten sich die Netze künftig immer weniger im Infrastrukturwettbewerb differenzieren. Die Versorgungsziele sowie die darin enthaltenen Erwartungen der Bevölkerung zu erreichen und gleichzeitig Raum für einen Wettbewerb der Netze, Dienste und Preise zu erhalten, ist daher eine der großen Regulierungsaufgaben der kommenden Jahre.

Dabei ist die ausschließliche Verfügbarkeit von Mobilfunknetzen zur Kommunikation unter Menschen eigentlich fast schon Geschichte. Bereits jetzt ist der Grundstein für eine weitere Entwicklung digitaler Infrastrukturen gelegt. Es werden nicht mehr nur Menschen mit Menschen verbunden, sondern auch Maschinen und Geräte kommunizieren untereinander. Unternehmen können ihre Produktionsabläufe dadurch anders strukturieren. Neben den bundesweiten Frequenzzuteilungen für Mobilfunk stellt die Bundesnetzagentur hierfür auch ein Spektrum speziell für die lokale private Nut-

DIGITALISIERUNG & INNOVATION

zung durch Unternehmen, zum Beispiel für Campusnetze oder andere Anwendungen, bereit.

In den nächsten Jahren sind die Voraussetzungen zu schaffen, damit Deutschland ein bedeutsamer Technologie- und Wirtschaftsstandort bleibt. Der aktuelle Mobilfunkstandard 5G ist hierbei eine Schlüsseltechnologie für den weiteren digitalen Wandel. Mit seinen schnellen Reaktionszeiten und großen Bandbreiten bietet er die Grundlage für die Steuerung von Maschinen und Fahrzeugen nahezu in Echtzeit und damit für die intelligente Vernetzung und Prozessoptimierung.

Ziel: flächendeckende Netze

Während der aktuelle Mobilfunkstandard 5G noch eingeführt wird, wird bereits über die nächste Mobilfunkgeneration 6G diskutiert. Es wird erwartet, dass neben der Kommunikation von Geräten untereinander auch wieder die Kommunikation der Menschen mehr in den Mittelpunkt treten wird, beispielsweise durch hochauflösende mobile Hologramme und digitale Repliken. Zudem soll 6G um ein Vielfaches schneller sein als 5G und deutlich kürzere Reaktionszeiten haben. Die Markteinführung von 6G könnte Anfang der 2030er Jahre erfolgen. Schnellerer Mobilfunk funktioniert aber nur mit schneller Anbindung der Mobilfunkbasisstationen. Hierbei kommt wiederum dem Glasfaserausbau eine wichtige Bedeutung zu.

Nicht erst seit der Coronapandemie wissen wir, von welch großer Bedeutung digitalisierte Prozesse sind. Notwendige Voraussetzung hierfür ist eine hochleistungsfähige digitale Infrastruktur, die für jeden verfügbar ist. Vor diesem Hintergrund hat die Bundesregierung in ihrer Gigabitstrategie das Ziel definiert, dass bis zum Jahr 2030 in ganz Deutschland Glasfaser verfügbar und eine Mobilfunkversorgung überall dort vorhanden sein soll, wo Menschen leben, arbeiten und unterwegs sind – auch in ländlichen Gebieten. Aktuell steht den meisten Haushalten allerdings noch kein Glasfaseranschluss zur Verfügung und die Mobilfunkversorgung ist noch nicht für alle Endnutzerinnen und -nutzer flächendeckend gewährleistet. Die kommenden Jahre werden für diese Vorhaben von zentraler Bedeutung – das „Jahrzehnt der Entscheidung" – sein.

Quo vadis?

Unsere Kommunikation hat sich mit den digitalen Infrastrukturen in den letzten 75 Jahren rasant entwickelt. Heute werden standardmäßig Sprach- oder Textnachrichten über Messengerdienste verschickt – jederzeit und von überall. Anrufe erfolgen oft über Videotelefonie. In naher Zukunft werden wir vielleicht in Anrufen die Hologramme unserer Gesprächspartner sehen und damit deren Mimik und Gestik dreidimensional erleben. Aber nicht nur die Kommunikation, sondern auch die Arbeitswelt und alle anderen Lebensbereiche der Menschen verändern sich mit wachsender Geschwindigkeit. Nur die wenigsten Folgen dieser dynamischen Entwicklungen sind bereits heute vollumfänglich absehbar. Was aber sicher ist: Für all diese neuen Möglichkeiten bedarf es nun eines beschleunigten Netzausbaus und passgenauer Rahmenbedingungen, die Wettbewerb und Investitionen gleichermaßen fördern.

DIGITALISIERUNG & INNOVATION

Gesellschaftliche Verantwortung und Transformation

Perspektiven zur digitalen Infrastruktur

von Tim Höttges

Timotheus Höttges ist seit Januar 2014 Vorstandsvorsitzender der Deutschen Telekom AG. Er studierte Betriebswirtschaftslehre in Köln; seit 2009 ist er in verschiedenen Funktionen bei der Telekom tätig. In Höttges Amtszeit als Vorstandvorsitzender fallen u. a. die Neuorganisation des Service und die Gründung der T-Security als eigenständiger Bereich für Cybersicherheit. 2020 erfolgte die Fusion der T-Mobile US mit dem Anbieter Sprint in den USA. Höttges fokussierte das Geschäftsmodell der Telekom auf konvergente Angebote aus Festnetz und Mobilfunk sowie netznahe Produkte wie Fernsehen und Cloud-Angebote. Die Investitionen der Deutschen Telekom stiegen auf zuletzt 21 Milliarden Euro weltweit. Damit forcierte die Telekom den Ausbau von 5G und Glasfaser. 2002 holte Höttges den Nachhaltigkeitsbereich in seine direkte Zuständigkeit. Bis 2040 soll die Telekom komplett klimaneutral sein. Der Betrieb des Netzes wurde 2022 international auf Erneuerbare umgestellt.

Die Debatte über die digitale Infrastruktur in Deutschland wird intensiv geführt – immer mit einer eigenen Perspektive. Dabei muss ich oft an die Rede „Das hier ist Wasser – Anstiftung zum Denken" von David Foster Wallace denken. Darin beschreibt er, dass wir alle dazu neigen, die Welt aus unserer ganz eigenen Perspektive zu betrachten. Und dass wir alle dazu tendieren, so stark an Dinge zu glauben, dass wir sie nicht mehr hinterfragen. Er wirbt darum für ein Miteinander, bei dem man sich bemüht, auch die Perspektiven jeweils anderer einzunehmen. Und seine eigenen Überzeugungen stets zu hinterfragen.

Ein Perspektivwechsel wäre vielleicht auch mit Blick auf die digitale Infrastruktur wichtig, mit dem Ziel, dass wir diese Infrastruktur in Deutschland weiter verbessern. Dabei geht es nur zu einem Teil um Infrastruktur. Zu gleichen Teilen geht es um Wohlstandssicherung und Demokratie. Viele machen sich Sorgen. Ich auch. Die Gründe, warum sich Menschen scheinbar von der Demokratie abwenden, sind in einer „Gesellschaft der Singularitäten", wie sie der Soziologe Andreas Reckwitz genannt hat, sicherlich vielfältig. Aber man kann es auch vereinfachen: Am Ende leben Demokratien auch von dem Wohlstand, den zu schaffen sie in der Lage sind. Von den Lösungen, die sie anbieten. Die Demokratie muss für die Menschen funktionieren.

Mit den Lösungen ist es nur so eine Sache. Denn die meisten Probleme und Herausforderungen sind durchaus komplex. Einfache Lösungen, so gut sie gemeint sein mögen, haben oft negative Nebenwirkungen. Oder, um beim Thema zu bleiben: Populismus schließt kein Funkloch. Und baut keinen Glasfaseranschluss. Wir brauchen also eine ehrliche Analyse der Situation und darauf aufbauend vernünftige Lösungen.

Unsere Haltung

Schauen wir auf die digitale Infrastruktur in Deutschland, müssen wir daher zunächst mit einigen Mythen aufräumen und tatsächlich den Blick weiten. Zunächst den Blick auf das Festnetz.

DIGITALISIERUNG & INNOVATION

Jahrelang wurde in der öffentlichen Debatte der „Zustand der Digitalisierung" in Deutschland gleichgesetzt mit der Anzahl der Glasfaseranschlüsse. Spät scheint man verstanden zu haben, dass gute Infrastruktur zwar eine Voraussetzung der Digitalisierung ist, aber Digitalisierung deutlich mehr bedeutet. Im Digitalisierungsindex der Europäischen Union belegt Deutschland insgesamt den 13. Platz – in der Kategorie Infrastruktur aber immerhin den vierten Platz. Deutschland liegt bei der Verfügbarkeit von Festnetz mit hoher Kapazität also über dem EU-Schnitt. Offenbar haben die Infrastrukturunternehmen in Deutschland, allen voran die Telekom, ihre Hausarbeit zumindest etwas besser erledigt als andere.

Das liegt auch daran, dass der Standpunkt der Telekom kein rein ökonomischer ist. Es gehört zu unserer DNA, dass es eine Rückkopplung geben muss zwischen dem Geschäft eines Unternehmens und dem, was in der Gesellschaft passiert. Was brauchen die Menschen? Was brauchen Gesellschaft, Mitarbeitende und Kund:innen? Was braucht die Umwelt? Was braucht die digitale Bildungslandschaft? Vor dem Hintergrund dieser Rückkopplung hat die Telekom seit ihrer Privatisierung eine enorme Transformation hinter sich. Von der Behörde zu einem Unternehmen, das sich im Wettbewerb befindet. Eben kein Monopolist (auch wenn in Pressemeldungen bis heute – bald 30 Jahre nach der Privatisierung – immer wieder vom „ehemaligen Staatsmonopolist" die Rede ist), sondern ein Unternehmen, das für seine Kund:innen da ist. Das eine Marke aufgebaut hat, die inzwischen die wertvollste Europas ist. Das Wert geschaffen hat. Das den Service und die Infrastruktur massiv verbessert hat, mit hohen Milliardeninvestitionen jedes Jahr. Das muss und wird weitergehen.

Die Coronazeit hat das gut gezeigt. Wir hatten uns vor einigen Jahren entschieden, bei unserem Ausbau zunächst Glasfaser bis an die grauen Kästen zu bauen. Das ist das sogenannte Vectoring, oder FTTC. Glasfaser bis ins Haus (FTTH) bauen wir nun im zweiten Schritt. Zehn Millionen

DIGITALISIERUNG & INNOVATION

Haushalte bis 2024; 25 bis 30 Millionen Haushalte bis 2030. Hätten wir Glasfaser direkt ins Haus verlegt, wie vielfach gefordert, dann hätten mit Ausbruch der Pandemie optimistisch geschätzt acht Millionen Haushalte FTTH gehabt und der Rest an vielen Stellen Bandbreiten von sechs bis 16 Mbit. Damit wäre Homeoffice tatsächlich nur schwer möglich.

Die Entscheidung hat aber dazu geführt, dass heute allein im Telekom-Netz mehr als 36 Millionen Haushalte Bandbreiten bis zu 100 Mbit/s buchen können. Mehr als 29 Millionen Haushalte können eine Bandbreite von bis zu 250 Mbit/s erhalten. In der Krise hat sich gezeigt, wie wichtig das ist. Der öffentliche Druck gegen diese Entscheidung war immens. Es war gut, ihm standgehalten zu haben, wie auch manche Kritiker von damals heute zugeben.

Unsere Rahmenbedingungen

Zu der Haltung, mit der wir arbeiten, gehört aber auch immer der Rahmen, in dem wir es tun. Das heißt, auch wir bewegen uns in Abhängigkeiten, die wir nicht einfach ignorieren, geschweige denn einfach abstellen können. Der Rahmen hat zunächst mit uns selbst zu tun: Wie viele Leute haben wir? Welche Fähigkeiten haben sie? Welche Strukturen haben wir im Unternehmen und wie flexibel können wir damit auf neue Anforderungen reagieren? Welche Ressourcen haben wir? Wie viel können wir investieren?

Beispiel Ressourcen: Wir haben von der Bundespost nicht nur das staatseigene Netz und seine damaligen „Antragsteller" übernommen, sondern auch hohe Schulden – 64 Milliarden Euro. Dies schränkte natürlich zunächst die Spielräume für die Transformation ein.

Beispiel Marktumfeld: Die Telekom ist nicht nur der Motor der Digitalisierung, sondern muss auch auf die Folgen

DIGITALISIERUNG & INNOVATION

zunehmender Digitalisierung reagieren. Das Geschäft von Telekommunikationsanbietern lässt sich sehr vereinfacht so darstellen: Sie bauen Infrastruktur. Dafür müssen sie extrem viel Geld investieren. In den folgenden Jahren verdienen sie mit dieser Infrastruktur Geld; ihre Investitionen amortisieren sich und sie verdienen das Geld für neue Investitionen. Die Digitalisierung trägt aber dazu bei, dass die Innovationszyklen immer kürzer werden, während die notwendigen Investitionen gleich bleiben. Die Zeiträume, in denen sie ihre Infrastruktur nicht nur amortisieren müssen, sondern auch das Geld für die nächste Innovationsstufe verdienen müssen, werden also immer kürzer.

Neben diesem eher internen Rahmen gibt es natürlich auch eine Art externen Rahmen. Beispiel Kosten: Die Kosten für den Netzausbau sind im Vergleich zu anderen Ländern hoch. Tiefbau ist Pflicht. Alternative Verlegemethoden werden kaum genehmigt. Das macht den Ausbau weder schneller noch günstiger.

Beispiel Genehmigungsverfahren im Mobilfunk: Ein Jahr und mehr dauert es, bis ein Standort genehmigt ist, wenn überhaupt einer vorhanden ist.

Beispiel Wettbewerb: Der ist in unserer Branche sehr hoch. Dadurch sind die Preise für Telekommunikationsdienste zwischen 2015 und 2022 um sechs Prozent gesunken. Gleichzeitig sind zum Beispiel die Kosten für Tiefbau um 45 Prozent und die Stromkosten um 40 Prozent gestiegen. Das alles hat natürlich auch Folgen für unsere Vorhaben. In Deutschland kostet es im Schnitt rund 1.000 Euro, einen Haushalt mit FTTH anzuschließen, in anderen Ländern sind es nur 300 Euro. Gleichzeitig ist Deutschland zum Beispiel im Mobilfunk sogar günstiger als viele andere westliche Länder, wie eine Studie des Bitkom belegt. Besonders bei Einsteigertarifen ist Deutschland aufgrund seines ausgeprägten Discountmarktes günstig. Aber dieser Discountmarkt sorgt wiederum dafür, dass die Umsätze pro Kunde im Schnitt zum

DIGITALISIERUNG & INNOVATION

Beispiel nur bei einem Drittel von denen in den USA liegen – mit allen Folgen für die Tarifgestaltung insgesamt und für die Investitionsmöglichkeiten.

Beispiel Regulierung: Um Wettbewerb zu schaffen, war die Telekom von Anfang an reguliert, und ist es bis heute – auch bei neuen Technologien. Hinzu kommen weitere Hürden. Bei der Versteigerung der 5G-Frequenzen wurde zum Beispiel ein Teil des Spektrums für Industrieunternehmen reserviert. Obwohl gerade 5G technisch die Möglichkeit bietet, Netze im Netz zu errichten, etwa für Industrieanwendungen. Es war also technologisch völlig unnötig, diese Frequenzen nicht für den Mobilfunk freizugeben. Durch die Frequenzverknappung wurden diese teurer und liegen nun in weiten Teilen der Republik schlichtweg brach.

Auch neben der Telekom, Vodafone und Telefonica einen vierten Anbieter im Mobilfunk zuzulassen, löst keines der angeblichen oder tatsächlichen Probleme. Wenn dieser ein neues Netz baut, dann erst einmal im urbanen Raum. Dies verschärft dort den Wettbewerb, während ländliche Regionen durch den vierten Betreiber nichts gewonnen haben. Auch die Mobilfunkpreise werden dadurch nicht sinken. Auf die Frage einer Zeitung, ob im neuen Netz mit „aggressiven Preisen" gearbeitet werde, antwortete der 1&1-Chef: „Unsere Preise sind nicht übermäßig aggressiv. Das 1&1-Marketing erzeugt da womöglich einen anderen Eindruck."

Aktuell wird darum wieder über eine sogenannte Diensteanbieterverpflichtung gesprochen. Unternehmen, die selbst keine Netze bauen, sollen zu regulierten (und eben keinen fair verhandelten) Preisen auf die Netze der investierenden Unternehmen zugreifen können. Und das in einem Land, das europaweit bereits den größten Discountmarkt und günstige Einsteigertarife bietet. Eine solche Regulierung wird keinen günstigeren Mobilfunk schaffen, sondern lediglich die Investitions- und Innovationsfähigkeit derer mindern, die ausbauen. Digitale Infrastruktur entsteht so eben nicht.

DIGITALISIERUNG & INNOVATION

Letzter Punkt: das gesellschaftliche Umfeld. Alle wollen Mobilfunk. Aber die Antenne nebenan will – übertrieben gesprochen – keiner. Mal verhindert der Denkmalschutz eine neue Antenne, dann wieder der Naturschutz. Und auch die Diskussion über Antennen- und Handystrahlung kommt wieder in Schwung, die auch schon bei vorherigen Handytechnologien geführt wurde.

Ausblick

Klar ist aber natürlich: Jedes Unternehmen auf der Welt hat solch einen Rahmen. Manche mehr, manche weniger. Unternehmertum bedeutet schlicht und ergreifend, damit umzugehen und das Beste herauszuholen. Das tut die Telekom. Gleichzeitig sollte aber auch gelten, dass, wenn Politik oder Gesellschaft Anforderungen an ein Unternehmen formulieren, der gegebene Rahmen immer mitgedacht und im Zweifel auch verändert werden muss. Hier fehlt meiner Meinung nach der klare Fokus, das klare Bekenntnis zur Infrastruktur und zum Infrastrukturwettbewerb. Die Folgen sind negativ. Anstatt investierenden Unternehmen ständig neue regulatorische Hürden in den Weg zu legen, wäre es sinnvoller, diese aus dem Weg zu räumen.

Die Deutsche Telekom wird darum immer für einen besseren Rahmen kämpfen. Aber sie wird vor allem das tun, was sie am besten kann: den Spaten in die Hand nehmen. Netze bauen. Festnetz und Mobil. Wir machen das alles nicht mehr allein, sondern wir suchen den Schulterschluss mit Unternehmen, die mit uns gemeinsam den Ausbau stemmen. Zum Beispiel in Stuttgart, wo wir mehr als eine Milliarde Euro investieren und dort bis 2030 90 Prozent der Haushalte mit direkten Glasfaseranschlüssen versorgen wollen. Oder unser Gemeinschaftsunternehmen Glasfaser Nordwest EWE, wo

DIGITALISIERUNG & INNOVATION

wir in zehn Jahren 1,5 Millionen Haushalte mit FTTH versorgen wollen. Invest: zwei Milliarden Euro. Das ist Zeichen des Kulturwandels, den die Telekom durchlaufen hat.

Die Telekom wird auch die Mobilfunkversorgung in Deutschland permanent verbessern. Wir versorgen bereits 95 Prozent der Haushalte mit 5G und 99,6 Prozent mit LTE. Hier suchen wir ebenfalls den Schulterschluss mit anderen Unternehmen. Beispielsweise teilen wir passive Infrastruktur, um Kosten zu reduzieren – Stichwort: faire Lastenverteilung.

An all diesen Punkten sieht man, dass viele Ländervergleiche schlichtweg fehlgeleitet sind. Gesellschaften sind komplexe Gebilde mit vielen Abhängigkeiten. Bei vielen Vergleichen wird das Ergebnis betrachtet, aber selten der Rahmen, der diesem Ergebnis zugrunde liegt. Allein schon deshalb, weil dieser Rahmen eben komplex ist und sich aus vielen Einzelteilen zusammensetzt, die sich gegenseitig bedingen. Schweden hat zum Beispiel eine gute FTTH-Versorgung. Dort lebt aber rund ein Drittel der Menschen in den zehn größten Städten. In Deutschland sind es rund 13 Prozent. Die Niederlande haben sehr guten Mobilfunk. Dort leben 413 Einwohner pro Quadratkilometer, also viele Kund:innen auf wenig zu versorgender Fläche. In Deutschland sind es 232. In Rumänien liegt das Durchschnittsgehalt bei 1.037 Euro, entsprechend günstiger ist der Ausbau. In Deutschland bei knapp 4.000 Euro. Und trotzdem hat Deutschland – wie erwähnt – eine sehr gute Infrastruktur, die Digitalisierung möglich macht.

Zusammengefasst: Die Telekom hat eine klare Haltung. Wir wollen, dass unsere Kund:innen in Deutschland die Möglichkeiten voll ausnutzen können, die ihnen die Digitalisierung bietet. Digitale Infrastrukturen sind die Lebensadern der digitalen Gesellschaft. Sie sind Voraussetzung für die weitere Digitalisierung. Sie bieten, wenn man so will, ein Meer der Möglichkeiten. Aber darauf segeln müssen wir alle gemeinsam. Wir helfen anderen Unternehmen, sich zu digitalisieren

DIGITALISIERUNG & INNOVATION

entlang des Dreiklangs: Daten erheben. Daten sicher verwalten. Daten auswerten. Wir bieten die dafür notwendigen Sensoren – Stichwort Internet der Dinge. Wir bieten die Cloud und Security-as-a-Service. Und wir erarbeiten mit vielen Unternehmen, gerade im Mittelstand, digitale Lösungen für das jeweilige Geschäft – Stichwort Künstliche Intelligenz.

Ich bin überzeugt, dass Deutschland dafür den richtigen Rahmen bereitstellen kann. Bei der Telekom hat es in den vergangenen Jahren ein Umdenken gegeben. Wir haben die Perspektiven anderer aufgenommen, das Unternehmen verändert und Milliarden investiert. Uns eint mit der KfW, das Gemeinwohl im Blick zu haben. Nur starke Unternehmen können auch einen starken Beitrag leisten. Vielleicht braucht es auch an anderen Stellen den Mut, alte Paradigmen über Bord zu werfen. Ein gelegentlicher Wechsel der Perspektive kann dabei helfen.

In turbulenten Zeiten mit großer Transformation übernehmen wir alle viel Verantwortung. Von Anfang an haben uns die KfW-Vertreter dabei beratend und unterstützend, aber auch kritisch und hinterfragend begleitet. Komplexe Themen brauchen immer die Kontroverse, eben: verschiedene Perspektiven. Die KfW ist dafür prädestiniert. Sie versteht die gesellschaftliche Bedeutung der digitalen Infrastruktur. Sie versteht Kapitalmärkte. Und sie versteht die Bedeutung von Transformation.

Mobilisierung von privatem Kapital

DIGITALISIERUNG & INNOVATION

Was wir für den Wandel brauchen

Ein Plädoyer für Wachstum, mehr Finanzierungskraft und die Stärke des gemeinsamen Europas

von Christian Sewing

Christian Sewing ist seit 2018 Vorstandsvorsitzender der Deutschen Bank. 2019 hat er die umfassendste strategische Transformation der Bank initiiert, in deren Mittelpunkt die Fokussierung auf vier kundenzentrierte Geschäftsbereiche und die Rückkehr zu nachhaltiger Profitabilität stand. Ein weiterer Schwerpunkt der Strategie liegt darin, Kunden beim Übergang zu einer nachhaltigen Wirtschaft zu unterstützen.

Christian Sewing kam 1989 als Auszubildender zur Deutschen Bank und hatte in den vergangenen Jahrzehnten eine Reihe von Führungspositionen in verschiedenen Bereichen inne – unter anderem als Head of Audit, Chief Credit Officer und Leiter der Privatkundenbank. Außer in Frankfurt hat er für die Bank in London, Singapur, Tokio und Toronto gearbeitet.

„Deutschland schafft sich ab" und „Deutschland deindustrialisiert sich" – diese und ähnlich plakativ formulierte Szenarien haben es von den Stammtischen in die mediale Welt geschafft, nicht zuletzt auch in die sozialen Medien. Dort werden sie geteilt und allzu oft mit einem Daumen nach oben goutiert. Ich halte diese Pauschalurteile nicht nur für übertrieben. Als überzeugter Europäer, der weiß, welch große Bedeutung Deutschland für das Gelingen des europäischen Projekts hat, halte ich sie auch für bedenklich. Bei aller teilweise berech-

DIGITALISIERUNG & INNOVATION

tigten Kritik am Status quo: Düstere Prophezeiungen, die sich irgendwann erfüllen, wenn man sie nur häufig genug wiederholt, sind nicht das, was Deutschland und Europa voranbringen wird. Im Gegenteil: Sie drücken auf die Stimmung und bremsen den Leistungswillen.

Was unser Kontinent stattdessen braucht, sind kluge Weichenstellungen, um unsere langfristige Wettbewerbsfähigkeit zu sichern. Gesucht werden Antworten auf die globalen Herausforderungen in einer Epoche, die die globale politische und wirtschaftliche Ordnung entscheidend verändern wird. Denn auf Jahrzehnte der Stabilität und Öffnung, die den Wohlstand in den meisten Teilen der Welt gesteigert hat, erleben wir nun eine Phase, die von Konflikten, Protektionismus und nationalen, wertvernichtenden Alleingängen gekennzeichnet ist. Und das ausgerechnet in einer Zeit, in der der technologische Wandel immer schnellere Reaktionen erfordert und die Welt ihre größte Herausforderung gemeinsam bewältigen muss: den Klimawandel und die nachhaltige Transformation unserer Wirtschaft. Um all dies finanzieren zu können, müssen wir dringend mehr privates Kapital mobilisieren; der Staat alleine wird die gewaltigen Ausgaben nicht ansatzweise stemmen können. Daher sind starke Banken und ein attraktiver Kapitalmarkt nicht nur eine Voraussetzung, sondern das A und O für Europas Wandel.

Die Ausgangsposition für diesen Wandel ist nicht die beste: So verfügen wir in Deutschland und Europa über wenige eigene Rohstoffe und sind insbesondere bei zukunftskritischen Ressourcen auf Importe angewiesen. Die Hürden durch Regulierung und Bürokratie sind zu hoch, unsere Bevölkerung altert und schrumpft. Und unseren vermutlich größten Trumpf, einen einheitlichen europäischen Binnenmarkt mit 450 Millionen Konsumenten, wollen wir, wie es scheint, partout nicht ausspielen.

Erschwerend kommt nun hinzu, dass wir auf die Faktoren, von der unsere Wirtschaft besonders profitiert hat, kaum

DIGITALISIERUNG & INNOVATION

noch zählen können: Die Globalisierung, die unsere export- und produktionsorientierte Wirtschaft genutzt hat wie kaum eine zweite, ist ins Stocken geraten; China, für zwei Jahrzehnte wichtigster Wachstumsgarant für Europa, ist zu einem politisch unsicheren Partner geworden. Und die lange Phase historisch niedriger Refinanzierungskosten für Unternehmen und die öffentliche Hand ist mit der rasanten Zinswende der Zentralbanken abrupt zu Ende gegangen.

Trotzdem haben wir das Potenzial, den Wandel zu bewältigen: Wir haben global tätige, innovative Unternehmen, die in den vergangenen Krisenjahren einmal mehr höchste Flexibilität, Agilität und Resilienz bewiesen haben. Wir haben topausgebildete Fachkräfte und eine politische Stabilität, um die uns die Welt beneidet. Diese einzigartigen Stärken werden wir aber nur nutzen können, wenn wir die Rahmenbedingungen für unsere Wirtschaft verbessern. Für mich gibt es fünf Themen, die hier mit Priorität angegangen werden sollten: Infrastruktur, Nachhaltigkeit, Bürokratie, Innovation und Fachkräfte.

Infrastruktur verbessern

Wir brauchen eine moderne, belastbare Infrastruktur, die einer Hochleistungswirtschaft gerecht wird. Wir müssen endlich entschlossen in den Ausbau von 5G-Netzen investieren und die Digitalisierung der öffentlichen Verwaltung vorantreiben.

Nicht minder dringend ist die Neuordnung unserer Energieversorgung. Wir müssen die Abhängigkeit von Energielieferungen aus dem Ausland so schnell wie möglich reduzieren – und der beste Weg dahin ist der Aufbau einer modernen Energieinfrastruktur. Es geht darum, Versorgungssicherheit für eine nachhaltige Wirtschaft zu gewährleisten, in der bestehende Energieträger wie Kohle und Gas durch alternative

Quellen ersetzt werden müssen. Es geht aber auch darum, den Energiebedarf insgesamt durch moderne Anlagen und Verfahren erheblich zu senken.

Die Chancen der Nachhaltigkeit konsequent nutzen

Der Umbau zu einer nachhaltigen Wirtschaft ist eine gewaltige Aufgabe – aber er ist vor allem auch eine enorme Chance. In kaum einem anderen Bereich kann gerade Deutschland dabei auf einer ähnlich starken Position aufbauen. Unsere Firmen und Institutionen haben die Bedeutung des Themas früh erkannt und sich dynamisch an die Spitze der Entwicklung gesetzt.

Aber unser Vorsprung schmilzt, weil andere Regionen – allen voran die USA und China – mit großem Elan nachziehen. Wir hingegen bremsen die grüne Transformation durch überzogene Vorschriften und quälend lange Genehmigungsverfahren für Wind- und Solarparks aus und erschweren die Finanzierung nachhaltiger Projekte durch unklare Definitionen und Berichtspflichten.

Bürokratie und Regulierung verringern

Lange Genehmigungsverfahren und zu viel Bürokratie sind leider Themen, die sich quer durch alle Branchen ziehen, Banken eingeschlossen – mittlerweile ist dies ein echtes Wettbewerbshindernis für deutsche und europäische Firmen. Wer in Deutschland investieren möchte, muss sich mit ordnerdicken regulatorischen Rahmenwerken auseinandersetzen, umfangreiche gerichtliche Überprüfungen sind die Regel.

Wenn wir unsere Wirtschaft umgestalten wollen, ist ein Abbau der bürokratischen und regulatorischen Hürden der Schlüssel. Dass wir es besser können, haben wir beim rekordschnellen Bau von LNG-Terminals im vergangenen Jahr bewiesen und dafür weltweit Respekt geerntet. Das muss der neue Standard sein – auf nationaler wie auf europäischer Ebene. Nur so können wir uns zügig wandeln und Wachstumschancen nutzen.

Technologischen Rückstand verringern

Wir neigen kulturell dazu, das Risiko höher zu gewichten als die Chance. Das zeigt sich gerade im Umgang mit neuen Technologien wie der Künstlichen Intelligenz. Es ist völlig richtig, dass wir die Gefahren solcher Innovationen genau untersuchen – vor allem auch mit Blick auf mögliche soziale Folgen. Allerdings dreht sich die Debatte bei uns zu sehr um die Risiken. Wir brauchen eine größere Technologieoffenheit, um im globalen Wettbewerb Schritt zu halten. Es ist kein Zufall, dass sich unter den führenden 100 Tech-Konzernen der Welt mit SAP und Infineon nur zwei deutsche finden und wir bei eigentlich allen Zukunftstechnologien eine Nebenrolle spielen.

Das muss sich grundlegend ändern. Wir müssen die Technologieförderung auf neue Beine stellen, brauchen bessere Rahmenbedingungen für junge Unternehmen, mehr Kooperation von staatlichen und privaten Forschungseinrichtungen mit enger Verknüpfung zur Realwirtschaft. Und wir müssen – wenn wir schon bei der Entwicklung nicht vorne dabei sind – die Chancen von Quantencomputing und Künstlicher Intelligenz nutzen und diese in überlegene technologische Anwendungen übersetzen.

DIGITALISIERUNG & INNOVATION

Das Arbeitskräftepotenzial steigern

Die Zahl der Arbeits- und Fachkräfte in Deutschland und Europa sinkt beständig. Die Erwerbsquote der Deutschen ist von 45 auf 43 Prozent gesunken, und der Trend ist bedrohlich: Bis 2035 wird die Bevölkerung im erwerbsfähigen Alter um acht Millionen sinken – allein in den zukunftsträchtigen MINT-Fächern wird ein Fünftel der Arbeitskräfte in Rente gehen. Uns droht nicht nur ein quantitativer Mangel an Arbeitskräften, sondern auch ein schweres Defizit an Fachkräften – zumal seit Jahren kluge Köpfe ins Ausland abwandern, wo sie bessere Forschungs- und Berufschancen vorfinden.

Um den Aderlass zu stoppen, halte ich zwei Punkte für essenziell: Zum einen müssen wir schleunigst unsere Bildungssysteme modernisieren, sie besser vernetzen und konsequent auf Technologien und Kompetenzen ausrichten, die in den nächsten Jahrzehnten die Wirtschaft bestimmen werden. Und auch wir Unternehmen müssen mehr in Weiterbildung investieren und lebenslanges Lernen ermöglichen.

Zum anderen müssen wir ausländische Talente und Fachkräfte für uns gewinnen. Das schaffen wir nur, wenn wir uns für gezielte und qualifizierte Zuwanderung öffnen. Ein wirksames Mittel wären vereinfachte Einbürgerungsgesetze oder spezielle Visaprogramme für hochqualifizierte Einwanderer. Nur so können wir im Wettbewerb um die besten Talente bestehen.

Die europäische Einheit vorantreiben

Fortschritte auf diesen fünf Feldern werden die Wachstumsaussichten für Deutschland spürbar verbessern. Um unser Potenzial aber wirklich entfalten zu können, brauchen wir

DIGITALISIERUNG & INNOVATION

noch zwei weitere Dinge ganz dringend: mehr Europa und eine zukunftsfähige Finanzierungsstruktur.

Europa bietet den größten Hebel für unsere künftige Wettbewerbsfähigkeit: Es ist der europäische Binnenmarkt, der Anfang 2023 seinen 30. Geburtstag feiern durfte. Diese so überzeugende und aussichtsreiche Idee hat in drei Jahrzehnten leider nie wirklich Fahrt aufgenommen: Der Binnenmarkt ist bis heute ein komplexes Geflecht aus verschiedenen Unternehmens-, Steuer- und Arbeitsgesetzen. Die EU hat keinen einheitlichen Telekommunikationsmarkt, keinen Bankenmarkt und keinen Binnenmarkt für digitale Produkte und Dienstleistungen.

Damit lassen wir ein gewaltiges Potenzial brachliegen. Und das gilt ganz besonders, wenn wir über den Kapitalmarkt sprechen. Statt eines großen gemeinsamen Kapitalmarktes haben wir in Europa einen Flickenteppich nationaler Märkte. Für die großen internationalen Adressen sind diese aber de facto nicht investierbar, weil sie zu klein und illiquide sind. Als Konsequenz droht uns nun eine große Finanzierungslücke, denn der bestehende Kapitalstock wird nicht annähernd ausreichen, um die Rahmenbedingungen zu verbessern und die erforderlichen Investitionen in die digitale und nachhaltige Transformation zu bewältigen. Der einzige Weg, wie wir das schaffen können, ist die Integration der europäischen Kapitalmärkte. Ohne einen tiefen und integrierten Kapitalmarkt wird der europäische Green Deal ein Papiertiger bleiben, und wir werden über kurz oder lang den Anschluss an die anderen Wirtschaftsräume verlieren.

Wenn es Europa ernst meint mit der strategischen Unabhängigkeit, dann ist finanzielle Autonomie ein zentrales Element. Gerade in einem Umfeld, das von zunehmendem Protektionismus und nationalem Egoismus geprägt ist, dürfen wir bei der Finanzierung nicht rein auf das Ausland setzen.

Deswegen braucht Europa eine starke Kapital- und Finanzierungsstruktur – mit einem integrierten Kapitalmarkt, aber auch mit einem leistungsfähigen Bankensystem. Dazu gehören auch starke und global tätige Banken mit der Expertise, für ihre Kunden auf allen Märkten agieren zu können und sie auf ihren Zukunftspfaden als Partner, Berater und Risikomanager zu begleiten. Darum ist es so wichtig, dass Europas Banken in den vergangenen Jahren so große Fortschritte gemacht haben und heute auch in schwierigen Zeiten gut und stabil dastehen.

Wir müssen Veränderung wollen

Ein Rahmen für Wachstum, mehr Finanzierungskraft und die Stärke des gemeinsamen Europas sind das Rezept für eine erfolgreiche Zukunft. Ich bin überzeugt, dass wir es selbst in der Hand haben, diese Zukunft zu gestalten. Wir haben alles, was nötig ist, um im globalen Wettbewerb an der Spitze zu bleiben. Jetzt liegt es an uns, dies auch abzurufen. Wir brauchen die unbedingte Entschlossenheit, etwas zu erreichen, die Bereitschaft, hart dafür zu arbeiten, und den Mut, Risiken einzugehen und Entscheidungen zu treffen, die dann diszipliniert umgesetzt werden.

Ich würde mir wünschen, dass wir in Deutschland und Europa diese Haltung annehmen und die Gelegenheit ergreifen, unsere Wirtschaft in eine starke Zukunftsposition bringen. Zusammen können wir es schaffen.

DIGITALISIERUNG & INNOVATION

Mehr Blended Finance wagen

Wie privates Kapital für die grüne Transformation mobilisiert werden kann

von Oliver Bäte

Oliver Bäte ist CEO der Allianz SE, einem der führenden Versicherer und Vermögensverwalter weltweit mit einem Jahresumsatz von 153 Milliarden Euro. Mit 159.000 Mitarbeiterinnen und Mitarbeitern bedient die Allianz 122 Millionen Privat- und Geschäftskunden in über 70 Ländern.
Bäte ist ein überzeugter Verfechter für den Umweltschutz und Mitbegründer der Net-Zero Asset Owner Alliance, die sich unter der Schirmherrschaft der Vereinten Nationen dem Erreichen der Pariser Klimaschutzziele verschrieben hat. Sein Fokus liegt zudem auf der Inklusion von Menschen mit Behinderungen am Arbeitsplatz. Bäte führte die Allianz auf Platz 1 des BeyondGenderAgenda Diversity-Index. Er begann seine Karriere bei McKinsey & Company in New York. Nach einem Wechsel nach Deutschland übernahm Bäte 2003 die Leitung des Geschäftsbereichs Versicherer & Vermögensverwalter für Europa, bevor er 2008 als Chief Operating Officer in den Vorstand der Allianz SE eintrat. 2015 übernahm er das Amt des CEO der Allianz SE.

Blended Finance findet sich bisher nicht auf den Plakaten von Umweltaktivisten wieder. Dabei könnte die Kombination von öffentlicher Entwicklungsfinanzierung und privatwirtschaftli-

DIGITALISIERUNG & INNOVATION

chem Kapital entscheidend für eine mutige und rasche Transformation unserer Wirtschaft sein. Ein Blick nach Afrika zeigt, was möglich ist:

Als Soga Oni beschloss, medizinische Diagnosezentren in klinisch unterversorgten Gebieten in Afrika zu bauen, hatte er nach eigenen Angaben drei Arten von Investoren: „Familien, Freunde und Narren". Heute leitet der nigerianische Unternehmer das Unternehmen MDaaS Global und treibt den Ausbau des größten afrikanischen Netzwerks für Gesundheitsdienstleistungen voran. Bislang haben die 200 Mitarbeiter mehr als 140.000 Patienten betreut.

Der Erfolg von Oni wurde von AfricaGrow unterstützt, ein mit 200 Millionen Euro ausgestatteter Dachfonds, mit dem 150 kleine und mittlere Unternehmen (KMU) und Start-ups auf dem afrikanischen Kontinent gefördert werden sollen. Die Mittel stammen vom Bundesministerium für wirtschaftliche Zusammenarbeit und Entwicklung (100 Millionen Euro), der KfW-Tochter DEG (30 Millionen Euro) und der Allianz Gruppe (70 Millionen Euro).

AfricaGrow ist ein eindrucksvolles Beispiel für die Stärke von Blended Finance: einem Modell, bei dem Projekte durch öffentliche Entwicklungsfinanzierung und Kapital aus der Privatwirtschaft finanziert werden. Etwaige Verluste werden zunächst durch öffentliche Mittel aufgefangen. Erst wenn dieses sogenannte konzessionäre Kapital nicht mehr ausreicht, werden sie mit privaten Mitteln gedeckt. Dieses Vorgehen ermöglicht auch institutionellen Anlegern eine Investition, denn aufgrund regulatorischer Vorgaben können sie bisher meist nur in geringem Umfang in Länder mit einem Sub-Investment-Grade-Rating investieren – also Länder mit einer geringen Bonität. Die Folge: 97 Prozent der Anleiheportfolios europäischer Versicherungen sind in der entwickelten Welt angelegt; lediglich drei Prozent des Investitionsvolumens gehen in Entwicklungsländer.

Mit AfricaGrow soll ein Beitrag geleistet werden, bestehende Finanzierungslücken in bevölkerungsreichen und reformorientierten afrikanischen Ländern zu schließen. Der Fonds will bis 2030 mehr als 25.000 neue und dringend benötigte Arbeitsplätze schaffen. Dadurch soll das nachhaltige Wirtschaftswachstum auf dem afrikanischen Kontinent gefördert werden – dass das gelingen kann, dafür ist das Unternehmen von Soga Oni ein eindrucksvolles Beispiel.

Finanzierung der grünen Transformation in Europa

Blended Finance hat in den vergangenen zehn Jahren seine Leistungsfähigkeit vielfach unter Beweis gestellt, zum Beispiel in der Entwicklungshilfe. Doch damit nicht genug: Mit den bereitgestellten Geldern wurden oftmals auch Projekte vorangetrieben, um die Nachhaltigkeitsziele der Vereinten Nationen zu erreichen. So haben die Allianz Gruppe und die International Finance Corporation 2017 ein Programm im Rahmen des Managed Co-Lending Portfolio Program aufgelegt, das sich voll und ganz auf die Umsetzung der Ziele des Pariser Klimaschutzabkommens von 2015 fokussiert.

Dies bringt mich zu folgendem Vorschlag: Warum nutzen wir Blended Finance nicht auch in der Europäischen Union? Es könnte der Hebel sein, um in größerem Umfang Kapital für öffentlich-private Partnerschaften zu mobilisieren und damit unsere ehrgeizigen Klimaziele leichter und schneller zu erreichen.

Die Vereinten Nationen bezeichnen den Klimawandel als die dringendste existenzielle Bedrohung der Menschheit. Wenn man die schlimmsten Szenarien der jüngsten Berichte des Weltklimarats (IPPC) noch abwenden möchte, muss die Welt bis zur Mitte des Jahrhunderts klimaneutral werden. Um dieses Ziel zu erreichen, müssen die Mitgliedsstaaten der Europäischen Union (EU) und die größten Volkswirtschaften weltweit ihre Treibhausgasemissionen erheblich reduzieren. Die EU hat sich schon heute zum Ziel gesetzt, die Emissionen ihrer Mitgliedsstaaten bis zum Jahr 2030 um 55 Prozent gegenüber dem Jahr 1990 zu senken. Das ist ein ehrgeiziges Zwischenziel, wenngleich auch nur der erste Schritt. Die Europäische Kommission schätzt nun, dass zur Erreichung dieses Ziels Investitionen von mehr als einer Billion Euro jährlich notwendig sein werden. Zum Vergleich: In den vergangenen Jahren haben wir nur rund 700 Milliarden Euro jährlich investiert.

Die europäischen Regierungen wissen, dass sie solche Beträge unmöglich alleine finanzieren können, und appellieren ausdrücklich an private Investoren, sie zu unterstützen. Da sich die Anleger in den letzten Jahren zunehmend der Bedrohungen durch den voranschreitenden Klimawandel bewusst geworden sind, ist das Interesse an grünen Anlagen stark gestiegen. Doch wir dürfen uns nicht allein auf eine steigende Nachfrage verlassen. Wir müssen aktiv werden und die Kräfte von öffentlichen und privatwirtschaftlichen Finanzierungen bündeln. Nur so können wir die Finanzierung europäischer Projekte zur Eindämmung des Klimawandels stärken und ihre Umsetzung beschleunigen.

Hürden für Blended Finance

Natürlich gibt es bereits Mischfinanzierungsinstrumente für Investitionen in Europa. Das Problem ist allerdings, dass wir noch nicht herausgefunden haben, wie wir sie schnell und effektiv skalieren können.

Die Europäische Kommission stellt über ihren Fonds InvestEU Kreditgarantien in Höhe von rund 26 Milliarden Euro zur Verfügung, um innovative Technologien mit einem Bezug zu Umweltschutz, Klimaresilienz oder sozialer Nachhaltigkeit zu fördern. Durch diese Garantien soll das Kreditrisiko für private Investoren abgefedert und bis zu 370 Milliarden Euro in Form von privaten Investitionen mobilisiert werden.

Ergänzend zu diesem Fonds hat die Europäische Kommission und die Europäische Investitionsbank die Initiative InnovFin gestartet. Damit sollen gezielt innovative und auch deutlich riskantere Unternehmensmodelle gefördert werden, die von privaten Investoren alleine oftmals keine Mittel erhalten. InnovFin stellt dafür bis zu 75 Millionen Euro pro Projekt zur Verfügung, um weitere Investitionen anzuziehen. Ein Beispiel für ein gefördertes Projekt ist Steelanol, eine bisher beispiellose Anlage in Belgien, die Abfälle aus der Stahlherstellung in Ethanol umwandeln wird. Durch die Anlage sollen einmal die CO_2-Emissionen von bis zu 250.000 Pkw kompensiert werden.

Blended-Finance-Fonds können also einen großen Beitrag zur Risikominderung bei Investitionen in Klimatechnologien leisten. Sie sind aber noch nicht in ausreichendem Maße verfügbar, um den dringenden Bedarf zur Dekarbonisierung der Industriesektoren zu decken. Wir müssen uns also darauf konzentrieren, diese Instrumente in der Breite verfügbar zu machen.

Regulatorische Hemmnisse

Zahlreiche regulatorische Anforderungen hemmen diese Entwicklung allerdings. Insbesondere Vorschriften der Europäischen Union zu staatlichen Beihilfen stellen ein großes Hindernis dar. Diese Regeln sind eigentlich dazu gedacht, einen fairen Binnenmarkt zu gewährleisten. Und sie sollen die 27 Regierungen der Europäischen Union daran hindern, das Spielfeld zugunsten einheimischer Unternehmen oder Wirtschaftszweige zu verschieben.

DIGITALISIERUNG & INNOVATION

Dieses Vorgehen hat der EU bisher gute Dienste geleistet, doch es stellt die Finanzierung klimarelevanter Projekte vor kaum überwindbare Hürden. Eine dieser Hürden besteht darin, dass öffentliche Förderungen den Wettbewerb nicht verzerren dürfen. Dies nachzuweisen ist ein komplexes und bürokratisches Unterfangen und gerade im Falle von klimarelevanten Projekten oftmals kaum möglich.

Ein wichtiges Feld für Investitionen ist sauberer Wasserstoff. Allerdings ist längst nicht geklärt, wer diese Investitionen tätigen wird. Wenn die Regierungen ihre Zusagen ernst nehmen, dann wird Wasserstoff zu einem wichtigen Energieträger werden. Im Jahr 2050 könnte er bis zu 24 Prozent des weltweiten Energiebedarfs decken. Er könnte Lkw, Schiffe und Flugzeuge antreiben – kurzum: Er könnte der Schlüssel zu klimaneutraler Mobilität werden. Nicht zuletzt könnte Wasserstoff unsere Stromnetze stabilisieren, indem wir überschüssige erneuerbare Energien tagsüber speichern und in der Nacht wieder in das Netz einspeisen. Das ist eine mutige und eine ermutigende Vision. Doch der Weg dorthin wird kein leichter sein: Denn für die Erzeugung von sauberem Wasserstoff sind umfangreiche Investitionen zum Beispiel in Katalysatoren und eine Speicherinfrastruktur erforderlich. Daneben gilt es, die bestehende Gasinfrastruktur auf diesen neuen Energieträger umzurüsten. Zudem müssen wir den Netzausbau vorantreiben, um Wasserstoff aus den zukünftigen Produktionsstandorten in die wirtschaftlichen Zentren Europas zu transportieren.

Ein weiteres Thema, mit dem wir uns auseinandersetzen müssen, ist die regulatorische und solvenzrechtliche Behandlung von Blended-Finance-Vehikeln. Versicherer wie die Allianz Gruppe werden unter „Solvency II" reguliert. Das ist eine Richtlinie der Europäischen Union, die die Kapitalausstattung, die Organisation und die Veröffentlichungspflichten von Versicherern ordnet. Nach der globalen Finanzkrise in den Jahren 2008 und 2009 wurden die Risikokapitalvorschrif-

DIGITALISIERUNG & INNOVATION

ten deutlich verschärft: Seitdem müssen unter „Solvency II" regulierte Unternehmen deutlich mehr Risikokapital für Investitionen, die mit einer Verbriefungsstruktur verbunden sind, vorhalten als bei einer Investition in ein nicht als Verbriefung klassifiziertes Vehikel. Diese Regelung gilt auch für die typischen Strukturen eines Blended-Finance-Fonds und würde ihn – käme sie zur Anwendung – unattraktiv für viele Investoren machen. Um das zu vermeiden, kommen heute oftmals sehr komplexe und intransparente Fondsstrukturen zum Einsatz. Das müssen wir dringend vereinfachen.

Wir investieren vor allem in Bewährtes

Man könnte argumentieren, dass Europa bereits mit Fördermitteln für die grüne Transformation überschwemmt wird – insbesondere nach der rund 800 Milliarden Euro schweren Finanzspritze der Europäischen Union in Form der NextGenerationEU. Das ist ein ehrgeiziges Programm, um Europas Wirtschaft widerstandsfähiger, innovativer, digitaler und nachhaltiger aufzustellen.

Allerdings dürfte ein großer Teil dieser Mittel in bewährte Geschäftsmodelle fließen – also Geschäftsmodelle, mit deren zugrunde liegenden Technologien über viele Jahre gute Erfahrungen gemacht wurden, wie zum Beispiel Solar- und Windparks. Vieles von dem, was wir jedoch zur Abwendung der Klimakrise benötigen, fällt in die Kategorie der nicht bewährten Geschäftsmodelle.

Investoren, insbesondere institutionelle Anleger wie Versicherer und Pensionsfonds, sind bereit, hier ihren Beitrag zur grünen Transformation zu leisten – auch aus einem sehr offensichtlichen Zweck: Unsere langfristigen Pensionsverpflichtungen haben einen Anlagehorizont, der oft weit über das Jahr 2050 hinausgeht, und wir müssen unsere Portfolien absichern. In den letzten Jahren wurden zahlreiche Bündnisse und Initiativen gegründet – viele davon unter der Schirmherrschaft der Vereinten Nationen –, um die Kapitalströme zugunsten nachhaltiger Investitionen zu verändern. Allerdings sind – wie skizziert – die derzeitigen Risiko-Rendite-Profile dieser Investitionen für eine Anlage im großen Umfang oftmals ungeeignet. Doch es gibt privates Kapital, das bereit ist zu investieren. Blended Finance kann hier schon heute dazu beitragen, die Hindernisse für den Privatsektor zu beseitigen und so das Wachstum innovativer Klimalösungen und kohlenstoffarmer Energieträger zu beschleunigen.

Wichtige Klimaprojekte auf den Weg bringen

Erfreulicherweise ist die Dynamik bei Blended Finance in Europa positiv. Und auch in Deutschland hat man bereits erste Erfahrungen gemacht, die bei der Strukturierung von Blended-Finance-Vehikeln genutzt werden können.

Ein gutes Beispiel hierfür ist der im Jahr 2021 vom Bundesministerium für Wirtschaft und Klimaschutz aufgelegte Zukunftsfonds, der die Finanzierung von Start-ups in der kapitalintensiven Wachstumsphase erleichtern soll. Ein Teil des Finanzierungsangebots soll über den eine Milliarde Euro großen Dachfonds KfW Capital Wachstumsfonds bereitgestellt werden. Dieser Fonds zeichnet sich durch zwei Module aus: ein beihilfefreies Produkt mit asymmetrischer Risiko- und Renditeverteilung, das Investitionen von institutionellen Investoren mobilisieren soll, und eine Parallelstruktur, in der die öffentliche Hand und private Investoren zu gleichen Konditionen investieren. Im Zuge der Strukturierung konnte sich die KfW erfolgreich mit Themen wie dem Beihilferecht und Fragen der Verbriefung auseinandersetzen. Die Expertise ist also da.

DIGITALISIERUNG & INNOVATION

Wir stehen vor einer gigantischen Aufgabe, um die drohende Klimakatastrophe doch noch abzuwenden. Deshalb sollten Politik und Regulatoren aus meiner Sicht drei konkrete Maßnahmen ergreifen, um eine noch größere Skalierbarkeit und Replizierbarkeit von Blended-Finance-Modellen sicherzustellen. Erstens: Es gilt, die nationalen und europäischen Beihilferegeln anzupassen, um eine zielgerichtete öffentliche Förderung mittels Blended-Finance-Strukturen zu erleichtern. Zweitens: Wir benötigen eine Überarbeitung der solvenzrechtlichen Bewertung von Blended-Finance-Vehikeln, um komplexe und intransparente Fondsstrukturen zu vermeiden. Und drittens: Wir müssen Kapitalgeber insbesondere für konzessionäres Kapital in der Wirtschaft akquirieren.

Ich bin überzeugt, dass Blended Finance hierzu einen wichtigen Beitrag leisten kann. Und ich bin zuversichtlich, dass uns dies gelingen wird. Wir müssen es nur wagen – und zwar jetzt.

DIGITALISIERUNG & INNOVATION

Kapital für eine erfolgreiche Transformation

Die Rolle des Zukunftsfonds

von Sabine Hepperle und Eva Wimmer

Dr. Sabine Hepperle ist seit 2014 Leiterin der Abteilung Mittelstandspolitik des Bundesministeriums für Wirtschaft und Klimaschutz. Zuvor war sie unter anderem Leiterin der Vertretung des Deutschen Industrie- und Handelskammertags (DIHK) bei der EU in Brüssel, Leiterin der Referate Asien-Pazifik und Afrika und Entwicklungspolitik des DIHK sowie Leiterin des EU-Außenwirtschaftsförderprogramms für kleine und mittlere Unternehmen und für Entwicklungspolitik bei BAO Berlin International. Sie wurde 1999 an der Universität der Bundeswehr in München promoviert.

Dr. Eva Wimmer ist Leiterin der Abteilung Finanzmarktpolitik im Bundesministerium der Finanzen. Ihr Aufgabenbereich umfasst die Überwachung der Kreditinstitute des Bundes (u. a. die KfW), das Schuldenmanagement des Bundes, Finanzmarktregulierung sowie die internationale Finanzmarktpolitik. Vor ihrer Tätigkeit im Bundesministerium der Finanzen war sie bei der Bundesanstalt für Finanzdienstleistungsaufsicht (BaFin) tätig und hat in Bereichen wie Bankenaufsicht, internationale Politik und Reglementierung sowie organisationsübergreifende Aufgaben gearbeitet. Ihren Doktortitel erwarb sie an der Universität Freiburg.

DIGITALISIERUNG & INNOVATION

Start-ups sind wichtige Ideengeber und sichern Innovationen in Deutschland und Europa. Sie erzeugen eine wichtige Dynamik für unsere Wirtschaft und Gesellschaft: Sie stehen für Erneuerung und sind damit essenzielle Treiber des wirtschaftlichen Wandels. Dies galt in der Vergangenheit und gilt umso mehr in diesem „Jahrzehnt der Transformation".

Damit Start-ups in Deutschland und Europa gegründet werden, wachsen und dabei Risiken eingehen können, die notwendig sind, um Innovationen hervorzubringen, ist ein funktionierender Wagniskapitalmarkt von besonderer Bedeutung. Insbesondere für das Wachstum von Start-ups in Europa ist eine zukunftsgerichtete Wagniskapitalfinanzierung wichtig, um die Transformation hin zu einer nachhaltigen Wirtschaft und Gesellschaft durch innovative technologische Lösungen zu unterstützen und zu beschleunigen. Nur so kann Deutschland ein global wettbewerbsfähiger und leistungsstarker, souveräner Technologiestandort bleiben.

Wagniskapital für die Transformation von Wirtschaft und Gesellschaft in Deutschland und Europa

In den letzten Jahren hat sich der deutsche Wagniskapitalmarkt erheblich weiterentwickelt. Insbesondere in der Frühphasenfinanzierung von Start-ups ist Deutschland sehr gut aufgestellt. Daran hat die KfW – seit jeher Unterstützerin von wirtschaftlichem Wandel und Innovation – gemeinsam mit dem ERP-Sondervermögen des Bundes (ERP-SV), welches auf die sogenannte Marshallplanhilfe (European Recovery Program, ERP) der späten 1940er und frühen 1950er Jahre zurückgeht und zu dessen Nutzung die KfW 1948 gegründet wurde, einen großen Anteil. Mit dem ERP-SV und der KfW konnten so seit der Jahrtausendwende wichtige Meilenstei-

DIGITALISIERUNG & INNOVATION

ne gesetzt werden. Der 2005 unter anderem mit ERP-SV-Mitteln und Mitteln der KfW ins Leben gerufene High-Tech Gründerfonds mobilisiert seitdem und inzwischen in vierter Fondsgeneration sehr erfolgreich privates Kapital und vernetzt Unternehmen und Start-ups. Auch beim rein öffentlichen Wagniskapitalfonds coparion verfolgten KfW (später KfW Capital) und ERP-SV als Gesellschafter von Anfang an das gemeinsame Ziel, die Entwicklung des privaten Wagniskapitalmarktes in Deutschland durch Co-Investments zu unterstützen. Bereits vor dem Zukunftsfonds war die KfW mit Unterstützung des ERP-SV als Wegbereiterin in der Finanzierung von Wagniskapitalfonds tätig, mit dem bis heute erfolgreichen ERP-VC-Fondsinvestmentprogramm.

In diesem Jahrzehnt gilt es nun, diese Erfolge weiter auszubauen und insbesondere die Wachstumsfinanzierung zu stärken, damit sich erfolgreiche Start-ups in Deutschland weiterentwickeln und einen nachhaltigen Beitrag zur Transformation leisten können. Dafür ist viel Kapital in erheblichem Umfang erforderlich, denn die Herausforderungen sind groß: Klimaschutz, Digitalisierung, demografischer Wandel der Gesellschaft, Sicherung von technologischer Souveränität und dauerhafter Wettbewerbsfähigkeit. Um diese Herausforderungen der Transformation anzugehen und Lösungen zu erarbeiten, brauchen wir viel privates Kapital, das auch mit öffentlichen Mitteln mobilisiert werden kann.

Die Entwicklung des Marktes für Wagniskapital findet seit dem Jahr 2022 unter den geänderten Vorzeichen eines geopolitischen Konfliktes in Europa sowie den Rahmenbedingungen einer Zinswende und einer größeren Unsicherheit statt. Es ist wichtiger denn je, auch in solchen Phasen einer relativen Unsicherheit die richtigen Akzente zu setzen, um dringend benötigtes privates Kapital, insbesondere Wagniskapital für Start-ups, zu mobilisieren. Der Staat kann und sollte diese Aufgabe nicht alleine angehen. Er verfügt erstens nicht über die Mittel, um diese Transformation zu stemmen. Und zweitens sind der Kern für die Weiterentwicklung hin zu einer sozial-ökologischen Marktwirtschaft, die unseren Wohlstand nachhaltig sichert, die vielen brillanten Ideen von Menschen und Unternehmen, die es wagen, neue Wege zu beschreiten und innovative Technologien zu entwickeln und zu vermarkten. Der Staat ist mitnichten der bessere Unternehmer.

Als Bundesregierung haben wir uns zum Ziel gesetzt, diesen notwendigen und zugleich herausfordernden Wandel gemeinsam mit der KfW weiter zu unterstützen. Mit ihrer Beteiligungstochter, der 2018 gegründeten und als Ankerinvestor erfolgreich am Markt etablierten KfW Capital, haben wir dabei einen verantwortungsvollen öffentlichen Partner. Gemeinsam mit weiteren privaten Anlegern investiert die KfW Capital heute erfolgreich in deutsche und europäische Venture-Capital-Fonds (VC-Fonds) und unterstützt damit die Weiterentwicklung der privaten Fondslandschaft sowie die Mobilisierung von privatem Wagniskapital auf nationaler und internationaler Ebene.

Ein zukunftsgerichtetes öffentliches Finanzierungsinstrumentarium für den Wagniskapitalmarkt kann in dieser Phase stabilisierend wirken und soll mehr privates Kapital mobilisieren. Die KfW war und ist in ihrer langjährigen Geschichte dabei sehr erfolgreich, privates Kapital durch Fremdkapital, also durch die Kreditvergabe, zu aktivieren. Für bahnbrechende neue Ideen bedarf es jedoch verstärkt Eigenkapital, das heißt Wagniskapital, welches ein höheres Risiko trägt. Mit einem weiterentwickelten, erfolgreichen und etablierten Start-up-Finanzierungsinstrumentarium des Bundes gehen wir gemeinsam mit weiteren öffentlichen und privaten Partnern die Herausforderung an, mehr privates Kapital für die Transformation zu mobilisieren.

DIGITALISIERUNG & INNOVATION

Wachstumsfinanzierung und Mobilisierung von privaten Mitteln für Wagniskapital

Mit dem 2021 gestarteten Beteiligungsfonds für Zukunftstechnologien (Zukunftsfonds), der insbesondere innovative Start-ups in der Wachstumsphase ansprechen soll, stellt die Bundesregierung dafür zusätzlich zu den bestehenden Finanzierungsinstrumenten zehn Milliarden Euro für Investitionen bis ins Jahr 2030 bereit. Das Maßnahmenbündel des Zukunftsfonds adressiert verschiedenen Finanzierungsbedarf von Start-ups und VC-Fonds. Dazu investiert der Zukunftsfonds nach marktwirtschaftlichen Grundsätzen Hand in Hand mit privaten Co-Investoren in VC-Fonds, den Direktbeteiligungsfonds DeepTech & Climate Fonds und eine Wachstumsfazilität für wachstumsstarke Start-ups beim High-Tech Gründerfonds (HTGF). Zudem stellen der Zukunftsfonds und die KfW gemeinsam mit privaten Finanzierungspartnern wie z. B. Banken sogenannte Venture-Debt-Finanzierungen für schnell wachsende Start-ups bereit. Der Fokus liegt dabei insbesondere auf der Wachstumsphase von Start-ups. Insbesondere in dieser kapitalintensiven Phase mangelt es noch an deutschem und europäischem Wagniskapital. Obwohl wir in Deutschland und Europa grundsätzlich einen großen verfügbaren Kapitalstock haben, der in Teilen auch noch stärker bei der Finanzierung von Start-ups wirken könnte, kann diese Finanzierungslücke noch nicht von deutschen oder europäischen Investoren geschlossen werden. Das Kapital kommt dann häufig von ausländischen Investoren. Mit dem Zukunftsfonds werden daher attraktive Produkte geschaffen, um mehr privates Kapital für neue technologische Lösungen, das dafür benötigte Wissen und das Wachstum auf europäischen und internationalen Märkten zu hebeln. So kann ein Beitrag zur Stärkung des deutschen und europäischen Start-up-Standortes geleistet werden, denn erfolgreiche Start-ups und die

DIGITALISIERUNG & INNOVATION

dahinterstehenden Wagniskapitalgeber sichern langfristig und nachhaltig Innovationskraft, Wachstum und Beschäftigung. Partner sind dabei die KfW und der Europäische Investitionsfonds, wo mehrere Finanzierungsinstrumente für die Finanzierung von Wagniskapitalfonds aufgehängt sind, die private Mittel in Milliardenhöhe mobilisieren, ebenso wie die Landesförderbanken und -institute, mit denen der Bund bereits länger erfolgreich gemeinsam innovative Start-ups und Mittelständler unterstützt und dies zukünftig im Rahmen von RegioInnoGrowth noch ausbauen möchte.

Gleichzeitig dürfen wichtige Technologiebereiche und Investorengruppen, die essenziell für die Weiterentwicklung des Technologie- und Wirtschaftsstandortes sind, nicht außer Acht gelassen werden. Insbesondere bei der Mobilisierung von privatem Kapital von institutionellen Anlegern besteht in Deutschland noch eine Lücke im Vergleich zu anderen Ländern, etwa zu den Vereinigten Staaten von Amerika. Mit dem bei der KfW Capital angesiedelten und rund eine Milliarde Euro großen Wachstumsfonds Deutschland steht über den Zukunftsfonds ein Angebot zur Verfügung, welches erfolgreich privates Kapital für die Assetklasse Venture Capital mobilisiert. Der als Dachfonds konzipierte Wachstumsfonds Deutschland ermöglicht es privaten Anlegern wie beispielsweise Family Offices, Pensionskassen und Versicherungen, über verschiedene Tranchen mit unterschiedlichen Risikoklassifikationen in vielversprechende Venture-Capital-Fonds und somit in Start-ups in Deutschland und Europa zu investieren.

Insgesamt müssen die Finanzierungsbedingungen für Technologie-Start-ups in Europa weiter gestärkt werden. Für einen global wettbewerbsfähigen Start-up-Standort Europa mobilisiert Deutschland gemeinsam mit weiteren EU-Mitgliedsstaaten und dem Europäischen Investitionsfonds über die in diesem Jahr neu geschaffene European Tech Cham-

DIGITALISIERUNG & INNOVATION

pions Initiative (ETCI) Wagniskapital für großvolumige Wachstumsfinanzierungen. So können gemeinsam mit privaten Investoren Investitionen in große Wachstumsfonds mit einer Zielgröße von rund einer Milliarde Euro und mehr gestemmt werden. Wachstumsfonds in dieser Größe sollen zukünftig auch häufiger in Europa möglich sein. Die europäische Initiative ETCI ist ein wichtiger Schritt für die Venture-Capital-Fondslandschaft, damit deutsche und europäische Wachstumsunternehmen ihren Finanzierungsbedarf zu einem größeren Teil mit europäischem Kapital decken und mit ihren Ideen und Geschäften weiter wachsen können.

In Europa werden zahlreiche Ideen, Ansätze und Lösungen entwickelt, die essenziell für eine wettbewerbsfähige, nachhaltige und digitale Transformation von Wirtschaft und Gesellschaft sind. Diese potenziell bahnbrechenden Ideen, die zum Beispiel aus einer starken deutschen Forschungslandschaft heraus entstehen, sollen in Deutschland und Europa auch weiter wachsen können. Der zu Beginn des Jahres 2023 gestartete, bereits erwähnte DeepTech & Climate Fonds investiert dafür gemeinsam mit privaten Investoren in Deep-Tech- und Climate-Tech-Unternehmen, deren Technologien das Potenzial haben, ganze Wirtschafts- und Gesellschaftsbereiche positiv zu verändern und zu prägen. Gerade in diesen Hochtechnologiebereichen gibt es meist einen langfristigen und größeren Finanzierungsbedarf, um diese Technologien zu entwickeln, zu etablieren und zu skalieren. Der bis zu einer Milliarde Euro große DeepTech & Climate Fonds unterstützt damit zukunftsgerichtete, disruptive Technologien und bietet langfristig orientierten privaten Investoren die Möglichkeit, in die technologische Zukunft zu investieren.

DIGITALISIERUNG & INNOVATION

Nachhaltige Wirkungen für das Start-up- und Wagniskapitalökosystem

Die KfW ist seit ihrer Gründung vor 75 Jahren eine starke Partnerin für die Wirtschaftspolitik, um gemeinsam den Wandel von Mittelstand, Industrie und Handwerk in Deutschland zu unterstützen, Anreize zu bieten und neue Akzente zu setzen. Dies gilt auch für das Wagniskapitalökosystem: Hier entstehen Kooperation und Konkurrenz, die diesen Wandel erst möglich machen. Die Finanzierung ist daher auch ein zentrales Handlungsfeld der Start-up-Strategie der Bundesregierung als Fahrplan zur Weiterentwicklung des Start-up-Standortes Deutschland.

Die KfW Capital und der Zukunftsfonds setzen dabei wichtige Akzente in zentralen Bereichen. Die KfW Capital stärkt zum Beispiel über den Zukunftsfonds die Diversität und stärkere Beteiligung von Frauen in der VC-Branche und finanziert junge Managementteams, die neue Wagniskapitalfonds mit innovativen Ansätzen oder einem neuen Technologiefokus aufsetzen. Die Dekarbonisierung der Wirtschaft erfordert disruptive Technologien von Start-ups. Gemeinsam mit der KfW und der KfW Capital sowie über den Zukunftsfonds werden hierfür zusätzliche Investitionsmittel bereitgestellt und der private Markt unterstützt, damit genügend Kapital für Technologien mobilisiert werden kann, die dem Klimaschutz und der Dekarbonisierung dienen. Über die Finanzierung hinaus leistet die KfW Capital – wie die KfW insgesamt in ihrer langen Geschichte – als Wissensvermittlerin und etablierte Institution im VC-Markt einen wichtigen Beitrag für die Weiterentwicklung des deutschen Start-up-Standortes, zum Beispiel indem sie Finanzierungs- und Prüfungsstandards setzt, als Ankerinvestorin Risiken senken und private Investoren mobilisieren kann sowie Akteure zu wichtigen Themen der Branche vernetzt und Wissen in Workshops und Programmen

DIGITALISIERUNG & INNOVATION

vermittelt. Diese notwendigen Anstrengungen und Ansätze werden zeigen, dass sich Investitionen mit nachhaltiger Wirkung langfristig sowohl ökonomisch als auch gesellschaftlich auszahlen werden.

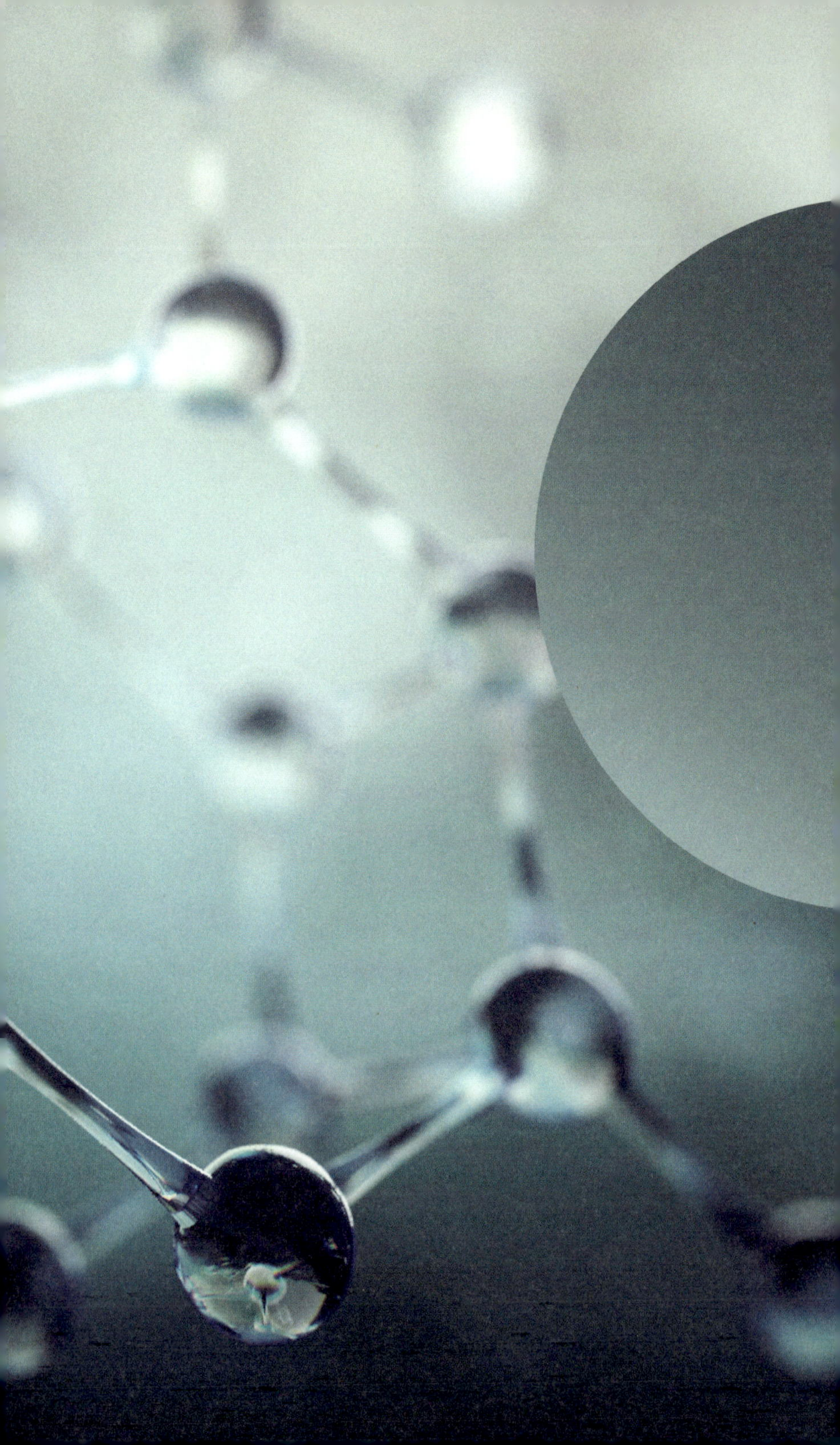

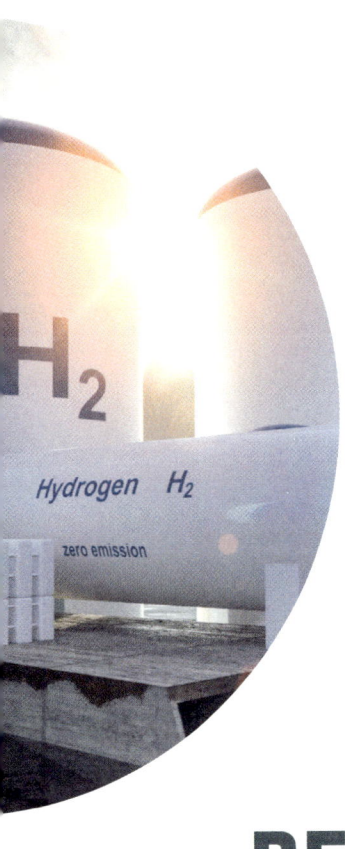

RESILIENZ UND SOUVERÄNITÄT

Die Herausforderung

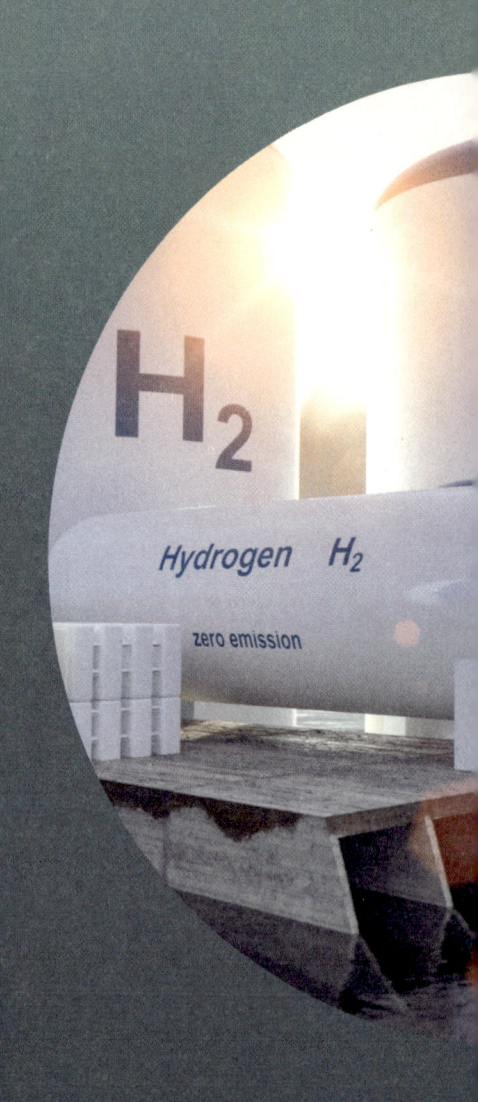

RESILIENZ & SOUVERÄNITÄT

Die Transformation im Energiesektor

Welche Weichen wir jetzt stellen müssen

von Jens Südekum

Prof. Dr. Jens Südekum ist Universitätsprofessor für Internationale Volkswirtschaftslehre am Düsseldorfer Institut für Wettbewerbsökonomie (DICE) an der Heinrich-Heine-Universität. In seiner Forschung befasst er sich mit internationalem Handel, den Arbeitsmarkteffekten von Globalisierung und Digitalisierung sowie mit Stadtökonomik und Regionalpolitik.
Professor Südekum ist Mitglied im Wissenschaftlichen Beirat beim Bundesministerium für Wirtschaft und Klimaschutz (BMWK) und Berater der Bundesregierung und verschiedener Parteien zu wirtschafts- und finanzpolitischen Fragen. Zudem war er als Berater für diverse internationale Institutionen tätig, darunter die EU-Kommission, die OECD und die Welthandelsorganisation (WTO).
Die *FAZ* zählte ihn 2020 zu den fünf einflussreichsten Ökonomen in Deutschland. Er ist Kolumnist im *Handelsblatt* und durch regelmäßige Gastbeiträge in den Medien im In- und Ausland vertreten.

Die Europäische Union will bis 2045 klimaneutral sein. Diese Dekarbonisierung erfordert eine massive Transformation aller Wirtschaftsbereiche. Bis 2030 sind hierfür entscheidende Weichenstellungen vorzunehmen, sonst wird das Ziel absehbar verfehlt werden. Wir befinden uns inmitten eines Jahrzehnts der Entscheidung.

Ob beim Verkehr, bei Gebäuden oder in der Landwirtschaft – überall werden massive Anpassungen erforderlich sein, die bisweilen als Zumutungen wahrgenommen und entsprechend kontrovers diskutiert werden. Ganz besonders diffizil gestaltet sich die Transformation im Industriesektor. Denn im Gegensatz zu den anderen Bereichen liegt hier eine internationale Mobilität der zu transformierenden Wirtschaftstätigkeit vor. Das heißt, die Transformation findet nicht automatisch am Standort Deutschland bzw. Europa statt. Es sind Szenarien von Carbon Leakage denkbar, also einer Abwanderung der Produktion an Orte mit einer weniger ambitionierten Klimapolitik, oder einer Verlagerung an Standorte, die das Ziel der Dekarbonisierung zwar teilen, aber hierfür aus Unternehmenssicht bessere Rahmenbedingungen setzen. Dies sind insbesondere günstigere Preise und bessere Verfügbarkeit von grüner Energie, großzügigere industriepolitische Förderkulissen wie der amerikanische Inflation Reduction Act (IRA) spielen ebenfalls eine wichtige Rolle.

Eine Deindustrialisierung kann sich Deutschland gesellschaftlich nicht leisten. Unser Wirtschaftsmodell basiert zu einem wesentlichen Teil auf einem eng verzahnten System von industriellen Großbetrieben, Mittelständlern und kleinen und mittleren Unternehmen (KMU). Dieses Ökosystem hat enorme Ausstrahlungseffekte auf andere Sektoren: Geht es der Industrie vor Ort gut, dann profitiert auch das Handwerk, die Dienstleistungen, die Kulturszene. Doch die Bedeutung der Industrie geht viel weiter, sie prägt unsere gesamte Gesellschaft. Das verarbeitende Gewerbe ist in Deutschland räumlich gut verteilt und schafft hohe Wertschöpfung und gute Jobs auch außerhalb der Metropolen. Diese räumliche Struktur hat Deutschland bislang vor vielen bedenklichen politischen Trends abgeschirmt, die andere Länder mit schmerzhaften Erfahrungen der Deindustrialisierung heimgesucht haben.

Kurzum: Den Industriesektor gilt es als Anker unbedingt zu halten. Das ist kein „Industriefetischismus", wie einige kritische Stimmen anmerken, und daraus folgt auch keinerlei Strukturkonservativismus. Denn der Erhalt der Industrie in Deutschland bedeutet ja gerade nicht, dass die alten Geschäftsmodelle unverändert bestehen bleiben sollen oder können. Das mag man vielleicht vor zehn Jahren insgeheim noch gedacht haben, trotz schon damals anders lautender Rhetorik. Doch mittlerweile ist klar, dass der Erhalt der Industrie nur gelingen kann, wenn sie sich komplett in Richtung Klimaneutralität und Digitalisierung transformiert. Andernfalls werden die alten Geschäftsmodelle, am Ende ihres Lebenszyklus angekommen, nicht mehr wettbewerbsfähig und alsbald verschwunden sein. Es geht nun darum, ob dieser alternativlose technologische Wandlungsprozess maßgeblich hier am Standort stattfindet.

Warum ist Strom so wichtig?

Die Transformation der Industrie ist im Grunde ein Prozess der Elektrifizierung. Vormals fossile Prozesse, wie die konventionelle Herstellung von Stahl oder Aluminium, müssen durch Produktionsprozesse ersetzt werden, die auf grünem Strom und Wasserstoff basieren. Parallel stellen auch die anderen Sektoren auf Strom um, von Elektroautos bis zur Wärmepumpe. Der gesamtwirtschaftliche Strombedarf wird deshalb massiv steigen, von aktuell rund 500 Terawattstunden (TWh) auf mindestens 750 TWh, perspektivisch eher auf 1.000 TWh pro Jahr.

Um diesen Strombedarf zu decken, ist ein erheblicher Ausbau des Energieangebots und der komplementären Leitungsinfrastruktur erforderlich, auf nationaler und vor allem auf europäischer Ebene. Denn besonders hier ist echte Skalierung möglich, zum Beispiel durch Offshore-Windparks mit angeschlossenen Elektrolyseuren (zur Wasserstoffproduktion) in der Nordsee und mit entsprechenden Leitungen zum günstigen Transport der Energie zu den industriellen Abnehmern. Abzusichern ist diese Energiewende durch Gaskraftwerke, die ultimativ ebenfalls mit Wasserstoff betrieben werden können.

Vor diesem Hintergrund sind die massiven Überkapazitäten an LNG-Terminals zu sehen, die derzeit an der deutschen Nordseeküste entstehen. Sie wurden in Reaktion auf den russischen Angriffskrieg und den von Wladimir Putin erlassenen Lieferstopp für Pipelinegas in Auftrag gegeben und in Rekordgeschwindigkeit realisiert. Beim ersten LNG-Terminal in Wilhelmshaven vergingen zwischen dem Beschluss und der Inbetriebnahme gerade einmal rund neun Monate – ein leuchtendes Vorbild für die Beschleunigung von Planungs- und Genehmigungsverfahren, das in anderen Bereichen unbedingt Anwendung finden sollte.

Vor dem Krieg importierte Deutschland jährlich rund 500 TWh Pipelinegas aus Russland. Werden alle LNG-Projekte wie geplant realisiert, ist diese Lücke nicht bloß geschlossen, sondern alsbald um rund das Doppelte überkompensiert. Hieraus folgt, dass die Gaspreise in den kommenden Jahren noch weiter sinken dürften, durchaus auf Werte unterhalb des Vorkrisenniveaus. Denn das steigende Gasangebot trifft im Zuge der Transformation auf eine tendenziell sinkende Gasnachfrage, weil der Energieträger zunehmend substituiert wird – in der Wärmeerzeugung, als industrieller Grundstoff und in letzter Konsequenz auch in der Stromerzeugung. Der entscheidende Aspekt der fest installierten LNG-Terminals besteht aber darin, dass sie „H2-ready" konzipiert sind und ultimativ auf den Bezug von Wasserstoff umgerüstet werden können. An der Nordseeküste entstehen somit keine Investitionsruinen, die einen fossilen Lock-in manifestieren. Vielmehr entstehen dort langfristig wichtige Bausteine für das klimaneutrale europäische Energiesystem. Die KfW hat beim Aufbau dieser Strukturen einen entscheidenden Beitrag geleistet.

Die Brücke ins grüne Zeitalter

Realistischerweise wird es noch einige Jahre dauern, bis der skizzierte Umbau des Energiesystems abgeschlossen ist. Die Energiepreise werden dann mutmaßlich günstiger sein als in der Vergangenheit, denn die Erneuerbaren sind nicht bloß sauberer und geopolitisch verlässlicher als fossile Energiequellen, sondern hinsichtlich ihrer Gestehungskosten auch weitaus günstiger.

Doch aktuell liegen die Energiepreise in Deutschland und Europa noch höher als in anderen Weltregionen, insbesondere in den USA. Das gilt für Öl und Gas, aber könnte auch für die Energien der Zukunft gelten. Ein integraler Bestandteil der großen industriepolitischen Agenda von Präsident Biden, dem IRA, sind unlimitierte Steuergutschriften für die Produktion von grünem Wasserstoff. Aktuell ist von drei US-Dollar pro Kilogramm die Rede. Dies könnte dazu führen, dass die Grenzkosten der Produktion nahe null oder sogar im negativen Bereich liegen. Die Ansiedlung von energieintensiver grüner Industrie in den USA wird dadurch extrem attraktiv; nicht nur zur Bedienung des amerikanischen Marktes, sondern auch für das Exportgeschäft.

Dieses klare Bekenntnis der USA zum Klimaschutz ist aus globaler Perspektive unbedingt begrüßenswert. Aber aus diesen neuen Konstellationen droht auch eine Gefahr für unseren Industriestandort. Wasserstoffpreise und Verfügbarkeit von grünem Strom determinieren heutige Investitionsentscheidungen, nicht mehr so sehr die Preise von Kohle, Öl und Gas. Wenn Entscheidungen gegen Deutschland bzw. Europa fallen, dann nicht, weil der heutige Vergleich von fossilen Energiepreisen für uns ungünstig aussieht. Wichtiger ist, dass der Ausblick im Hinblick auf grüne Energiepreise zugunsten der USA ausfällt. Hier besteht energie- und industriepolitischer Handlungsbedarf für Europa.

Wir brauchen attraktive Standortbedingungen für die Industrie. Erstens als Antwort auf den IRA und zweitens – auf der Zeitachse – als Brücke, bis die Energiewende abgeschlossen und die grünen Energiepreise allein marktgetrieben hinreichend günstig geworden sind. Auch in dieser Hinsicht leben wir im Jahrzehnt der Entscheidung. Hier gilt es, den Erhalt der industriellen Substanz zu schützen. Das bedeutet nicht notwendigerweise, dass jeder einzelne Industriezweig vollumfänglich geschützt werden muss. Eine Verlagerung von sehr energieintensiven Prozessen mit relativ geringer Wertschöpfung und guten Möglichkeiten der Importsubstitution kann durchaus im Interesse der Volkswirtschaft sein. Aber dies darf nicht dazu führen, dass im großen Stil auch höherwertigere Industriezweige abwandern, weil sie auf Kuppelprodukte oder andere Verbundvorteile (sogenannte *linkages*) entlang der Wertschöpfungskette angewiesen sind. Europa tut gut daran, den bevorstehenden internationalen Strukturwandel nicht einfach geschehen zu lassen, sondern ihn aus gesellschaftlichem Interesse politisch zu begleiten.

Die Rolle der KfW

Für diese Mammutaufgabe spielt die KfW in vielerlei Hinsicht eine entscheidende Rolle, indem sie ihren Beitrag für gute Finanzierungskonditionen bei großen und transformativen Investitionsprojekten leistet. Das gilt einerseits im Bereich der öffentlichen Infrastruktur, inklusive der Leitungsnetze für Energie. Doch vor allem geht es um die gezielte Unterstützung von Unternehmensinvestitionen. Dort wird die Transformation entschieden.

Nun ist Investitionsfinanzierung in einer Marktwirtschaft eigentlich die Aufgabe des privaten Bankensystems. Doch es gibt gute Gründe, sich nicht allein darauf zu verlassen, sondern über geeignete staatliche Beteiligungsformen nachzudenken. Erstens greift die rein betriebswirtschaftliche Betrachtung oftmals zu kurz. Gelingt die industrielle Transformation, dann entstehen langfristig nachhaltige Strukturen mit vielerlei positiven Ausstrahlungseffekten auf andere Wirtschaftszweige und den Rest der Gesellschaft. Für eine sachgerechte Beurteilung müssen diese Externalitäten von vorneherein berücksichtigt und eingepreist werden. Zweitens verfügt der Staat naturgemäß über einen längeren Atem als die meisten Privatinvestoren, die lange Amortisationszeiträume und idiosynkratische Risiken scheuen. Wenn die KfW bei privaten Investitionen ins Spiel kommt und einen Teil der Risiken (aber auch der Erträge) übernimmt, wird sie zur Geburtshelferin der Transformation. Denn so hebelt und hebt sie gute Projekte über die Schwelle, in etablierten Unternehmen wie bei Start-ups, die es ohne öffentliche Beteiligung nicht schaffen würden.

Diese heiklen Finanzierungsentscheidungen müssen selbstverständlich in einem geeigneten institutionellen Rahmen getroffen werden, wie die KfW als öffentliche Bank ihn bietet. Immerhin geht es um kostbares Steuergeld, das zielgenau eingesetzt werden soll und nicht in Fässer ohne Boden fließen darf. Die Auswahl der geförderten Projekte muss transparent und nachvollziehbar sein. Die Vertragsbeziehungen und das Beteiligungsportfolio müssen professionell gemanagt werden. Und wenn sich ein konkretes Vorhaben im Nachhinein doch als schlecht erweist, muss auch ein Ausstieg möglich sein, ohne dass dies an persönlichen Befindlichkeiten oder an der Hektik des Berliner Politikbetriebs scheitert.

Die KfW wird dieses Jahr 75 Jahre alt – ein stolzes Alter, in dem sich die meisten Menschen allmählich zurücklehnen und anderen das Feld überlassen würden. Das darf diese zentrale Institution der Transformationsfinanzierung auf gar keinen Fall tun. Im Gegenteil: Nie war die KfW so wichtig wie heute.

Energiewende

RESILIENZ & SOUVERÄNITÄT

Transformation gestalten

Die Rolle der deutschen Energiewirtschaft in einem klimaneutralen Wirtschaftssystem

von Kerstin Andreae

Kerstin Andreae studierte Volkswirtschaftslehre an der Albert-Ludwigs-Universität Freiburg. Nach dem Diplom Ende 1996 arbeitete sie im Projektmanagement, unter anderem beim Sozialwissenschaftlichen Frauenforschungsinstitut der Ev. Fachhochschule und beim Finanzdienstleister im Bereich Windenergie „Das grüne Emissionshaus" in Freiburg.
Von 1999 bis 2002 war Frau Andreae Gemeinderätin in der Stadt Freiburg. 2002 wurde sie über die Landesliste der Partei Bündnis 90/Die Grünen zur Abgeordneten des Deutschen Bundestages gewählt. Von 2002 bis 2007 war sie Mitglied im Finanzausschuss und kommunalpolitische Sprecherin der Fraktion Bündnis 90/Die Grünen. 2012 wurde Frau Andreae zur stellvertretenden Fraktionsvorsitzenden gewählt. Ab 2017 war Frau Andreae wirtschaftspolitische Sprecherin und Initiatorin sowie Koordinatorin des Wirtschaftsbeirates der Fraktion. Am 1. November 2019 hat Frau Andreae die Tätigkeit als Vorsitzende der Hauptgeschäftsführung des BDEW übernommen.

Angesichts der tiefgreifenden geopolitischen und geoökonomischen Veränderungen sowie des sich verschärfenden Klimawandels steht die Energieversorgung in Deutschland und Europa vor fundamentalen Herausforderungen. Dies betrifft auch die damit einhergehende Umgestaltung unseres gesamten Wirtschaftssystems hin zu mehr Nachhaltigkeit, Gerechtigkeit und Versorgungssicherheit. Deutschland und Europa waren und sind hier Impulsgeber für einen weltweiten Prozess, welcher in Geschwindigkeit und Tiefe epochenbildend sein wird. Gleichzeitig ist die Globalisierung in der Krise, da wirtschaftliche Verflechtung zunehmend als Verwundbarkeit wahrgenommen wird. Die internationale Verflechtung war und ist für Deutschland jedoch ein Erfolgsrezept, von dem Wirtschaft, Politik und Gesellschaft gleichermaßen profitieren. Dazu gehört die Erkenntnis, dass Deutschland auch in Zukunft auf Energieimporte angewiesen sein wird.

Die Energiewirtschaft steht auch unter diesen neuen Vorzeichen zu ihrem Wertversprechen, die deutsche Wirtschaft nachhaltig und verlässlich mit bezahlbarer Energie zu versorgen. Mit ihrer systemfundamentalen Rolle ist sie der Leitsektor für die Schaffung von Wohlstand und die Umsetzung zentraler Maßnahmen auf dem Weg zur Klimaneutralität. Mit ihren Investitionen, Produkten, Dienstleistungen und Infrastrukturen sowie ihren Ideen, Erfahrungen und ihrer Verlässlichkeit bewältigen die Unternehmen der Energiewirtschaft nicht nur die Energiewende, sondern schaffen auch die Basis für Beschäftigung, Prosperität und Resilienz in anderen Sektoren. Die Energiekrise des Jahres 2022 hat gezeigt, dass wir unser zukünftiges Energie- und Wirtschaftssystem in puncto physischer, digitaler, aber auch marktwirtschaftlicher Robustheit an neue Rahmenbedingungen anpassen müssen, damit wir bei den künftigen zentralen politischen und wirtschaftlichen Kernfragen als Deutschland und Europa weiterhin souverän und handlungsfähig sind. Dazu gehört auch eine fortgesetzte Technologieführerschaft sowie sichere Lieferketten im Sinne einer weiterhin arbeitsteiligen Wirtschaft.

Klimafreundliche Technologien

Deutschlands Energiewende ist untrennbar mit der Nutzung von erneuerbaren Energien verbunden. Sie stehen am Anfang klimaneutraler industrieller Prozesse und Produkte, unabhängig von der Form, in der sie letztlich genutzt werden. Ein enges Zusammenspiel aller Verbrauchssektoren ist der Schlüssel für einen resilienten Transformationspfad in ein klimaneutrales Energiesystem.

Wir befinden uns in einem weltweiten Wettbewerb um die besten klimafreundlichen Technologien und energiewirtschaftlichen Lösungen. Deutschland und Europa sind hier vorangeschritten. Andere Länder und Weltregionen, wie etwa China und die USA, haben aber aufgeholt oder uns sogar überholt. Sie geben mittlerweile den Ton bei wichtigen Technologien, Patenten und Standards an. Es gilt, diesen Wettbewerb konstruktiv anzunehmen und aktiv zu gestalten. Wir müssen dafür Sorge tragen, dass in Deutschland und Europa in ähnlichem Maße Spitzentechnologie, Human- und Finanzkapital zur Verfügung stehen sowie attraktive Investitionsbedingungen geboten werden, um die massive Transformation zur Klimaneutralität zu bewältigen. Hier kommt auch dem Staat als Ziel- und Rahmengeber sowie Stabilitätsanker eine entscheidende Rolle zu. Die umfangreichen Gesetzesänderungen unter der neuen Bundesregierung haben deutlich gemacht, dass der Staat diese Rolle aktiv annimmt und ausgestaltet. Neben Geschwindigkeit kommt es hier aber auch auf breite gesellschaftliche Akzeptanz und praktische Umsetzbarkeit der Maßnahmen an, damit die Umsetzung nicht in den „Mühen der Ebene" scheitert.

Für den Erhalt des Wirtschaftsstandorts Deutschland und dessen Wettbewerbsfähigkeit werden in den kommenden Jahren erhebliche Investitionen in saubere Technologien nötig sein. Energiewirtschaftlich gehört dazu nicht nur der massive Ausbau der erneuerbaren Energien, sondern auch der Netzinfrastruktur, der Hochlauf einer Wasserstoffwirtschaft und eine umfassende Digitalisierung der Energiewirtschaft. Aber auch andere Bereiche wie Industrie, Verkehr und Wärmeversorgung der Gebäude sind betroffen und müssen eng eingebunden werden.

Investitionen in die Energiewende

Es ist richtig, dass die EU mit dem „Fit für 55"-Programm einen langfristigen einheitlichen Fahrplan der Energiewende vorgegeben hat und durch zahlreiche Programme wie das Temporary Crisis and Transition Framework (TCTF), RePowerEU oder den Green Deal-Industrieplan ergänzt hat. Deutschland hat diesen Rahmen durch zusätzliche Maßnahmen erweitert, um die nationale Zielsetzung von Klimaneutralität bereits im Jahr 2045 zu erreichen. Diese dürfen sich jedoch nicht im Klein-Klein verlieren, sondern müssen eine gesunde Mischung aus staatlichen Vorgaben, Entbürokratisierung und marktwirtschaftlichen Anreizen finden, welche schnell wirksam werden.

Die Energiewende wird den Bedarf an Investitionen maßgeblich erhöhen. Schätzungen (Fortschrittsmonitor von BDEW und EY, 2023) gehen aktuell von einem Finanzierungsbedarf für die Energiewende in Deutschland von über 600 Milliarden Euro bis 2030 allein für den Energiesektor aus. Ein Großteil dieser Investitionen muss von privaten Akteuren getätigt werden. Dafür braucht es wirtschaftsfreundliche Rahmenbedingungen, ein faires Wettbewerbsumfeld, Zugang zu Kapital, Berechenbarkeit und vor allem Investitionssicherheit. Derartig umfassende Transformationsprozesse erfordern aber auch Anstöße, wo (noch) keine funktionierenden Märkte bestehen und allein nicht entstehen würden. Maßnahmen zur Erreichung der Transformationsziele stoßen bei der Umsetzung aber noch auf viele Hindernisse, die zunächst eine staatliche Unterstützung, etwa in Form von Investitionsanreizen, der Übernahme von Ausfallrisiken oder Zuschüsse, aber auch bei Planung und Umsetzung von Vorhaben, erforderlich machen können. Diese Maßnahmen sollten von Beginn an möglichst marktkonform ausgestaltet und befristet werden, denn der Staat sollte weiter als Marktgestalter, aber nicht als dauerhafter Marktakteur wirken.

Infrastruktur für die Transformation

Die Politik hat sich beim Ausbau der erneuerbaren Energien ambitionierte Ziele gesetzt. Ohne eine moderne und digitalisierte Infrastruktur sind diese aber nicht zu erreichen. Wichtig ist, dass Netzausbau und -umbau gemeinsam mit dem EE-Ausbau gedacht werden. Auch im Netzbereich bedarf es Anpassungen und Entschlackung im Planungs- und Genehmigungsrecht, unter anderem mehr bundesrechtliche Standardisierung als Orientierung für die Behörden vor Ort. Darüber hinaus muss die Regulierung die geänderten Rahmenbedingungen mit Blick auf Zinswende, Inflation und OPEX-Aufwüchse berücksichtigen, damit die hier operierenden Unternehmen langfristig wirtschaften können. Nur so lassen sich die herrschenden hohen Standards bei der Versorgungssicherheit bewahren. Diese ist im Stromboreich ein echter Standortvorteil für Deutschland. Die durchschnittliche Stromunterbrechungsdauer betrug im Jahr 2021 nur rund 12,7 Minuten – weltweit ein absoluter Spitzenwert.

Für eine erfolgreiche Energiewende brauchen wir neben grünen Elektronen auch grüne Moleküle in Form grüner oder klimaneutraler Gase. Der Hochlauf einer Wasserstoffwirtschaft und die Nutzung von erneuerbaren und dekarbonisierten Gasen als Transformationstreiber und Wertschöpfungsfaktor nimmt derzeit weltweit rasant Fahrt auf. Er ist notwendig, um einen resilienten Transformationspfad hin zu einem auf erneuerbare Energie fußenden klimaneutralen Energiesystem realisieren zu können. Wir brauchen nun schnellstmöglich die Rahmenbedingungen (inklusive international gültiger Standards), um die ausreichende und zunehmend wettbewerbsfähige Verfügbarkeit von Wasserstoff in Deutschland und Europa anzureizen und auf einen Hochlauf des Marktes hinzuarbeiten. Dabei dürfen die Rahmenbedingungen nicht bürokratisch überfrachtet werden. Eine gute Richtschnur für einfaches, schnelles und effektives Handeln ist der Inflation Reduction Act (IRA) in den USA. In Europa bleibt der Rahmen allerdings so streng, dass man Gefahr läuft, die Entstehung eines liquiden Wasserstoffmarkts zu erschweren.

Ein wesentlicher Baustein für die sichere und kostengünstige Versorgung – sowohl mit heimisch erzeugtem als auch mit importiertem Wasserstoff – ist der Aufbau einer leistungsfähigen und leitungsgebundenen Infrastruktur in Deutschland. Ein früher H_2-Backbone bis 2032, der Wasserstoffquellen (Importe und Erzeugung) mit möglichen Verbrauchern verbindet, ist für den Hochlauf unverzichtbar. Dazu kann auch die bestehende Gasinfrastruktur, die heute 1,82 Millionen Industrie- und Gewerbekunden sowie die Hälfte der Haushalte mit Gas versorgt, zu Teilen genutzt und kostengünstig umgerüstet werden. Dies sollte nicht durch zu strenge Entflechtungsvorgaben auf EU-Ebene verhindert werden. Gleichzeitig könnten Teile des bestehenden Netzes für Biomethan genutzt werden.

Einen wichtigen Beitrag zum Hochlauf einer Wasserstoffwirtschaft könnten darüber hinaus neu zu öffnende Importkanäle leisten. Sie könnten die Mengendifferenz schließen, über strategische Partnerschaften unsere Resilienz stärken und bei Bezug aus Regionen mit exzellenten Produktionskostenprofilen wichtige Beiträge zu günstigen Preisen liefern.

Insbesondere in der Start- und Hochlaufphase sind die verschiedenen Erzeugungspfade für Wasserstoff wichtig, um die Verfügbarkeit der notwendigen Mengen für die Industrie sicherzustellen und preissenkend zu wirken. Auch wenn langfristig eine vollständige Versorgung mit grünem Wasserstoff anzustreben ist, können sogenannter blauer und türkiser Wasserstoff einen wichtigen Beitrag für die Transformation und Resilienz unserer Wirtschaft leisten.

Sicherung der Wettbewerbsfähigkeit auch durch internationale Zusammenarbeit

Der Zugang zu wettbewerbsfähigen Strompreisen ist für unsere Industrie, vor allem für die energieintensive Industrie, weiter ein wichtiger Standortfaktor. Wie schnell deren Wettbewerbsfähigkeit durch hohe Strompreise in Gefahr geraten kann, hat die Energiekrise des Jahres 2022 deutlich gemacht. Gleichzeitig birgt ein staatlich verordneter Industriestrompreis erhebliche Markt- und Wettbewerbsrisiken. Entsprechende motivierte Entlastungen sollten alle Komponenten des Strompreises einbeziehen und möglichst begrenzt und marktkonform angeboten werden.

Als Teil des europäischen Energiebinnenmarkts muss jede Veränderung im Strommarktdesign entweder bereits auf der europäischen Ebene ansetzen oder zumindest EU-verträglich ausgestaltet sein. Das bisherige Grundprinzip des Marktdesigns, dass in einem funktionierenden Wettbewerb mit freier Preisbildung gemeinsam mit dem europäischen CO_2-Zertifikatehandel die günstigsten Maßnahmen und Technologien für die Energieversorgung zum Zuge kommen, muss dabei erhalten bleiben.

Im Sektor der Energiewirtschaft liegen noch erhebliche Potenziale für Innovationen, Effizienzgewinne und neue Geschäftsmodelle. Diese können umso besser nutzbar gemacht werden, wenn Forschung, Entwicklung, aber vor allem auch die Produktion vor Ort in Europa stattfinden. Deutschland und Europa sollten dabei nicht nur bei den Patenten weiterhin Anschluss an die Weltspitze halten, sondern sich auch bei der internationalen Standardisierung maßgeblich engagieren.

Um auf dem Gebiet der Energiewende weiter handlungsfähig zu sein, muss ein besonderer Fokus auf die jederzeitige Verfügbarkeit von Technologien und Rohstoffen gelegt werden. Dabei muss entlang kompletter Wertschöpfungsketten gedacht und die Möglichkeiten von Recycling und einer umfassenden Kreislaufwirtschaft einbezogen werden. Ziel ist hierbei nicht Autarkie, sondern ressourcenschonendes Wirtschaften sowie der Erhalt wirtschaftlicher und politischer Unabhängigkeit. Die dafür notwendigen Mehrkosten sollten von der Gesellschaft auch als Versicherungslösung für disruptive Entwicklungen betrachtet und entsprechend möglichst breit und gerecht umgelegt werden.

Die Fachkräftefrage bildet bereits heute ein „Nadelöhr der Transformation" und ist ein akutes Hemmnis für die wirtschaftliche Entwicklung in Europa und Deutschland. Sie betrifft viele Branchen der Industrie quantitativ und qualitativ gleichzeitig und erfordert deshalb einen breiteren Lösungsansatz, bei dem verschiedene Wirtschaftszweige, Politik und Verwaltung eng zusammenarbeiten müssen und ein Nullsummenspiel vermieden werden muss.

Internationale Zusammenarbeit ist auch zentral für unseren Außenhandel als eine wichtige Grundlage des europäischen Wohlstands. Deutschland wird auch weiter von externen Energie- und Rohstofflieferungen abhängig sein. Daher sind die Ausweitung von Rohstoffpartnerschaften und Handelsabkommen elementar. Es gilt, globale Lieferketten zu stärken und den Zugang zu neuen Märkten sicherzustellen. Dabei ist zu gewährleisten, dass geltende ESG-Standards eingehalten und nicht durch Produktionsverlagerung ins Ausland umgangen werden. Das neue Lieferkettengesetz bietet hierfür einen guten Ansatz, sollte aber in der Praxis so angewandt werden, dass es deutsche Unternehmen nicht unverhältnismäßig belastet.

Carbon Leakage, also die Verlagerung anstatt Vermeidung von Emissionen, ist eine reale Gefahr für die Wettbewerbsfähigkeit des Wirtschaftsstandortes Europa und den nachhaltigen Erfolg der europäischen Klimapolitik. Die deutsche Energiewirtschaft begrüßt deshalb die geplante Einführung des EU-Grenzausgleichsmechanismus CBAM und den G7-Beschluss zur Gründung eines offenen und kooperativen internationalen Klimaclubs.

Geostrategische Veränderungen und der Klimawandel erfordern ein noch stärkeres Bekenntnis zu internationaler Kooperation. Dabei gilt es aber gleichzeitig, alte Verletzlichkeiten abzubauen und durch neue Formate und Formen der Zusammenarbeit mehr Resilienz und Win-win-Konstellationen zu schaffen. Dazu gehören international anschlussfähige Standards und eine robuste Arbeitsteilung. Klar ist: Der Klimawandel ist ein globales Phänomen, das nur durch internationale Kooperation bewältigt werden kann.

RESILIENZ & SOUVERÄNITÄT

Mehr Infrastruktur, viel weniger Bürokratie

Nur so schaffen wir die Energiewende

von Leonhard Birnbaum

Dr. Leonhard Birnbaum hat in Karlsruhe Chemieingenieurwesen studiert und nach wissenschaftlicher Tätigkeit am Forschungszentrum Karlsruhe an der Universität Cottbus promoviert. Seine berufliche Laufbahn begann als Unternehmensberater bei McKinsey in Düsseldorf. Im Jahr 2008 wechselte er zur RWE AG und wurde im gleichen Jahr in den Vorstand berufen.

2013 trat Leonhard Birnbaum in den Vorstand der E.ON SE ein und übernahm diverse Vorstandsrollen, bevor er von 2018 bis 2021 das innogy-Integrationsprojekt verantwortete. Von 2019 bis 2020 war er zudem Vorsitzender des Vorstands der innogy SE. Seit April 2021 ist Leonhard Birnbaum Vorstandsvorsitzender der E.ON SE. Leonhard Birnbaum ist Vizepräsident im Präsidium des Bundesverbandes der Energie- und Wasserwirtschaft (BDEW), Präsidialmitglied des Bundesverbands der Deutschen Industrie (BDI) und Präsident der Vereinigung der europäischen Elektrizitätswirtschaft (Eurelectric) sowie stellvertretender Vorsitzender des World Energy Council.

RESILIENZ & SOUVERÄNITÄT

Stellen wir uns für einen Augenblick vor, wir wären jetzt schon im Jahr 2030 und würden auf dieses Jahrzehnt zurückblicken. Was müssten wir unternommen haben, um am Ende dieses Jahrzehnts feststellen zu können: Wir haben alles getan, um die Energiewende möglich zu machen und den Klimawandel aufzuhalten? Um feststellen zu können, dass wir aus den aktuellen Verwerfungen durch den Ukrainekrieg die richtigen Schlüsse gezogen haben?

Im Rückblick sehen wir dann hoffentlich: Der schreckliche Angriffskrieg Russlands auf die Ukraine war ein Weckruf. Nicht, dass wir nicht schon vorher viele Hinweise gehabt hätten, dass wir beim Thema Energie endlich in den Alarmmodus schalten müssten. Aber das Zusammentreffen der durch den Krieg verursachten kurzfristigen Energiekrise und der unmissverständlichen Zeichen des fortschreitenden Klimawandels machten allen klar: Wir müssen aufhören, uns immer neue Klimaziele zu setzen. Wir müssen einfach einmal machen!

Moderne Energieinfrastruktur

Schon vor dem Ukrainekrieg war klar, dass dieses Jahrzehnt ein Jahrzehnt der Transformation sein muss – das eines Ausbaus und vor allem der Modernisierung insbesondere unserer Stromverteilnetze mit besonderem Schwerpunkt auf Digitalisierung. Die zweite DENA-Leitstudie Ende 2021 rechnete mit einem Investitionsbedarf von rund 80 Milliarden Euro bis 2030 und rund 200 Milliarden Euro bis 2045 in die deutschen Stromverteilnetze, um unsere Klimaziele zu erreichen.

Die angestrebten Beschleunigungen im Rahmen von Repower EU in Europa und dem sogenannten Osterpaket in Deutschland werden diese Kosten ohne Zweifel weiter in die Höhe treiben. Noch teurer wäre aber der Umbau der Energieversorgung ohne Fokus auf die Infrastruktur. Denn wenn wir bei der Infrastruktur dem Bedarf hinterherbauen, wird bei Engpässen im Netz der erzeugte Strom nicht effizient im Land verteilt. Das bedeutet, wir müssen zusätzlich dafür zahlen, Anlagen verstärkt abzuregeln, um die Systemstabilität zu wahren.

Bei der Betrachtung der Infrastruktur müssen zudem verstärkt die Verteilnetze auf den unteren Spannungsebenen bis hin zu 110 kV in den Fokus genommen werden. Denn die Energiewende findet vor allem im Verteilnetz statt. Die Elektromobilität, der Ausbau der elektrischen Wärmeerzeugung über Wärmepumpen, der Zubau von Photovoltaik und Speicheranlagen sowie von Onshore-Windenergieanlagen – das alles findet in den Verteilnetzen statt. Damit steht und fällt die Energiewende. Was aber heißt das genau für die Aufgaben, die vor uns liegen?

Es heißt: Allein wir bei E.ON müssten dem neuen, ambitionierten Hochlauf folgend im Jahr 2030 etwa 1,2 Millionen neue Anlagen an das Stromnetz anschließen. Gemessen an aktuell etwa 330.000 jährlichen Anschlüssen wäre das mehr als eine Verdreifachung, bis Ende 2030 in Summe etwa acht Millionen Anlagenanschlüsse oder, umgerechnet auf jährlich 230 achtstündige Arbeitstage, mehr als 400 neue Anschlüsse pro Stunde. Allein das zeigt, wie gigantisch diese Aufgabe ist.

Attraktive Investitionsbedingungen

Gigantisch ist auch der mit alldem einhergehende Investitionsbedarf in die Netze. Zugleich befinden wir uns nach der Kehrtwende von FED, EZB und vielen Zentralbanken weltweit in einem massiv veränderten Zinsumfeld. Das sichere Investment in harte und regulierte Assets wie das deutsche Stromnetz muss sich gegenüber anderen sicheren Häfen wie etwa festverzinslichen Anleihen durchsetzen.

Für den Netzausbau stehen rein theoretisch gigantische Finanzmittel zur Verfügung. Weltweit gibt es viel Kapital, das nach Anlagemöglichkeiten sucht. Doch dieses Kapital muss seinen Weg auch zu uns finden. Es muss attraktiv sein, hier in Europa in Energienetze zu investieren.

Neuer Pragmatismus

Der Auf- und Ausbau unserer Energieinfrastruktur muss jetzt Priorität haben – für Energiewirtschaft und Netzbetreiber, für Politik und Regulierung, aber auch für Bürger und Rechtsstaat. Wir erleben vielversprechende Ansätze einer neuen Pragmatik, die sich etwa bei der diskutierten Umsetzung der EU-Notfallverordnung in Form einer Strategischen Umweltprüfung und einer Standardisierung im Artenschutz zeigt. Wir erleben auch vielversprechende Ansätze, das gesteigerte Bewusstsein für die Relevanz von Energieinfrastruktur in Gesetzgebung und Genehmigungspraxis einzubringen. Erneuerbare Energien und Verteilnetze sind mittlerweile als „im überragenden öffentlichen Interesse liegend" deklariert. Ebenso wird – etwa in der Windenergie-an-Land-Strategie des Bundesministeriums für Wirtschaft und Klimaschutz – die zwingende Voraussetzung eines Gleichschritts von erneuerbaren Energien und Netzausbau unterstrichen und die Notwendigkeit eines vorausschauenden Netzausbaus hervorgehoben.

Diese Ansätze allerdings reichen bei Weitem noch nicht. Beispielsweise ist es wichtig, Vorrangflächen auch tatsächlich festzulegen, um das Instrument der Strategischen Umweltprüfung nutzen zu können. Und damit keine Unklarheit bleibt: Ein wenig Verbessern der bestehenden Prozesse reicht nicht. Im Ergebnis brauchen wir einen fundamentalen Wandel. Zum Beispiel reden wir in der 110 kV-Ebene von Genehmigungsdauern von über 10 Jahren. Da ist 2030 schon vorbei! Wir brauchen nicht Erleichterungen von ein paar Prozent, um auf acht oder neun Jahre zu kommen. Wir brauchen einen Schnitt, der uns auf zwei bis drei Jahre bringt.

Elementar ist auch die Verzahnung der Netzausbauplanung mit den Vorgaben für die Netzbetreiber in der Anreizregulierungsverordnung. Digitalisierung im Netzbereich sollte in der Erlösobergrenze für Netzbetreiber regulatorisch angerechnet und damit incentiviert werden. Und vielleicht lässt sich auch ein Beispiel an anderen europäischen Staaten nehmen, deren Regulierung „Klimaschutzzuschläge" für jene Netzbetreiber vorsieht, die besonders stark in moderne Netze investieren und Erneuerbare integrieren.

Wir müssen die Möglichkeiten der Digitalisierung unserer Energieinfrastruktur jetzt endlich konsequent nutzen. Dafür bleibt der Smart-Meter-Rollout eine wesentliche Voraussetzung. Das im April 2023 verabschiedete Gesetz zum Neustart der Digitalisierung der Energiewende (GNDEW) und die Novelle des Messstellenbetriebsgesetzes (MsbG) sind ein Schritt hin zur Beschleunigung und Vereinfachung, reichen aber längst noch nicht aus. Politik und Energiewirtschaft müssen nun gemeinsam an weiteren Vereinfachungen und Verbesserungen arbeiten. Auch auf europäischer Ebene, bei der laufenden Strommarktreform, kann und soll die Gelegenheit genutzt werden, um regulatorische Hindernisse zum Netzausbau und zur Digitalisierung zu beseitigen.

Wir brauchen zudem einen Schnitt nicht nur was Genehmigungsverfahren, sondern bürokratische Verwaltungsprozesse im Allgemeinen betrifft. Eichrecht, Berichts- und Dokumentationspflichten, laufendes Monitoring und Impact Assessment, Steuerrecht, Datenschutz, technische Vorschriften, Baurecht, Ordnungsrecht etc. – häufig noch zusätzlich kompliziert durch die Verteilung auf verschiedenen Ebenen (Land, Bund, Kommunen) – addieren sich auf und machen Deutschland zunehmend handlungsunfähig. Auch hier brauchen wir nicht ein paar kosmetische Anpassungen, sondern radikale Veränderungen. Es geht um einen grundsätzlichen Abbau von Bürokratie auf allen Ebenen, weniger Gesetze, weniger komplexe Gesetze, weniger Verfahrens- und mehr Lösungsorientierung der Behörden, weniger Überforderung auf allen Ebenen.

Zeit des Machens

Als Reaktion auf den Ukrainekrieg haben wir auch in Deutschland in Ansätzen eine neue Mentalität des Machens beim Aufbau von Energieinfrastruktur erlebt. Großprojekte wie der Bau von LNG-Terminals waren plötzlich machbar, in kurzer Zeit sogar. So sollte es bleiben. Und bitte nicht nur punktuell bei „gewünschten" Projekten. Denn jetzt heißt es klotzen statt kleckern.

Wir von E.ON hatten die Investition in Energieinfrastruktur bereits 2021 in den Mittelpunkt unserer Strategie gestellt. Nach den Lehren des vergangenen Jahres haben wir unsere Ambitionen noch mal deutlich nach oben geschraubt: 2023 haben wir beschlossen, bis 2027 europaweit 33 Milliarden Euro in die Energiewende zu investieren, insbesondere in die Stromverteilnetze in Deutschland, die Ladeinfrastruktur, in kundennahe Lösungen für die Dekarbonisierung.

Dieses Geld und die energiewirtschaftlichen Investitionen ins regulierte Netzgeschäft insgesamt sind abhängig davon, dass der Regulierungsrahmen die attraktiven Investitionsbedingungen schafft, die ich bereits erwähnte. Wenn Deutschland seine Energieinfrastruktur etwas wert ist, dann muss sich das insbesondere in der Eigenkapitalverzinsung auch widerspiegeln.

RESILIENZ & SOUVERÄNITÄT

Ein Bureaucracy Reduction Act für das neue „Deutschland Tempo"

Geredet wird viel von Bürokratieabbau. Wenn ich aber auf die Realität schaue, werden wir vor allem in Deutschland kontinuierlich mit zusätzlicher Bürokratie überzogen, die uns von unserer eigentlichen Aufgabe abhält. Immer mit guten Absichten, aber ohne Verständnis, was das im Einzelnen bedeutet. Hier muss sich unser Land endlich neu erfinden. Ansonsten wird „Deutschlandtempo", um den Begriff von Bundeskanzler Olaf Scholz aufzunehmen, kein internationales Qualitätsmerkmal, sondern ein Synonym für Schneckentempo.

Das können wir uns nicht mehr leisten. China expandiert mit seinem Projekt Neue Seidenstraße, die USA öffnen mit ihrem Inflation Reduction Act (IRA) trotz historischer Verschuldung noch einmal ihre Staatskasse. Und auch Europa muss sich seinen Weg aus der Krise herausinvestieren. Mitte März hat die EU-Kommission einen Net Zero Industry Act vorgeschlagen, als erste Säule des Green Deal Industrial Plan, der EU-Antwort auf den amerikanischen IRA. Während die politische Initiative zu begrüßen ist, bleibt die Wirksamkeit dieses Gesetzesentwurfs im Hinblick auf die Verbesserung der Geschäftsmöglichkeiten und den Abbau von Bürokratie für Net-Zero-Technologien noch sehr schwer einzuschätzen.

Gerade das ist aber ein Hebel. Wir müssen unsere Schwäche zur Stärke machen. Wir brauchen einen BRA, einen Bureaucracy Reduction Act. Wenn uns dies gelingt, werden wir 2030 auf diese Jahre zurückblicken und sagen: Wir haben die Krise genutzt, um Weichen zu stellen. Um etwas Großes zu schaffen.

RESILIENZ & SOUVERÄNITÄT

Die Energiewende als Chance

Warum es starke Finanzpartner braucht

von Christian Bruch

Dr. Christian Bruch studierte Maschinenbau an der Leibniz Universität Hannover, an der University of Strathclyde Glasgow und promovierte 2001 an der Eidgenössischen Technischen Hochschule in Zürich. Er wurde mit Wirkung zum 1. Mai 2020 zum Vorstandsvorsitzenden der Siemens Energy AG ernannt. Bevor Christian Bruch zu Siemens kam, war er mehr als 15 Jahre bei der Linde Group in verschiedenen Positionen tätig, unter anderem als Sprecher des Vorstands der Linde AG. Christian Bruch begann seine Karriere im Jahr 2000 bei der RWE-Gruppe. Seit 2019 ist er Mitglied des Aufsichtsrats der Lenzing AG in Österreich. Er ist außerdem stellvertretender Vorsitzender des Ost-Ausschusses der Deutschen Wirtschaft, Co-Chair des Security Innovation Boards der Münchner Sicherheitskonferenz und Mitglied des ESG Council CNBC.

Der 31. Dezember 2029 fällt auf einen Montag. An diesem Tag endet das „Jahrzehnt der Entscheidung", wie die Herausgeber dieses Buches die 2020er Jahre treffend bezeichnet haben. Bis es so weit ist, vergehen noch gut sechs Jahre. Es bleibt also nur wenig Zeit, um eine der wesentlichen Schicksalsfragen der Menschheit zu lösen: Wie lässt sich der Klimawandel und damit die Erderwärmung mit ihren negativen Auswirkungen bremsen? Der Bericht des Weltklimarates vom März 2023 spricht eine deutliche Sprache. Jedes Zehntelgrad, um das sich das globale Klima weiter aufheizt, erhöht das Risiko für Dürren, Überschwemmungen und andere Umweltkatastrophen exponentiell. Dies zeigt: Wir müssen viel schneller handeln.

Doch das Gegenteil ist der Fall. Im Jahr 2022 erreichten die weltweiten Emissionen einen Rekordwert mit 36,8 Milliarden Tonnen CO_2. Das sind gut 60 Prozent mehr als 1995 – dem Jahr, in dem in Berlin die erste UN-Klimakonferenz stattfand. Damals einigten sich die Teilnehmer auf ein rechtsverbindliches Instrument, das feste Ziele für die Reduzierung der Treibhausgase enthält. Seitdem – so müssen wir rückblickend feststellen – wurde viel geredet, aber nicht genug erreicht.

Nach vorne blickend sieht es nicht besser aus. Obwohl der Anteil der erneuerbaren Energien wächst, steigt der Verbrauch fossiler Brennstoffe weiter an. Die Internationale Energieagentur rechnet in ihrem „World Energy Outlook" vom Oktober 2022 zwar mit einem Rückgang der Kohlenutzung innerhalb der nächsten Jahre. Gleichzeitig erwartet sie, dass die Nachfrage nach Erdgas erst gegen Ende dieses Jahrzehnts zurückgeht – der Verbrauch von Erdöl dagegen bis Mitte der 2030er Jahre steigt und erst danach langsam abflacht.

Das Fazit: Werden die weltweit beschlossenen Maßnahmen zur Senkung der CO_2-Emissionen nicht aufgestockt, steigt die Erderwärmung bis zum Ende dieses Jahrhunderts auf 3,2 Grad – mit verheerenden Auswirkungen nicht nur für unsere Umwelt. Kopf schütteln oder resigniert zur Seite schauen hilft nicht. Wir alle müssen uns die Frage gefallen lassen: Was hindert uns? Warum tun wir uns so schwer, angesichts dieser Zahlen entschlossen zu handeln? Zumal die Energiewende weit mehr ist als eine immense politische, gesellschaftliche und technologische Herausforderung.

Eine Chance für Klima, Gesellschaft und Wirtschaft

Sie ist vor allem eine riesige Chance für unser Klima, für die Gesellschaft und auch und gerade für die Wirtschaft. Denn die Energiewende ist gleichbedeutend mit dem größten Transformations- und Investitionsprogramm seit der industriellen Revolution. Bis 2050 müssen 150 Billionen US-Dollar investiert werden. Nur dann können bis 2030 die CO_2-Emissionen im Vergleich zu 2020 halbiert werden. Was also muss im „Jahrzehnt der Entscheidung" passieren, damit die Energiewende ein Erfolg wird?

Wir, die Industrie, müssen rund fünf Gigatonnen CO_2 pro Jahr einsparen. Die Gebäudeemissionen müssen um mehr als 60 Prozent sinken. Und die Zahl der Elektroautos muss sich verzwanzigfachen. Wenn wir es richtig anstellen, wird das Klima profitieren, der globale Wohlstand wachsen und die immensen Investitionen werden zu einem Jobmotor für die nächsten Jahre. Deshalb müssen wir unsere Haltung zur Energiewende grundlegend ändern und die damit verbundene Transformation endlich als Chance begreifen.

Um diese Chance zu nutzen, muss die Energiebranche deutlich schneller wachsen als in der Vergangenheit. Beispiel erneuerbare Energien: Zwar sehen wir, dass ihr Ausbau bislang eher schleppend vorankommt. Doch perspektivisch stehen die Zeichen auf Wachstum – allein in Deutschland sollen Onshore-Windprojekte mit rund 13 Gigawatt bis Jahresende 2023 ausgeschrieben werden. Bei Offshore-Wind sind es knapp neun Gigawatt. Zum Vergleich: Zum Jahresende 2022 waren Offshore-Anlagen mit einer Gesamtleistung von gerade einmal acht Gigawatt in Betrieb. Schon jetzt werden dafür die benötigten Produktionskapazitäten hochgefahren.

Dennoch steckt die europäische Windindustrie in der schwersten Krise seit ihrem Bestehen. Hier kann uns die Politik mit den richtigen Rahmenbedingungen unterstützen. Beschleunigte Genehmigungsverfahren können helfen, Projekte schneller abzuwickeln und die Planungssicherheit zu erhöhen. Neue Auktionskonzepte müssen neben dem Preis auch Qualitätskriterien wie Nachhaltigkeit für die Lieferkette oder Recyclingkonzepte berücksichtigen. Und die Industrie braucht einen Inflationsausgleich, denn die immer noch hohe Inflation zieht die ohnehin bereits geringen Margen ins Negative. Darüber hinaus reagiert die Machbarkeit großer Projekte sehr empfindlich auf Veränderungen im Zinsumfeld. Es bleibt noch viel zu tun.

Große Chancen ergeben sich auch beim Ausbau der Stromnetze, der durch das Wachstum der Erneuerbaren notwendig wird. Die Bundesnetzagentur rechnet für Deutschland mit neuen Netzen in einer Gesamtlänge von insgesamt gut 14.000 Kilometern. Davon sind erst weniger als 2.500 Kilometer fertiggestellt. So rollt auch hier eine Welle an zusätzlichen Projekten auf uns zu.

Oder das Thema neue Gaskraftwerke: Hier liegt der Bedarf laut Bundesnetzagentur bei einem Zubau von 17 bis 21 Gigawatt, um auch nach dem geplanten Kohleausstieg 2030 Spitzenlasten flexibel abzudecken. Da jedoch bis zu sieben Jahre von der Planung bis zur Inbetriebnahme vergehen, müssten wir heute mit der Planung aller Kraftwerke beginnen, um dieses Ziel zu erreichen. Und um die Kraftwerke im nächsten Schritt auf Wasserstoff umzustellen, muss die Erzeugung von grünem Wasserstoff massiv hochlaufen.

Doch das Wachstum der Energiebranche speist sich nicht allein aus bestehenden Technologien. Sie reichen nicht aus, um die Energiewende erfolgreich zu meistern. 45 Prozent der Technologien, die wir brauchen, um bis 2050 Netto-Null-Emissionen zu erreichen, sind noch nicht marktreif oder müssen im industriellen Maßstab skaliert werden. Doch Marktreife und Skalierung gelingen nur, wenn die dazu notwendigen Innovationen auch finanziert werden. Innovation und Finanzierung müssen Hand in Hand gehen.

Der Erfolg der Energiewende hängt von starken Partnern ab

Daraus ergeben sich für die Finanzwelt insbesondere folgende zwei Herausforderungen: Das beschleunigte Wachstum der Energiebranche hat Auswirklungen auf Bilanzen und Garantien der handelnden Unternehmen. Diese sind häufig durch die vergangenen Krisenjahre finanziell besonders beansprucht. So lässt sich das erwartbare Wachstum nicht immer in den bestehenden Bilanzen entsprechender Unternehmen betriebswirtschaftlich abbilden.

Darüber hinaus lassen sich Projekte, die auf für die Energiewende notwendigen innovativen Technologien basieren, häufig nur schwer finanzieren. Eine Herausforderung sind hierbei häufig die langfristigen Garantien für Technologien, die nicht über einen längeren Zeitraum erprobt sind. Dies gilt insbesondere für die Energiebranche, die traditionell auf Zuverlässigkeit und Erfahrung und weniger auf innovative Lösungen ausgerichtet ist. Zumal mit neuen Technologien eben auch die hierfür notwendige Infrastruktur inklusive Fertigungshallen und Maschinenparks aufgebaut werden muss. In diesem Umfeld skalieren Innovationen oft langsamer als erforderlich.

Dies zeigt: Die Energiewende ist ohne starke Finanzierungspartner nicht zu stemmen – und hier spielt die KfW eine zentrale Rolle. Sie ist in der Lage, das beschleunigte Wachstum der Energiebranche insgesamt und gleichzeitig die notwendige Skalierung neuer Technologien zu unterstützen. Dies hat sie in der Vergangenheit viele Male bewiesen, etwa durch die Förderung von Windparks, Projekten zur Übertragung von grünem Strom oder auch bahnbrechende Innovationen.

Die Förderung von Start-ups ist auch ein wichtiges Anliegen von Siemens Energy. Deshalb haben wir anlässlich der Münchner Sicherheitskonferenz im Februar 2023 gemeinsam mit Breakthrough Energy und seinem Gründer Bill Gates die Energy Resilience Leadership Group (ERLG) ins Leben gerufen. Ziel ist, Technologien von Start-ups im industriellen Maßstab zu entwickeln, die Europa unabhängiger vom Erdgas machen. In der ERLG haben sich dazu Industrieunternehmen, Politik und Finanzwelt zusammengeschlossen. Denn den Start-ups, die die Technologien entwickeln, fehlt es in der Regel an industrieller Erfahrung und entsprechendem Kundenzugang, an politischen Kontakten sowie nicht zuletzt an Kapital. Industrieunternehmen bringen globale Netzwerke und Lieferketten mit, aber oft fehlt ihnen die Innovationskraft von Start-ups. Politik und Finanzwelt fokussieren sich bei Gesetzen, Förderprogrammen und Finanzierungen meist auf die Weiterentwicklung bestehender Technologien, also inkrementeller Innovationen, oder auf einzelne Pilotprojekte, die sich nur schwer skalieren lassen. Die ERLG dagegen versetzt Start-ups in die Lage, ihre Technologien im Zusammenspiel von Industriepartnern, Finanzgebern und mit entsprechender politischer Flankierung auszurollen und zur Marktreife zu führen. In den bisherigen Diskussionen werden bereits zwei entscheidende Hindernisse deutlich, Technologien von einem Pilotmaßstab in einen kommerziellen Maßstab zu bringen: behördenrechtliche Genehmigungen und Schwierigkeiten bei der Finanzierung.

Wir brauchen ein umfassendes Finanzierungs- und Kooperationsmodell zwischen Politik, Industrie und Finanzwelt

Das Beispiel der Energy Resilience Leadership Group zeigt: Wir brauchen ein umfassendes Finanzierungs- und Kooperationsmodell zwischen Politik, Industrie und Finanzwelt. Nur so lässt sich die Energiewende zum Erfolg führen. Wir brauchen klare Garantiestrukturen. Dies schafft die erforderliche Investitionsbereitschaft – und damit die 45 Prozent an Innovationen, die heute noch nicht marktreif, aber morgen für eine erfolgreiche Energiewende zwingend erforderlich sind.

Anlässlich ihres 75-jährigen Bestehens hat die KfW den Anspruch, die „Transformation zu einem nachhaltigen und resilienten Deutschland" zu unterstützen. Die Energiewende wird ein wesentlicher Baustein auf dem Weg dorthin sein. In diesem Sinne brauchen wir die KfW als starke Partnerin, die uns bei unserem Vorhaben unterstützt, die Energiewende voranzutreiben. Ihre spezifischen Förderprogramme, richtig eingesetzt, sind von zentraler Bedeutung, wenn es darum geht, innovativen Technologien zum Durchbruch zu verhelfen.

Damit leistet die KfW einen wichtigen Beitrag, damit Deutschland die riesige Chance, die die Energiewende für unser Klima, für die Gesellschaft und für die Wirtschaft bietet, effektiv nutzen kann. Deshalb ist der übergeordnete Unternehmenszweck der KfW – „Bank aus Verantwortung" – genau richtig gewählt. Die zentralen Herausforderungen unserer Zeit zu benennen und geeignete Maßnahmen einzuleiten, um sie zu lösen, das ist es, was eine Bank aus Verantwortung leisten muss.

Vor 75 Jahren hat die KfW einen maßgeblichen Beitrag geleistet, Deutschland erfolgreich wiederaufzubauen. Jetzt kann sie die Weichen stellen, damit wir gemeinsam die Energiewende erfolgreich meistern.

Diversität von Energiequellen

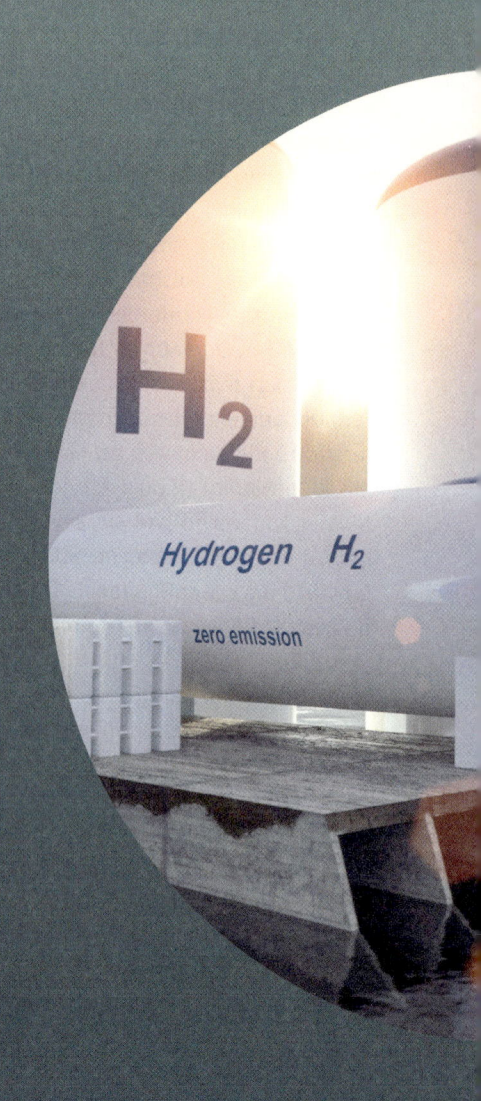

RESILIENZ & SOUVERÄNITÄT

Nachhaltige Energie

Sicherung von Fortschritt und Wohlstand

von Markus Krebber

Dr. Markus Krebber ist seit 2016 Mitglied des Vorstands der RWE AG und wurde im Mai 2021 Vorstandsvorsitzender. Er trat 2012 in den RWE-Konzern ein und war Mitglied der Geschäftsführung von RWE Supply & Trading, dem Handelshaus des Konzerns. Von 2015 bis 2017 leitete er diesen Geschäftsbereich als CEO. Dr. Krebber ist Vizepräsident des Bundesverbands der Energie- und Wasserwirtschaft e. V. und Mitglied des Präsidiums des Bundesverbandes der Deutschen Industrie e. V. Vor seinem Wechsel zu RWE war Dr. Krebber zwischen 2005 und 2012 in verschiedenen leitenden Positionen bei der Commerzbank tätig. Von 2000 bis 2005 war er als Unternehmensberater bei McKinsey & Co. tätig. Herr Krebber machte eine Ausbildung zum Bankkaufmann bei der Deutschen Bank und studierte Volks- und Betriebswirtschaftslehre an der Gerhard-Mercator-Universität in Duisburg und der Indiana University of Pennsylvania. Im Jahr 2007 promovierte er an der Humboldt-Universität in Berlin.

Diese 2020er Jahre können das Jahrzehnt sein, in dem die Investitionen in die Energiewende in Deutschland und Europa ein Eckpfeiler der Modernisierung werden. Schon heute kommen in der Bundesrepublik aus unseren Steckdosen 50 Prozent des Stroms aus Wind, Sonne, Biomasse und Wasserkraft und es wird von Jahr zu Jahr mehr. Das ist nicht nur gut für das Klima, sondern auch für diejenigen Unternehmen, die sich auf den Weg gemacht haben – und damit für den Erhalt unseres Wohlstands.

Zur Wahrheit gehört aber auch, dass diese rasante und wünschenswerte Geschwindigkeit weder national noch international ein Selbstläufer ist. Dennoch ist klar, dass dieser Weg unumkehrbar ist. Er ist nicht nur ökonomisch vernünftig, sondern auch ökologisch notwendig. Verheerende Tropenstürme, Überschwemmungen und schmelzende Gletscher führen uns dies auf bedrückende Weise vor Augen.

Der russische Angriffskrieg auf die Ukraine hat uns zudem gezeigt, wie wichtig es ist, das Lieferantenportfolio für Energieimporte stärker zu diversifizieren. Er hat deutlich gemacht, wie schnell wir – den Willen aller Beteiligter vorausgesetzt – gemeinsam und entschlossen handeln können: Um uns unabhängiger von russischem Erdgas zu machen, hat es von der Entscheidung bis zur Fertigstellung des ersten schwimmenden LNG-Terminals in Deutschland gerade einmal neun Monate gedauert.

Diese „Deutschland-Geschwindigkeit" und Entschlossenheit muss unsere Richtschnur sein, wie wir als Gesellschaft die Energiewende vorantreiben wollen. Denn die Energie- und Versorgungskrise lösen wir nur durch radikale Erneuerung. Wir lösen beide Krisen gleichzeitig, und zwar durch massive Investitionen in moderne, grüne Technologien.

Die Zeit drängt: Zum einen, weil Deutschland bis 2030 seine Treibhausgasemissionen um 65 Prozent reduzieren und bis 2045 klimaneutral sein will und die EU sich mit einem Minderungsziel von 55 Prozent bis 2030 ebenfalls ein ehrgeiziges Ziel gesteckt hat. Zum anderen, weil die Gesellschaft klimaschonende Produkte verlangt und die Nutzung fossiler Energieträger beenden will. Daher ist es auch nicht verwunderlich, dass laut *Economist* die Investitionen in Sonnen- und Windenergieanlagen im vergangenen Jahr erstmals höher waren als die in Erdöl und Erdgas. Dieser Trend wird sich in den kommenden Jahren beschleunigen.

Die ökologische Transformation der Wirtschaft kann dabei erhebliche Impulse setzen. Laut der Studie „Fortschrittsmonitor Energiewende" des Bundesverbands der Energie- und Wasserwirtschaft (BDEW) und von EY sind bis 2030 allein in Deutschland Investitionen in Höhe von etwa 600 Milliarden Euro nötig. Der mit 498 Milliarden Euro größte Anteil an diesen Investitionen verteilt sich auf den Ausbau der Stromerzeugungskapazitäten mit erneuerbaren Energien (351 Milliarden Euro), den Ausbau der Stromübertragungsnetze (126 Milliarden Euro), den Aufbau der Erzeugungskapazitäten für klimaneutrale Gase (zwölf Milliarden Euro) sowie die Förderung der E-Mobilität durch den Ausbau der öffentlichen Elektro-Ladeinfrastruktur (neun Milliarden Euro).

Jetzt geht es um das schnelle und pragmatische Umsetzen. Wir müssen uns mit klimafreundlichen Technologien aus der Krise herausinvestieren – und mit der Versorgungskrise gleichzeitig die Klimakrise besiegen.

Wind, Sonne und intelligente Netze als Rückgrat der Energiewende

Um die Klima- und Energiekrise zu bewältigen, brauchen wir schnell deutlich mehr grüne Energie. Mit Windkraft und Solarenergie haben wir die Technologien. Sie produzieren günstigen grünen Strom. Wir können in den kommenden Jahren auch bei Wind- und Solartechnik weiteren Fortschritt erwarten. Die Anlagen werden größer, effizienter und damit langfristig noch günstiger. Was wir jetzt aber noch brauchen, ist eine Beschleunigung des Ausbaus: schnellere Planungs- und Genehmigungsverfahren, mehr Solaranlagen auf unseren Dächern und ausgewiesenen Flächen sowie die intelligente Kombination von Landwirtschaft und Freiflächensolaranlagen, mehr Windkraftanlagen auf den Hügeln und auf hoher See. Nur so bauen wir uns die Basis für eine moderne und klimaneutrale Zukunft.

Mit dem massiven Ausbau der Erneuerbaren und der Elektrifizierung der Mobilität und des Wärmesektors steigen die Anforderungen an die Stromverteilnetze rasant. Ein umfassender Ausbau und Aufbau intelligenter Netze ist damit ebenso unerlässlich wie der Zubau der erneuerbaren Energien.

Treibstoff der Zukunft: Wasserstoff

Wasserstoff ist ebenso entscheidend für den Erfolg der Energiewende wie Windkraft und Photovoltaik. Es gibt in vielen Sektoren bisher keine sinnvolleren Alternativen als die Dekarbonisierung durch CO_2-freien Wasserstoff, etwa bei Chemie und Stahl. Deshalb müssen wir in der Wasserstoffwirtschaft raus aus den Kinderschuhen und große Schritte machen – von innovativen Entwicklern über investitionsfreudige Investoren bis hin zu großen Abnehmern –, um möglichst schnell die Test- und Laborphase hinter uns zu lassen. Doch Bewilligungszeiträume für Fördermittel von fast zwei Jahren zwischen Antragstellung und Bescheid passen nicht zum Zeitdruck bei der Energiewende.

Neben der Wasserstoffproduktion selbst brauchen wir auch eine Verteil- und Speicherinfrastruktur für Wasserstoff, vielfach durch die Umwidmung der heutigen Erdgasnetze und -speicher. Und nur wenn Klarheit herrscht, wo zu welchem Zeitpunkt Wasserstoff bereitsteht, kann in die Nutzung investiert werden. Bei der Wasserstoffversorgung werden wir auch um Importe nicht herumkommen. Nur so wird der Wasserstoffhochlauf im notwendigen Umfang beschleunigt.

Wenn kein Wind weht und keine Sonne scheint: Speicher und wasserstofffähige Gaskraftwerke

Für die notwendige Flexibilität und eine CO_2-freie Versorgungssicherheit in der Stromversorgung brauchen wir Stromspeicher, vor allem Großbatterien und wasserstofffähige Gaskraftwerke, die immer dann einspringen, wenn der Strom aus Wind und Sonne gerade nicht ausreicht. Selbst beim stetig steigenden Anteil erneuerbarer Energien und höherer Energieeffizienz gibt es die Notwendigkeit von Flexibilitäten im System und Backuplösungen. Umso wichtiger ist es, dass wir unser Marktdesign erweitern. Wir brauchen Anreize für die notwendigen Investitionen in Batterien und Backupgaskraftwerke, die mit Wasserstoff betrieben werden können. Denn klar ist: Nur wenn Kapazitätsbereitstellung und Flexibilitäten vergütet werden, werden Batterien und wasserstofffähige Gaskraftwerke gebaut. Nur so gelingt zudem der Kohleausstieg 2030.

Negative Emissionen als Beitrag zur Erreichung der Klimaschutzziele

Zur Erreichung der globalen Klimaschutzziele kommen wir um die Nutzung (Carbon Capture and Utilization, CCU) und Speicherung von CO_2 im Untergrund (Carbon Capture and Storage, CCS) – etwa aus prozessbedingten Emissionen der Zementindustrie – nicht herum. Deshalb müssen wir auch hierfür die Voraussetzungen schaffen. Der Bericht des Weltklimarats (IPCC) macht deutlich: Sowohl zur Erreichung der Ziele aus dem Pariser Klimaschutzabkommen als auch zur Erreichung der Klimaneutralität in der EU müssen wir uns der CCU/S-Technologie öffnen, die auch die Grundlage für negative Emissionen ist. Die reine Einsparung reicht nicht mehr aus, wir müssen in Zukunft auch der Atmosphäre aktiv CO_2 entziehen können.

Europäische Kooperation und internationale Zusammenarbeit als zusätzlicher Beschleuniger

Noch immer sind Offshore-Windparks typischerweise einzeln mit dem jeweiligen Stromnetz eines Landes verbunden, da der Ansatz für Planung, Bau und Betrieb überwiegend national ausgerichtet ist. Ein vermaschtes Netz hingegen verbindet mehrere Windparks auf See und leitet dann den Strom in verschiedene Regionen und Länder. Damit nutzt man das volle Potenzial der Offshore-Windkraft Europas, ist effizienter, stabiler und erhöht die Versorgungssicherheit.

Auch in der Wasserstoffproduktion sind Kooperationen angezeigt. In Zukunft werden Deutschland und die Europäische Union ihren Bedarf an CO_2-freiem Wasserstoff nicht komplett durch heimische Produktion decken können. Deshalb ist es in unserem Interesse, dass wir eng mit anderen Partnerländern zusammenarbeiten. Ein erfolgreiches Beispiel etwa ist die Energiepartnerschaft mit Norwegen, um rechtzeitig ausreichende Mengen Wasserstoff bereitzustellen. Auch Nordafrika und der Mittlere Osten verfügen über hervorragende Bedingungen und immenses Potenzial.

Von der Generation des Wirtschaftswunders zur Energiewende-Generation

Für den Aufbau eines nahezu vollständig auf erneuerbaren Energien basierenden Stromsystems und einer Wasserstoffwirtschaft braucht es klare, einfache und verlässliche Rahmenbedingungen. Nur so schaffen wir die Grundlagen für die notwendige jahrelange Investitionsoffensive, die unser Energieversorgungssystem braucht. Hier lässt sich durchaus einiges beim Inflation Reduction Act (IRA) der USA abschauen. Das gilt auch für die pragmatischen, einfachen und am Ziel orientierten Regelungen anstelle einer engmaschigen Regelungsdichte mit viel Bürokratie im Klein-Klein. Diese überbordende Komplexität ist der Grund, dass viele Fördergelder in Europa bisher nicht abgerufen werden können. Das zeigt, wo der Hebel anzusetzen ist: in klaren und einfachen Regelungen.

Die KfW unterstützt seit ihrer Gründung 1948 den Wandel und treibt zukunftsweisende Ideen voran: in Deutschland, in Europa und auf der ganzen Welt – mit zwei Billionen Euro an Darlehen in den vergangenen acht Jahrzehnten. War bei der Gründung der KfW vor 75 Jahren die drängendste Aufgabe die Finanzierung des Wiederaufbaus der deutschen Wirtschaft, so ist die wichtigste Herausforderung unserer Zeit heute ohne Zweifel die grüne Transformation. Sie katapultiert uns aus der Versorgungskrise, schont das Klima und erhält unseren Wohlstand.

Sowohl politisch als auch wirtschaftlich gibt es dafür volle Aufmerksamkeit. Die Arbeitsteilung ist klar: Die Politik setzt den Rahmen, die Privatwirtschaft investiert und die Banken stellen die Finanzierung bereit. Dabei kommt der KfW eine besondere Rolle an der Schnittstelle zwischen öffentlichem Interesse und privaten Investitionen zu, mit Förderfinanzierungen für Haushalte und Betriebe bei Energiewendeinvestitionen genauso wie bei Public-Private-Partnerschaften. Beispielhaft ist hier der erste landbasierte Flüssiggasterminal in Deutschland, den KfW, Gasunie und RWE zusammen stemmen – ein Terminal, welches zuerst die Gasversorgung Deutschlands mit absichert, mittelfristig auf den Import von grünen Molekülen umgestellt wird und damit auf lange Sicht elementarer Bestandteil der grünen Energieversorgung wird.

RESILIENZ & SOUVERÄNITÄT

Diversifizierung und Flexibilisierung

Energiesicherheit in der grünen Transformation

von Martina Merz

Martina Merz studierte Maschinenbau in Stuttgart. Ab 1985 hatte sie verschiedene Managementpositionen bei der Robert Bosch GmbH inne. 2002 wechselte sie als Executive Vice President zu Brose Fahrzeugteile, bevor sie 2005 zu Bosch zurückkehrte. 2012 wurde Merz CEO von Chassis Brakes International. Ab 2015 arbeitete sie als selbstständige Unternehmensberaterin mit Aufsichtsratsmitgliedschaften. Im Februar 2019 wurde sie zur Aufsichtsratsvorsitzenden der thyssenkrupp AG gewählt, von Oktober 2019 bis Mai 2023 war sie deren Vorstandsvorsitzende. Aktuell arbeitet Frau Merz als Aufsichtsrätin und Beirätin und hat unter anderem Mandate bei der Siemens AG und der Volvo Group.

Wir leben in einem Zeitalter des ständigen, sich beschleunigenden Wandels. Das ist uns besonders in den vergangenen drei Jahren vor Augen geführt worden. Steigende Energiepreise, unsichere Versorgung, unstetige Handelsbeziehungen – die kommenden Jahre werden durch eine zunehmende Unsicherheit geprägt sein. Größter Treiber ist der Kampf gegen den Klimawandel.

Die deutsche Industrie hat in der Vergangenheit mehrfach bewiesen, dass sie disruptive Veränderungen nicht nur bewältigen, sondern auch spürbar davon profitieren kann, etwa von der Globalisierung oder der Automatisierung. Bei diesen

Themen stand die KfW stets an der Seite der Wirtschaft. Auch bei der nun anstehenden grünen Transformation wird die KfW als Partnerin gebraucht, um die deutsche Industrie zu begleiten.

Dieser Transformationsprozess beinhaltet besonders die Diversifizierung von Energiequellen, um verlässliche, günstige und grüne Energie sicherzustellen. Damit der Umbau gelingt, müssen drei zentrale Anforderungen erfüllt werden: Erstens müssen sich bekannte Versorgungsmodelle weiterentwickeln und neue Energie- und Wertschöpfungspartnerschaften entstehen. Zweitens muss sich die Industrie selbst wandeln und flexibler in ihren Geschäftsmodellen werden, um diese Partnerschaften schnell voranzutreiben. Drittens sollte die Politik Förderinstitutionen wie der KfW Richtlinien an die Hand geben, um diesen Prozess anzuschieben, zu unterstützen und abzusichern. Damit die Politik jedoch klare Prioritäten an Förderinstitutionen formulieren kann, ist es wichtig, dass sich alle Gesellschaftsgruppen als gemeinsame Gestalter des Transformationsprozesses auf durchsetzbare Kompromisse einigen. Nur auf Grundlage der Fähigkeit zu gesellschaftlichen Kompromissen ist eine erfolgreiche Transformation denkbar.

Energiepartnerschaften als Schlüssel zur Diversität

Die historische Chance, Deutschland in den neuen Lieferketten und Märkten eines nachhaltigen Wirtschaftssystems zu etablieren, geht für viele Industrieunternehmen mit Herausforderungen einher. Gerade bei der Wegbereitung von internationalen Energiepartnerschaften spielen politische Unterstützung und die Absicherung dieser Beziehungen neuen Typs eine entscheidende Rolle. Auf diese Weise werden der Industrie Rahmenbedingungen gegeben, innerhalb derer sie diese neuen Formen der Zusammenarbeit erproben und lernen kann. Daher sind die ersten gemeinsamen Projekte in diesem Bereich, etwa mit Kanada, Katar, den Vereinigten Arabischen Emiraten, Dänemark und Norwegen, so wichtig. Für eine erfolgreiche Transformation und eine Diversifizierung unserer Energiequellen müssen wir diese Bande weiter ausbauen. So sichern wir den zukünftigen Energiebedarf der deutschen und europäischen Industrie.

Mit Leben füllen werden diese Energiepartnerschaften am Ende die beteiligten Unternehmen selbst. Beispielsweise können langfristige Lieferverträge, etwa für grünen Wasserstoff, den Produzenten von erneuerbaren Energien und den Investoren in Energienetze Planungssicherheit geben. Für diese Garantien sind Unternehmen in zuverlässigen Abnehmerländern wie Deutschland und die Absicherung durch Förderinstitutionen wie die KfW ideal.

Wenn sich solche Partnerschaften als tragfähig erweisen, also jenseits staatlicher Förderung tragende Geschäftsmodelle sind, können sie sich zu vertieften Wertschöpfungspartnerschaften entwickeln. Beispielsweise ist der Zugang zu innovativen Technologien ein echtes Asset, das Unternehmen in solche Wertschöpfungspartnerschaften einbringen können. Erste Schritte für tiefgehende Wertschöpfungspartnerschaften sind bereits eingeleitet. So gibt es Vereinbarungen mit Partnern in Ländern mit vorteilhafteren Standortbedingungen für die Produktion nachhaltiger Energie, zum Beispiel für den Bau von Ammoniak-Crackern, die die Basis für die effiziente Versorgung mit grünem Wasserstoff bilden.

Echte Wertschöpfungspartnerschaften bedeuten aber auch eine Neuausrichtung von Lieferketten. Wir werden uns in Zukunft genau überlegen müssen, welche energieintensiven Prozessschritte wo stattfinden sollen. Die Zeiten, in denen einige Länder vor allem Energie liefern und viele andere Länder daraus Produkte erzeugen, sind vorbei.

Die Rolle der Industrie

Das Beispiel der Energie- und Wertschöpfungspartnerschaften zeigt: Unternehmen dürfen die Transformation nicht von der Seitenlinie aus betrachten. Sie müssen selbst zu Treibern und aktiven Gestaltern des Wandels werden. Der Vorteil der deutschen Industrie ist, dass die Anpassung an sich ändernde Umstände bereits ein Teil ihrer Geschichte und damit ihrer DNA ist. Sie zeigt, wie stark die fortwährende Transformation nicht nur ein kulturelles Selbstverständnis, sondern auch eng mit der flexiblen Reaktion auf die vorherrschenden Energiequellen verbunden ist.

Neue Energiequellen sind seit Beginn der Industrialisierung die Treiber von Veränderung. Die Verfügbarkeit von Energie in Form der Dampfkraft hat die erste Revolution in der Produktion und damit die Gründung vieler deutscher Industrieunternehmen erst ermöglicht. Der Grundstein für den industriellen Wohlstand unseres Landes ist aus Dampf erschaffen worden. Doch erst die Anpassung an den folgenden Wandel hat uns erfolgreich gemacht.

Die transformative Entwicklung verschiedener Energieträger durften wir in den vergangenen Jahrzehnten miterleben: Zuerst war Kohle der Katalysator der Industrialisierung. Danach wurde sie durch Erdgas als Garant für stetig höhere Energieeffizienz abgelöst. Nun steht uns die nächste Disruption bevor. In den nächsten Jahren werden (grüner) Wasserstoff und Strom aus erneuerbaren Energien die klimaneutrale Industrie und neuen Wohlstandszuwachs ermöglichen.

Wandel ist der deutschen Industrie also nicht neu. Die Chance liegt wie schon bei den vorherigen Disruptionen darin, sich der Herausforderung beherzt zu stellen und die Umstellung auf (grünen) Wasserstoff als Hauptenergieträger aktiv voranzutreiben. Das geschieht bereits heute: Viele deutsche Industrieunternehmen arbeiten an der Erprobung und Skalierung klimaneutraler Anlagen.

Ein besonders prominentes Beispiel sind die gemeinsamen Investitionsanstrengungen kooperierender europäischer Unternehmen für den Hochlauf eines Wasserstoffmarktes, flankiert durch staatliche Förderung. Im Rahmen dieses Projekts wurden 62 deutsche Großvorhaben entlang der gesamten Wasserstoffwertschöpfungskette ausgewählt und unterstützt. Dadurch werden Gesamtinvestitionen von 33 Milliarden Euro mobilisiert und über zwei Gigawatt Elektrolyseleistung für die Erzeugung von grünem Wasserstoff geplant. Mit ArcelorMittal, Stahl-Holding-Saar, der Salzgitter AG und thyssenkrupp Steel haben alle in Deutschland tätigen Stahlerzeuger Investitionsvorhaben eingereicht. Das zeigt: Die deutsche Industrie war und ist Vorreiter historischer und aktueller Transformationen.

Darüber hinaus zeigt dieses Beispiel, was mit neuen Arten von Partnerschaften gemeint ist. An die Stelle von klar definierten Lieferketten mit Spezialisten für bestimmte Prozessschritte werden in Zukunft verstärkt Konsortien treten, die ein gemeinsames Ziel verfolgen.

Das bedeutet zunächst, schneller reagieren zu können als bisher. Unternehmen müssen jederzeit in der Lage sein, neue Bindungen einzugehen. Sie müssen nach innen und außen flexibel sein. Denn mit Partnern lassen sich Innovationen beschleunigen und Entwicklungslasten teilen. Gemeinsam kann man schneller eine kritische Größe erreichen.

Solche erfolgreichen Partnerschaften entstehen in den jeweiligen Märkten und an den Schnittstellen zwischen verschiedenen Akteuren. Chancen, die sich bieten, gilt es beherzt zu ergreifen. Um neue Geschäftsmodelle zu ermöglichen, muss Verantwortung dezentraler und flexibler wahrgenommen werden können. Das bedeutet für viele Industrieunternehmen nicht weniger als eine weitere Disruption, nämlich in ihrer Governance.

De-Risking

Eine flexible und anpassungsfähige Governance, die schnelle Entscheidungen ermöglicht, ist nicht nur aufgrund einer sich immer schneller verändernden Außenwelt nötig. Rasche Entscheidungen sind essenziell, um aus den Fehlern der Vergangenheit zu lernen und interne Prozesse kritisch zu hinterfragen. Die Abhängigkeit von einigen wenigen Energielieferanten muss unserer Industrie eine Lehre gewesen sein. Energiesicherheit sollte bei allen unternehmerischen Entscheidungen eine zentrale Rolle spielen. Der Schlüssel dazu ist nicht nur eine Steigerung der Diversität des in Deutschland und Europa erzeugbaren Energieangebots, sondern ebenso eine Diversifizierung unserer Energielieferanten außerhalb Europas. Dabei heißt Verringerung von Abhängigkeiten und Stärkung unserer Resilienz nicht, sich von den bestimmten Märkten zu entkoppeln. Vielmehr wird der ständige Wandel auch beim Energiebezug zur Norm werden und eine Kopplung an eine Vielzahl von Märkten erfordern.

Die KfW als Unterstützerin

Bei diesen Aufgaben kann die Politik eine stärkende Rolle durch klare Zielvorgaben und unterstützende Programme, zum Beispiel durch die Anbahnung und Absicherung von Energie- und Wertschöpfungspartnerschaften, einnehmen. Damit die Politik klare Zielvorgaben definieren kann, muss eine wichtige Grundvoraussetzung erfüllt sein: Die verschiedenen Akteure des Wandels müssen sich auf erreichbare Kompromisse einigen. Die KfW als Transformations- und Förderbank hat gezeigt, dass sie eine wichtige Partnerin für die Industrie ist, wenn ein breiter gesellschaftlicher Konsens besteht. Sie stellt ein essenzielles Bindeglied zwischen den ambitionierten Klimazielen Deutschlands und ihrer operativen Umsetzung dar.

Verlässliche Finanzierungspartner werden für die Diversifizierung der deutschen und europäischen Energieimporte besonders gebraucht: Die jüngste Vergangenheit hat uns wieder vor Augen geführt, dass Energielieferungen hochpolitisch sein können. Auch über extreme geopolitische Entwicklungen hinaus benötigt der Umbau unseres Energiebezugs starke staatliche Partner. Wir müssen neue Beziehungen zu Ländern, unterschiedlichen Kulturkreisen und Regierungsformen aufbauen und werden dabei viele neue Erfahrungen sammeln. Dieses Unterfangen ist nicht ohne Herausforderungen möglich und kann mit Fehlschlägen und Fehlinvestitionen verbunden sein. Solche geopolitischen Risiken können Unternehmen nicht allein tragen, sie benötigen einen starken Staat und seine Institutionen an ihrer Seite.

Das gilt umso mehr, wenn zu den geopolitischen Risiken auch noch besondere unternehmerische Herausforderungen hinzukommen. Die klimaneutrale Transformation der Industrie hat begonnen, ohne dass alle dafür notwendigen Parameter bekannt sind. Die dabei entstehenden Industrieanlagen bewegen sich am Rande oder jenseits des technisch und ökonomisch Machbaren. An dieser Stelle ist Förderung wichtig, um weitreichende Veränderungen zu ermöglichen und anzuschieben. Vor dem Hintergrund langer industrieller Investitionszyklen kommt der KfW eine besonders wichtige Funktion zu: Sie muss eine Orchestrierungsrolle einnehmen, um Zugang zu Investitionen in diesen Branchen abzusichern.

Vorausschau

Für die Bewältigung all dieser Transformationsaufgaben braucht es neue Modelle. Unsere Energieversorgung wird zukünftig durch engere Partnerschaften geprägt sein. Sie gehen über die reine Energielieferung hinaus und werden auch Teile der Wertschöpfungskette einbeziehen. Dafür müssen sich Unternehmen in Deutschland anders aufstellen. Es bedarf eines neuen Maßes der Flexibilität aufseiten der Unternehmen, aber auch auf staatlicher Seite.

Dabei gilt: Der Staat kann die Transformation anschieben und ermöglichen. Funktionierende Geschäftsmodelle ersetzen kann er nicht. Er sollte Sicherheit geben, damit Partnerschaften eingegangen, neue Märkte erschlossen und Chancen ergriffen werden können. Damit hat die KfW nun 75 Jahre Erfahrung.

Sie wird auch in Zukunft als begleitende Partnerin, Wegbereiterin und Unterstützerin neuer und flexibler Geschäftsmodelle gefragt sein. In enger Zusammenarbeit mit ihr und anderen Akteuren aus Gesellschaft, Politik und Wirtschaft können wir durch die Mobilisierung privaten Kapitals und einer einhergehenden Risikoabsicherung die Diversität unseres Energieangebots erfolgreich erhöhen und die vor uns liegenden Transformationschancen ergreifen.

Verringerung des Ressourcenverbrauchs

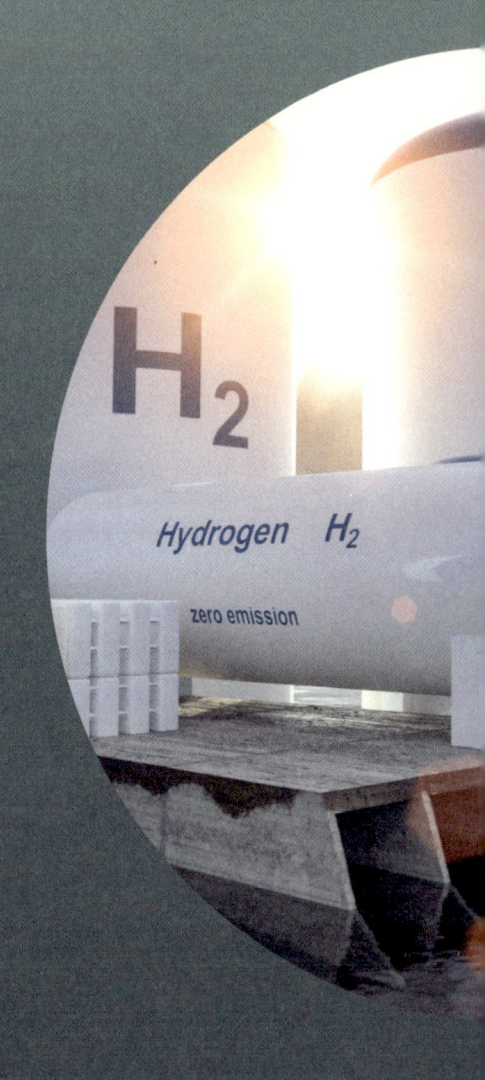

RESILIENZ & SOUVERÄNITÄT

Das Damoklesschwert für die Klimaneutralität

Die Verringerung des Ressourcenverbrauchs

von **Michael Hüther**

Prof. Dr. Michael Hüther absolvierte von 1982 bis 1987 sein Studium der Wirtschaftswissenschaften sowie der mittleren und neuen Geschichte an der Justus-Liebig-Universität Gießen. Nach Abschluss des Promotionsverfahrens wurde er 1991 Wissenschaftlicher Mitarbeiter und 1995 Generalsekretär des Sachverständigenrates zur Begutachtung der gesamtwirtschaftlichen Entwicklung. Im Jahr 1999 wechselte er als Chefvolkswirt zur DekaBank und wurde dort 2001 zum Bereichsleiter Volkswirtschaft und Kommunikation ernannt.

Seit August 2001 ist er Honorarprofessor an der EBS Business School in Oestrich-Winkel und seit Juli 2004 Direktor und Mitglied des Präsidiums beim Institut der deutschen Wirtschaft. Im April 2019 wurde er zum Aufsichtsratsvorsitzenden der TÜV Rheinland AG ernannt. Außerdem ist er Erster Stellvertretender Vorsitzender des Aufsichtsrats der SRH Holding, stellvertretender Vorsitzender des Vorstandes der Atlantik-Brücke und Mitglied des Forschungsrates der Justus-Liebig-Universität Gießen.

1. Die doppelte Verknappung

Die politisch vielfach geforderte Transformation unseres Wirtschaftsmodells hin zur Klimaneutralität von Produktion und Konsum verlangt nach effizienten Lösungen sowie der Bereitschaft, alle verfügbaren und künftig erwartbaren technologischen Optionen zu nutzen. Verknappungen machen sich normalerweise in veränderten Preisrelationen bemerkbar. So wird den Marktakteuren signalisiert, welche Ressourcen gering sind. Das löst in der Regel Anpassungsprozesse bei den Konsumenten aus, deren Reaktionen wiederum die Unternehmen antreiben, nach neuen Lösungen zu suchen. Das ist die Idee der CO_2-Bepreisung.

Diese Transformation ist aber nur die eine grundlegende Veränderung unserer Wirtschaftsweise, die andere ergibt sich aus der demografischen Alterung, die zwar unterschiedlich, aber letztlich alle OECD-Staaten betrifft und eine Verknappung der Erwerbsbevölkerung verursacht. Für Deutschland wirkt sich ab Mitte der 2020er Jahre der „Pillenknick" aus, der ab 1965 die Geburtenrate sukzessive auf das noch heute zu beobachtende Niveau verringerte.

Damit erlangt der Aspekt der Ressourceneffizienz nicht nur eine doppelte Dringlichkeit, sondern markiert in beiden Dimensionen einen fundamentalen Wandel in den Grundlagen von Marktwirtschaft, Kapitalismus und Industrialisierung. Denn die industrielle Revolution in der westlichen Welt vor 200 Jahren basierte einerseits auf der intensiven technischen Nutzung fossiler Energie, andererseits auf der Überwindung der malthusianischen Bevölkerungsfalle und der damit fortlaufenden Integration einer wachsenden Bevölkerung in die volkswirtschaftliche Arbeits-, Wissens- und Risikoteilung. Die Produktivitätsgewinne durch Kapitalbildung und kluge Kombination der Produktionsfaktoren schufen nicht nur neue Formen der Arbeit, sondern auch grundlegende veränderte Zeitmuster mit immer stärker expandierender Freizeit.

Diese Entwicklungen lassen sich so nicht mehr fortschreiben. Der Ausstieg aus der fossilen Energienutzung ist für den Klimaschutz unausweichlich, die demografische Entwicklung nicht revidierbar. Effizienz ist die Botschaft unserer Zeit, und zwar in allen Kontexten. Das erfordert umfassende Innovationsanstrengungen und die Bereitschaft, keine technologischen Optionen auszuschließen. Beide Verknappungen haben in Deutschland eine besondere Schärfe. Bodenschätze wie spezielle Metalle, Steine und Erden, welche die Industrie für klimaschonende Technologien verwendet, sind hierzulande Mangelware. Sie werden aufgrund ihrer geografischen Konzentration und zunehmender Weltnachfrage zu Waffen der Geopolitik. Der Produktionsfaktor Arbeit ist bei uns ebenfalls knapp, wie die Fachkräftelücke seit Längerem dokumentiert und die nun zur Arbeitskräftelücke wurde. Beides hängt wie ein Damoklesschwert über dem Strukturwandel zur Klimaneutralität.

2. Energieverbrauch und Energieeffizienz

In den vergangenen 30 Jahren ist es westlichen Volkswirtschaften gelungen, mit sinkendem Energieverbrauch weiter zu wachsen. Das selbst gesteckte Ziel, die Energieproduktivität – also das Bruttoinlandsprodukt in Relation zum Endenergieverbrauch – um mehr als zwei Prozent pro Jahr zu steigern, wurde jedoch verfehlt.[1] Um die Klimaziele der Bundesregierung zu erreichen, müssen bis zum Jahr 2030 die Emissionen um 65 Prozent gegenüber dem Jahr 1990 sinken, bevor im Jahr 2045 die Treibhausgasneutralität erreicht werden soll. Ginge es mit der heutigen Klimaschutzpolitik weiter, würde nicht nur das 1,5-Grad-Ziel verfehlt werden, sondern die Klimaerwärmung auch für Deutschland zu irreparablen Schäden führen. Die gesamtwirtschaftlichen Kosten für Deutschland lägen dann bis 2050 zwischen 280 und 900 Milliarden Euro.[2] Der Anteil erneuerbarer Energien liegt derzeit bei etwa 45 Prozent der Gesamtenergieerzeugung, soll aber bis 2030 auf 80 Prozent steigen. Die bisherigen Maßnahmen reichen daher nicht aus.

Gleichzeitig zur Erhöhung regenerativer Energieproduktion muss der Verbrauch von fossilen Energieträgern sinken. Privathaushalte sparten im Winter 2022/23 etwa fünf Prozent Gas im Vergleich zum Vorjahreswinter, was vor allem an den milden Temperaturen lag.[3] Durch den Austausch von Heizungstechniken und Sparanreizen könnten Privathaushalte zusätzlich rund 30 TWh Gas – immerhin sechs Prozent des jährlichen Verbrauchs in Deutschland – einsparen.[4] Das Sparen von Energie wird immer relevanter, denn niedrigeren Emissionen steht ein steigender Elektrizitätsverbrauch gegenüber. Mehr Elektroantriebe im Verkehrssektor und mehr Elektrizität als Heiz- und Brennstoff erhöhen den Bedarf an Elektrizität insgesamt. Aktuell macht Elektrizität nur 20 Prozent des weltweiten Energiekonsums aus und je nach Klimaschutzmaßnahmen wird dieser Anteil bis zum Jahr 2050 auf 40 bis 50 Prozent steigen.[5] Dennoch sind Hemmnisse für die Umstellung auf klimaschonende Technologien noch nicht ausgeräumt. Hier muss die Politik ansetzen. Denn Umfragen zeigen, dass unzureichende politische Regelungen für die schleppende Umstellung auf klimafreundliche Technologien verantwortlich sind.[6]

Neben der Energie müssen auch Rohstoffe wie Edelmetalle, Steine und Erden effizienter genutzt werden. Seltene Erden, Lithium und Kobalt sind essenziell für die Dekarbonisierung und zugleich begehrte Ware im Wettstreit um Technologievorsprünge. Mit effizienterem Einsatz dieser Rohstoffe könnten Materialengpässe, die durch anfällige Lieferketten entstehen, minimiert werden. Die Ressourcenproduktivität, also das Verhältnis des BIP zum eingesetzten Material, hat sich zwar zwischen 2000 und 2018 verbessert, das Ziel, mit geringerem Materialverbrauch Wachstum zu generieren, ist aber noch nicht erreicht. Auch die zirkuläre Materialnutzungsrate, der prozentuale Anteil des recycelten Materials an der Menge der eingesetzten Rohstoffe, ist in Deutschland höher als im EU-Durchschnitt, ohne allerdings das volle Potenzial auszuschöpfen.[7]

Die Kreislaufwirtschaft ist noch immer nicht in der Breite der Unternehmen angekommen, obwohl die deutsche Industrie mit ihrem traditionellen Anspruch an die Langlebigkeit und Reparierbarkeit ihrer Produkte sowie produktorientierten Dienstleistungen gute Voraussetzungen böte. In einer Phase mit vulnerablen Lieferketten und geopolitischen Störungen des Welthandels muss die Wirtschaft viel mehr als bisher den Produktionsfaktor Boden effizienter einsetzen und zirkuläre Geschäftsmodelle ausbauen, um resilienter gegenüber externen Schocks zu werden.

3. Humankapitalressourcen und demografischer Übergang

Die schrumpfende und alternde Erwerbsbevölkerung reduziert das Arbeitsvolumen. Dies beeinträchtigt das Sozialsystem und den Arbeitsmarkt, es hemmt das Wirtschaftswachstum. Der Altersquotient, der das Verhältnis von Personen ab 65 Jahren zu Menschen im erwerbsfähigen Alter misst, ist seit 1991 gestiegen. Im Jahr 2021 kamen auf 100 Personen im Erwerbsalter etwa 37 Personen über 65 Jahren. Als die Babyboomer noch vollständig Teil der Erwerbstätigen waren, lag der Quotient noch bei 24.[8]

Der Rückgang von Fachkräften hemmt die Unternehmen dabei, die Dekarbonisierung und Digitalisierung der Wirtschaft umzusetzen. Im Jahr 2022 bestand die höchste

Fachkräftelücke seit Beginn der Beobachtung im Jahr 2010. Obwohl es keinen generellen Arbeitskräftemangel gibt (die Summe aller Arbeitssuchenden gleicht die Summe aller offenen Stellen aus), konnten für mehr als 630.000 offene Stellen keine qualifizierten Fachkräfte gefunden werden.[9] Bei den für die doppelte Transformation wichtigen MINT-Fächern lag die Fachkräftelücke im März 2023 bei 307.000 Personen, von denen fast die Hälfte Akademiker sind.[10] Und: Bis 2026 wird sich der Fachkräftemangel, vor allem bei Experten, weiter verschärfen. Obwohl bei Helfertätigkeiten eine geringere Arbeitskräftelücke zu erwarten ist, kann die niedrige Mobilität von Geringqualifizierten zu regionalen Engpässen führen und auch hier eine Lücke entstehen lassen.[11]

Der Befund ist deutlich: Die deutsche Wirtschaft muss mit weniger Arbeitsvolumen und einer steigenden Fachkräftelücke die großen Disruptionen unserer Zeit meistern. Um dies zu bewerkstelligen und gleichzeitig die Produktivität aufrechtzuerhalten, sind verschiedene Antworten der Politik geboten: Eine Erhöhung der Erwerbstätigenquote – zum Beispiel durch Zuwanderung oder einer besseren Erwerbsintegration von Frauen und älteren Menschen – wirkt sich positiv auf das Arbeitsvolumen aus. Eine weitere Stellschraube ist die Arbeitszeit. Deutschland liegt mit 35,3 Stunden geleisteter Wochenarbeitszeit unterhalb des EU-Schnitts von 37,5 Stunden.[12] Eine Erhöhung der wöchentlichen Arbeitszeit und der Anzahl der Arbeitswochen auf das durchschnittliche Niveau von Schweden und der Schweiz würde das Arbeitsvolumen um 4,49 Milliarden Stunden steigern. Würden einige Teilzeit- in Vollzeitstellen umgewandelt, könnte das gesamtwirtschaftliche Arbeitsvolumen um zusätzliche 691 Millionen Stunden erhöht werden.[13] Um dies zu erreichen, sind politische Maßnahmen notwendig, wie bessere steuerliche Beschäftigungsanreize von Rentnern oder Ehepaaren, eine einfachere Vereinbarkeit von Familie und Beruf sowie eine flexiblere Arbeitszeitordnung.

Höhere Löhne sind ein probates Mittel im Wettbewerb um Fachkräfte. So gibt es einen positiven statistisch-signifikanten Zusammenhang zwischen der Lohnentwicklung und Fachkräfteengpässen.[14] Dies hat aber bisher das Problem des Fachkräfteengpasses nicht lösen können. Denn auch bei hohem Lohn konnten spezifische Stellenanforderungen aufgrund fehlender Arbeitskräfte nicht erfüllt werden. Höhere Löhne schaffen keine neuen Arbeitskräfte, sondern führen dazu, dass Arbeitskräfte anderen Bereichen entzogen werden und dann dort ein Mangel an Arbeitsvolumen herrscht.[15]

Vor diesem Hintergrund muss die Ressource Arbeitskraft effizienter genutzt werden. Die Lohnstückkosten für Unternehmen in Deutschland sind im internationalen Vergleich hoch und haben in den letzten 20 Jahren zugenommen bei gleichzeitig niedrigen Zuwächsen der Arbeitsproduktivität. Das Produktivitätsniveau deutscher Unternehmen ist nicht hoch genug, um den Nachteil der hohen Arbeitskosten auszugleichen.[16] Die Flexibilität des Arbeitskräfteeinsatzes sollte deshalb erhöht werden, die Arbeitszeit insgesamt ausgeweitet werden (zum Beispiel auf das Niveau in der Schweiz).

4. Investitionsagenda 2030

Deutschland bedarf einer umfassenden Investitionsagenda zur Stärkung der privaten Innovations- und Investitionskraft. Das erfordert öffentliche Infrastrukturinvestitionen und kluge Regulierung. Doch Deutschland zeigt einen enormen Investitionsstau: Die öffentlichen Investitionen in die Infrastruktur lagen im Zeitraum von 2000 bis 2020 in Deutschland mit 2,1 Prozent unterhalb des europäischen Durchschnitts von 3,7 Prozent.[17] Zudem sieht ein Großteil der Bevölkerung Mängel in den Bereichen Bildung, Gesundheit sowie Klima- und Umweltschutz.[18] Für die Investitionsoffensive dürfen

Deutschland und die EU nicht in einen Subventionswettlauf mit den USA oder China einsteigen, den sie wegen ihrer geringeren Größe nur verlieren können. In der EU muss daher neben einer Investitions- auch eine Integrationsoffensive stattfinden. Dies sollte vor allem in den Bereichen erfolgen, in denen eine europäische Koordination einen offensichtlichen Mehrwert für die Nationalstaaten bringt, wie bei der digitalen oder Energieinfrastruktur sowie der Verteidigung.[19]

Anmerkungen

1 Erik Pfeifer, Wohlstandsverluste durch das geplante Energieeffizienzgesetz?, DIHK 2023, https://www.dihk.de/de/wohlstandsverluste-durch-das-geplante-energieeffizienzgesetz--93004 (alle Links zuletzt abgerufen am 1.7.2023).
2 Bundesministerium für Wirtschaft und Klimaschutz, Merkblatt #08: Klimawandel: Milliarden-Schäden zu erwarten. Kosten durch Klimawandelfolgen in Deutschland, 2023, https://www.bmwk.de/Redaktion/DE/Downloads/M-O/Merkblaetter/merkblatt-klimawandelfolgen-in-deutschland-08.html.
3 Institut der deutschen Wirtschaft (Hg.), IW-Konjunkturprognose Frühjahr 2023. Kein Aufschwung in Sicht, IW-Report, 2023, Nr. 19, https://www.iwkoeln.de/studien/michael-groemling-kein-aufschwung-in-sicht.html.
4 Malte Küper/Jennifer Potthoff, Wie Haushalte Gas einsparen können, IW-Report, Nr. 45, Köln 2022, https://www.iwkoeln.de/studien/malte-kueper-jennifer-potthoff-wie-haushalte-gas-sparen-koennen.html.
5 The Economist, The Electric Grid is About to be Transformed, in: The Economist, 5.4.2023, https://www.economist.com/technology-quarterly/2023/04/05/the-electric-grid-is-about-to-be-transformed.
6 Malte Küper/Thilo Schaefer/Edgar Schmitz, Transformationskompass. Herausforderungen und Chancen für Unternehmen in Deutschland, Gutachten im Auftrag von Grüner Wirtschaftsdialog, Berlin/Köln 2023.
7 Ebd.
8 Destatis, Demografischer Wandel. Altenquotient – Bevölkerung im Erwerbstätigen Alter und Senioren, 2023, https://www.destatis.de/DE/Themen/Querschnitt/Demografischer-Wandel/_inhalt.html#120342.

9 Jurek Tiedemann/Lydia Malin, Jahresrückblick 2022. Fachkräftesituation angespannter denn je, KOFA Kompakt 2/2023, Köln 2023.
10 Christina Anger/Enno Kohlisch/Oliver Koppel/Axel Plünnecke, MINT-Frühjahrsreport 2022. Deutschland fehlen 320.600 MINT-Arbeitskräfte, Gutachten, Köln 2022.
11 Wido Geis-Thöne, Hochqualifizierte wechseln häufiger die Region. Eine Analyse auf Basis des Mikrozensus zu sozioökonomischen Aspekten der Binnenwanderung, in: IW-Trends, 47. Jg., 2020, Nr. 4, S. 3–22.
12 Destatis, Wöchentliche Arbeitszeit. Deutliche Unterschiede in der EU, 2022, https://www.destatis.de/Europa/DE/Thema/Bevoelkerung-Arbeit-Soziales/Arbeitsmarkt/Wochenarbeitszeiten.html#:~:text=Im%20EU%2Dweiten%20Durchschnitt%20waren,4%20Stunden%20im%20EU%2DDurchschnitt.
13 Michael Hüther/Markos Jung/Thomas Obst, Wachstum durch Beschäftigung. Potenziale der deutschen Volkswirtschaft, in: Zeitschrift für Wirtschaftspolitik, 71. Jg., 2022, Nr. 2, S. 95–123.
14 Alexander Burstedde/Ruth Maria Schüler, Reagieren Löhne in Deutschland auf den Fachkräftemangel?, in: IW-Trends, 47. Jg., 2020, Nr. 4, S. 3–24.
15 Alexander Burstedde/Dirk Werner, Fachkräftemangel – keine einfache Lösung durch höhere Löhne, IW-Kurzbericht, 2023, Nr. 23, Köln.
16 Christoph Schröder, Lohnstückkosten im internationalen Vergleich. Kostenwettbewerbsfähigkeit der deutschen Industrie in Zeiten multipler Krisen, IW-Trends, 49. Jg., 2022, Nr. 3, S. 45–66.
17 Felix Rösel/Julia Wolffson, Chronischer Investitionsmangel. Eine deutsche Krankheit, in: Wirtschaftsdienst, 102. Jg., 2022, Nr. 7, S. 529–533.
18 Levi Timon Henze/Ekaterina Jürgens/Christoph Paetz, Einstellungen zur öffentlichen Infrastruktur und zum Investitionsbedarf im Regionalvergleich, IMK Policy Brief, 2022, Nr. 129, Düsseldorf.
19 Hüther, Michael et al., Europa muss den nächsten Schritt wagen. Delors-Plan 2.0. Eine neue Version für Europa, IW-Policy Paper, Nr. 4, Köln/Berlin/Brüssel 2023.

… RESILIENZ & SOUVERÄNITÄT

Die Kreislaufwirtschaft als Leitprinzip

Ressourcennutzung auf nachhaltige Grundlage stellen

von Markus Steilemann

Dr. Markus Steilemann ist seit Juni 2018 Vorstandsvorsitzender der Covestro AG, einem weltweit führenden Hersteller von hochwertigen Polymer-Werkstoffen. Steilemann studierte Chemie an der RWTH Aachen sowie an der ETH Zürich. Er schloss das Studium in Aachen mit der Promotion ab und erwarb dort zudem ein Diplom in Betriebswirtschaftslehre. Steilemann begann seine berufliche Karriere 1999 bei Bayer, wo er in der Folge zahlreiche Führungspositionen beim Teilkonzern Bayer MaterialScience bekleidete, der Vorgängerorganisation von Covestro. Steilemann ist in zahlreichen Verbänden und Organisationen tätig. So amtiert er seit September 2022 als Präsident des Verbands der Chemischen Industrie (VCI). Von 2020 bis 2022 hatte er die Präsidentschaft von PlasticsEurope inne, dem Verband der Kunststoffhersteller in Europa.

Der 4. Mai 2023 – im sprichwörtlichen Wonnemonat war das für mich ein trister Tag. Denn er markiert inmitten von frühlinghaftem Grün, wie es wirklich um Natur und Umwelt steht: überhaupt nicht gut. Auf diesen Tag ist in Deutschland der Erdüberlastungstag gefallen. Der Tag, an dem das Land wieder einmal viel zu früh alle natürlichen Ressourcen aufgebraucht hat, die unser Planet innerhalb eines Jahres wiederherstellen kann. Und wieder einmal kam der Stichtag deutlich eher als im globalen Durchschnitt. Unser wohlstandsverwöhntes Land bräuchte mittlerweile eigentlich drei Erden, um sich seinen Lebensstil erlauben zu können.

Mehr als ein halbes Jahrhundert leben wir Deutschen und viele andere Nationen jetzt schon so: über unsere Verhältnisse. Borgen uns immer mehr Öl, Kohle, Wasser, Holz, Erze von der Erde, unserem geduldigen Gläubiger. Seit 1970 hat sich der globale Ressourcenverbrauch mehr als verdreifacht; pro Kopf ist er von sieben auf 12 Tonnen gestiegen. Und auch der Zins wird immer erdrückender. Wir zahlen für unser Konsumverhalten und unsere Produktionsweisen mit Artensterben, Abfallbergen, Gesundheitsschäden, Klimaveränderungen.

In der Momentaufnahme von heute sind es zwar vor allem die akuten Krisen und Konflikte, die im Blickpunkt stehen: Krieg in Europa, Spannungen zwischen den großen Mächten, Zunahme des Hungers, hohe Inflation, schwächelnde Konjunktur. Doch wenn wir auf das Morgen schauen, über Deutschland und seine Rolle in der Welt im Jahr 2030 nachdenken, dann dürfen wir die unterschwelligen langfristigen Veränderungen nicht aus dem Blick verlieren. Wir können nicht die Augen davor verschließen, dass zum Beispiel seit 1990 rund drei Viertel aller Insekten in Deutschland verschwunden sind. Dass es hierzulande schleichend immer wärmer wird: Binnen 140 Jahren ist die Lufttemperatur im Mittel um 1,6 Grad gestiegen, deutlich stärker als der weltweite Durchschnitt. Und wir müssen in den Blick nehmen, wie wir unserem anscheinend unersättlichen Appetit auf Rohstoffe begegnen.

Rohstoffbasis noch fossil

In die Bestandsaufnahme gehören zwei Seiten, Gesellschaft und Wirtschaft, Verbraucher und Produzenten. Für die Chemie- und Kunststoffindustrie, also die Branche, in der ich zu Hause bin, lautet die Zwischenbilanz: Sie hat zwar den spezifischen Energie- und Wasserverbrauch und die CO_2-Emissionen pro Produkteinheit in den vergangenen Jahren und Jahrzehnten drastisch reduzieren können. Seit 1990 wurden in etwa die Produktion verdoppelt und die Emissionen halbiert. Dennoch: Kunststoffe basieren noch weit überwiegend auf fossilen Ressourcen; auf ihre Herstellung entfallen rund sechs Prozent des weltweiten Erdölverbrauchs.

Und damit bin ich bei einem Punkt, der auch für viele andere ressourcen- und klimaintensive Branchen gilt: Wir müssen nicht nur die Ressourceneffizienz insgesamt weiter verbessern (wofür der Spielraum freilich immer kleiner wird, denn die tief hängenden Früchte sind fast abgeerntet) – wir müssen vor allem weniger von den falschen Ressourcen verbrauchen. Und das heißt ganz klar: Weg von den fossilen Quellen, deren Nutzung dem Klima schadet, und hin zu erneuerbaren Rohstoffen.

Eine riesige, überaus komplexe Transformation. Sie betrifft nicht nur die Chemie- und Kunststoffindustrie und das produzierende Gewerbe insgesamt, sondern auch die anderen klimarelevanten Sektoren: Energie, Verkehr, Landwirtschaft sowie Bauen und Wohnen. Immerhin haben wir den technologischen Fortschritt auf unserer Seite. Denn überall da, wo bislang noch fossiler Kohlenstoff die Hauptrolle spielt, gibt es vielversprechende Alternativen.

Alternative Ressourcen nutzen

So sind Abfälle beziehungsweise ausgediente Produkte ein schier unerschöpfliches Kohlenstofflager, das es konsequent auszubeuten gilt. Ferner ist CO_2 nicht mehr nur der Klimakiller, sondern entwickelt sich zunehmend zum nützlichen

Rohstoff. Er kann an Fabrikschloten abgefangen oder sogar direkt aus der Luft entnommen und in Produktionsprozesse überführt werden, entweder zur direkten stofflichen Umsetzung oder für die indirekte Nutzung; etwa um in Kombination mit erneuerbarer Energie den begehrten grünen Wasserstoff zu erzeugen. Komplettiert wird das Trio der alternativen Ressourcen durch Biomasse, die besonders umweltverträglich ist, wenn sie aus Pflanzenbestandteilen wie Rinde, Stroh oder Zellulose besteht.

In vielen Fällen existieren dafür bereits handfeste Technologien oder stehen an der Schwelle zur Markreife. So hat etwa Covestro zusammen mit Partnern ein neues Verfahren entwickelt, um die wichtige Chemikalie Anilin – unter anderem Bestandteil von Dämmplatten für Gebäude und Kühlgeräte – komplett aus pflanzlicher Biomasse herzustellen. Es wird inzwischen im Pilotmaßstab erprobt. Bereits zunehmend genutzt wird zum Beispiel die sogenannte Massenbilanzierung. Hierbei werden recycelte oder biobasierte Rohstoffe rechnerisch den Endprodukten zugeordnet; ungefähr so, wie man es vom Ökostrom aus der Steckdose kennt.

Umstellung auf die Kreislaufwirtschaft

Eine Umwälzung der Ressourcenbasis ist also nicht nur möglich, sondern bereits in vollem Gange. Damit sie ein durchschlagender Erfolg wird, brauchen wir aber nicht nur gute Technologien, ambitionierte Ziele und großes Engagement. Wir brauchen auch ein ideelles Koordinatensystem. Einen gemeinsamen Fluchtpunkt, auf den unser Denken und Handeln zuläuft. Eine einigende Vision, die uns mitreißt und motiviert – jeden Einzelnen, die Gesellschaft als Ganzes, die Politik, die Wirtschaft. Das ist für mich das Konzept der Kreislaufwirtschaft. Sie sollte zum globalen Leitprinzip werden.

Zirkularität heißt: Güter öfter und länger nutzen und damit Konsumismus, Obsoleszenz und Übersättigung etwas entgegensetzen. Zirkularität heißt auch: Produkte so gestalten und herstellen, dass sie einfach repariert und mehrfach verwendet werden können. Überhaupt viel mehr recyceln – des einen Müll muss des anderen Rohstoff werden. Kunststoffabfall etwa wird derzeit weltweit nur zu neun Prozent recycelt, und auch in Deutschland ist die Quote mit 46 Prozent im Jahr 2021 noch ausbaufähig.

Noch etwas weiter und breiter gedacht, müssten wir unser gesamtes Wirtschaftssystem deutlich nachhaltiger machen. Wenn ich mir Deutschland im Jahr 2030 vorstelle, dann sehe ich ein Land vor mir, das konsequent auf grünes Wachstum ausgerichtet ist. Das die Ziele für nachhaltige Entwicklung klar adressiert, die auf der globalen Agenda stehen, und die Chance nutzt, zu einem Zentrum für entsprechende Zukunftstechnologien zu werden. Ich sehe ein Land, dem neben dem Wohlstand auch das Wohlbefinden und die Lebensqualität der Menschen am Herzen liegt. Und das so zu einer inklusiveren, solidarischeren und robusteren Gesellschaft findet. Warum nicht neben dem BIP eine Art qualitätsorientiertes Bruttonationalglück einführen?

Masterplan für Deutschland

Doch zurück in die Wirklichkeit des Jahres 2023. Die ist leider ernüchternd. Kirchturmpolitik und Partikularinteressen dominieren. Wir verheddern uns in Diskussionen über Tempolimits und Heizungsverbote, während wir einen Masterplan für Deutschland brauchen. Die vielen eingeleiteten Wendemanöver – von der Energie- bis zur Mobilitätswende – kommen kaum vom Fleck. Was wir bisher sehen, ist überwiegend praxisferne Flickschusterei. Wir brauchen aufeinander abgestimmte, gangbare Maßnahmen. Und die brauchen wir jetzt wirklich sehr schnell. Dafür müssen die verschiedenen Akteure zusammengespannt werden, so, wie das aktuell in den Bemühungen um eine nationale Kreislaufwirtschaftsstrategie geschieht.

Die Chemie- und Kunststoffbranche jedenfalls steht bereit, um mit ihrem eigenen Masterplan die grüne Transformation zu unterstützen: indem sie klimaneutrale Produkte aus alternativen Rohstoffen für viele Schlüsselsektoren bereitstellt – vom Elektroauto bis zum Windrad. Und indem sie ihre eigene Ressourcenbasis umbaut. Ein Riesenprojekt: Immense Summen müssen in die Hand genommen werden, mutige Entscheidungen sind zu treffen, Expertentum auf höchstem Niveau ist gefragt. Wir brauchen einen langen Atem. Wir werden neue Wege gehen, müssen vieles ausprobieren.

Und daher brauchen wir für diesen Totalumbau gute Rahmenbedingungen. Wir müssen wissen, woran wir sind, worauf wir zählen können. Ganz besonders ist das die Aussicht auf sehr viel grüne Energie zu wettbewerbsfähigen Preisen. Vor allem aus Sicht der Chemie – mit rund 30 Prozent der mit Abstand größte Energieverbraucher in Deutschland – muss der Ausbau der Erneuerbaren jetzt endlich in die Gänge kommen, insbesondere durch mehr Tempo in den Planungs- und Genehmigungsverfahren.

Ein Weg, um die schon so lange stockende Energiewende anzukurbeln und Deutschlands Ziele für 2030 zu erreichen, sind Direktverträge zwischen Stromproduzenten und industriellen Abnehmern. Hier ist Covestro vorangegangen: Vor einigen Jahren hat unser Unternehmen mit dem Anbieter Ørsted das seinerzeit weltweit größte Industriekundenlieferabkommen für Elektrizität aus Offshore-Windkraftanlagen geschlossen. Ab 2025 stellt Ørsted über zehn Jahre Grünstrom bereit, der aus einem neu errichteten Windpark vor der Insel Borkum stammen wird.

Echte Marktwirtschaft statt Dirigismus

Während für die Energietransformation also Steine aus dem Weg geräumt werden müssen, dürfen sie an anderer Stelle nicht weiter angehäuft werden. Was wir nicht brauchen, sind zum Beispiel gedankliche Scheuklappen. Vorgaben, welche Technologien zu nutzen sind und welche nicht, helfen nicht weiter. Wir brauchen keinen Dirigismus, sondern echte Marktwirtschaft. Wir brauchen das volle Potenzial der Innovation, die ganze Breite der Klaviatur, um Deutschland ressourceneffizienter und seine Wirtschaft zirkulär zu machen. So sollte etwa das noch relativ neue chemische Recycling nicht zerredet, sondern unterstützt werden. Denn es ist bei bestimmten Kunststoffen, die nicht wie üblich geschreddert werden können, die einzig sinnvolle Methode der Wiederverwertung. Nur so lässt sich Kunststoffmüll in großen Mengen recyceln.

Das Potenzial, das hier steckt, lässt sich an einem Alltagsgegenstand verdeutlichen: Matratzen. 40 Millionen Stück werden davon jedes Jahr in Europa ausrangiert. Üblicherweise landen sie in Deponien oder in Müllverbrennungsanlagen. Doch es geht auch anders: Eine neue Technologie erlaubt es, das Innenleben, also den bequemen Schaumstoff unter dem Überzug, wiederzuverwerten. Das war so bislang nicht möglich. Doch nun lässt sich der Schaum durch chemisches Recycling in seine Moleküle zerlegen, die dann wiederum zur Herstellung von neuem Schaumstoff und neuen Matratzen verwendet werden können.

Recycling ausbauen, alternative Rohstoffe nutzen, die Kreislaufwirtschaft als Leitprinzip verwirklichen: Das sind die Stellhebel für ein grünes Deutschland 2030. Damit haben wir die Chance, die Ressourcennutzung in Einklang mit den ökologischen Grenzen bringen, dem Klimawandel Einhalt zu gebieten und die Wertschöpfung in nachhaltige Bahnen zu lenken. Ich baue jedenfalls darauf, dass der Erdüberlastungstag im Kalender bald weit nach hinten wandert.

Bildnachweis

11	Robert Habeck © BMWK/Dominik Butzmann
18	Christian Lindner © Bundesministerium der Finanzen/Photothek
24	Stefan Wintels © KfW/Alex Habermehl
32–34	© Marcio Isensee/AdobeStock
35	Mojib Latif © Jan Steffen
41	© Marcio Isensee/AdobeStock
42	Klara Geywitz © Bundesregierung/Henning Schacht
49	Christine Lemaitre © DGNB
51–56	© DGNB
59	Daniel Riedl © Catrin Moritz
66	Jan-Hendrik Goldbeck © Goldbeck GmbH/Anne Hufnagl
75	© Marcio Isensee/AdobeStock
76	Volker Wissing © Bundesregierung/Jesco Denzel
84	Ola Källenius © Mercedes-Benz
91	Klaus Rosenfeld © Schaeffler AG
101	Volker Bouffier © Tobias Koch
110	Stefan Schulte © Fraport AG
119	© Marcio Isensee/AdobeStock
120	Rainer Esser © Vera Tammen
127	Martin Brudermueller © BASF SE
135	Alexander Noßmann © BCG
135	Jens Burchardt © BCG
144	© Marcio Isensee/AdobeStock
145	Steffi Lemke © Bundesregierung/Steffen Kugler
153	Christoph Heinrich © Marlena Waldthausen/WWF
163	Klement Tockner © Uwe Dettmar
173	© Marcio Isensee/AdobeStock
174	Theodor Weimer © Deutsche Börse AG
182	Werner Hoyer © EIB
190–190	© PopTika/shutterstock
193	Anja Haslinger © privat
204	© PopTika/shutterstock
205	Felix Grawert © Aixtron SE
211	Guido van Tartwijk © Heliatek
211	Stephan Kube © Heliatek

215	Rooftop Installation © COMSA Corporación
219	© PopTika/shutterstock
220	Bettina Stark-Watzinger © Bundesregierung/Guido Bergmann
226	Thorsten Schäfer-Gümbel © GIZ
235	Paulin Conrad © ESMT Berlin
235	Joerg Rocholl © ESMT Berlin
235	Harald Hungenberg © ESMT Berlin
240	© ESMT Berlin
244	© PopTika/shutterstock
245	Klaus Müller © Bundesnetzagentur
253	Tim Höttges © Deutsche Telekom
262	© PopTika/shutterstock
263	Christian Sewing © Deutsche Bank AG
271	Oliver Bäte © Andreas Pohlmann
280	Sabine Hepperle © BMWK
280	Eva Wimmer © Bundesministerium der Finanzen/Photothek/Felix Zahn
290	© artegorov3@gmail/AdobeStock
291–293	© Audio und werbung/shutterstock
293	Jens Südekum © Joachim Schmidt-Dominé
301	Kerstin Andreae © Thomas Imo/Photothek/BDEW
310	Leonhard Birnbaum © E.ON SE
317	Christian Bruch © Siemens Energy
324	© Audio und werbung/shutterstock
325	Markus Krebber © RWE AG
332	Martina Merz © Frank Elschner
340	© Audio und werbung/shutterstock
341	Michael Hüther © Institut der deutschen Wirtschaft
350	Markus Steilemann © Covestro AG

© Verlag Herder GmbH, Freiburg im Breisgau 2023
Alle Rechte vorbehalten
www.herder.de

Satz: wunderlichundweigand, Schwäbisch Hall
Herstellung: PBtisk a. s., Příbram
Printed in the Czech Republic

ISBN Print: 978-3-451-39605-2
ISBN E-Book (EPUB): 978-3-451-83161-4